牛剑教父
英国名校申请之道

吴昊　潘田翰　◉著

本书由唯寻国际教育两位创始人共同编写，既是两位创始人及唯寻培养出的众多名校学生的成长、学习、进阶的经验分享，也是一本走进牛津、剑桥等英国名校的升学指南。

在书中，两位作者宏观分析了留学低龄化时代留学英国的利好趋势，通过自身成功留学英国牛津、剑桥的经历，以及一些优秀教师名校就读体验，提供了牛津、剑桥的选学院指南、笔面试介绍、备考tips，解析了牛剑及其他英国名校的主流专业，分享了两位作者和其他学霸们的学习方法。除此之外，本书还对学生如何顺利度过留学阶段及进行职业规划、求职准备提出建议。

图书在版编目（CIP）数据

牛剑教父：英国名校申请之道 / 吴昊，潘田翰著.
-- 北京：机械工业出版社，2020.12（2021.10重印）
 ISBN 978-7-111-67026-1

Ⅰ.①牛… Ⅱ.①吴…②潘… Ⅲ.①留学生教育—概况—英国②高等学校—介绍—英国 Ⅳ.① G649.561

中国版本图书馆 CIP 数据核字 (2020) 第 247242 号

机械工业出版社（北京市百万庄大街22号　邮政编码100037）
策划编辑：孙铁军　　　责任编辑：孙铁军　张晓娟
责任印制：常天培
责任校对：苏筛琴
北京宝隆世纪印刷有限公司印刷
2021年10月第1版第3次印刷
170mm×240mm・22印张・1插页・299千字
标准书号：ISBN 978-7-111-67026-1
定价：89.00元

电话服务　　　　　　　网络服务
客服电话：010-88361066　机 工 官 网：www.cmpbook.com
　　　　　010-88379833　机 工 官 博：weibo.com/cmp1952
　　　　　010-68326294　金 书 网：www.golden-book.com
封面无防伪标均为盗版　机工教育服务网：www.cmpedu.com

前　言

2020年，突如其来的一场疫情席卷全球，不仅给全球经济和政治带来了深远的影响，也给全球的教育同行带来了新的思考和使命。然而疫情只是一个导火索，真正倒逼人们去重新审视教育真谛的，是过去20年间飞速发展的科学技术和剧烈波动的世界局势。尤其是在世界历史舞台上迅速崛起的中国，面临着两大挑战：如何在错综复杂的国际局势中承担起泱泱大国的责任，如何在科学和互联网日新月异的时代中拔得头筹。而正是因为外部环境发生了巨大的改变，我们培养人的目标也发生了改变，我们培养的人才需要去适应一个快速变化的社会。教育行业同伴们面对的挑战更是国之大计：如何在新时代中培养有信仰、尊重多元文化、富有创造精神、懂得批判性思维和拥有国际视野的科学、政治、经商和人文类人才。国际教育，于是被推到了风口浪尖之上。

国际教育在中国快速发展了20年，它给中国带来的是先进的、接轨世界的教育体系，同时也是一条帮助中国学生通往世界名校、获得全球最优质教育资源的捷径。为什么说是捷径呢？因为教育资源的积累是一个极其漫长的过程，从18世纪中期英国人引领的第一次蒸汽工业革命开始，到19世纪中期德国人和美国人引领的第二次电力工业革命，再到20世纪后期持续至今的美国人引领的计算机革命，每一次变革都会带来教育体系的变革。不仅仅是知识传承的内容发生了变化，更是把人才培养的目标和方式也进行了更新迭代。为什么中国能够在改革开放的短短几十年就完成了西方世界几百年才完成的三次工业革命？正是因为我们中华民族虚心好学，借用西方发达国家积累了几十年乃至上百年的高等教育资源，取其精华，然后以我们特有的坚持勤勉努力和奋发图强的精神，将这些资源内化成为了自己的竞争力，并培养了一大批优秀的科学人才，形成了生生不息的原动力。

随着国际教育的不断兴起，低龄化留学的趋势愈发明显，竞争态势也愈发严峻。回看在出国留学刚刚兴起的2001年，中国加入WTO后出现了一大批自费留学的学生，推动了出国留学增长的黄金20年。那个时候世界名校的教授还是把中国人看成来自遥远东方世界的神秘人群，对中国人充满了好奇和关爱。而在2007年金融危机之后，出国留学迎来了超高速增长期，长期保持20%以上的增速。根据Opendoors 2020年的官方数据，每三个留美国际生中就有一个是中国籍，中国学生在读总人数高达37万，大约是排名第二的印度留学生的两倍。而在近几年，随着中美关系的持续变化，英国留学逐渐兴起。根据HESA 2021年的官方数据，2019~2020年留英的非欧盟国际生中，中国学生占比35%，达到14 3000多人。英国留学的竞争随之也和美国留学一样呈现出一个全新的态势。此外，随着国际学校在国内开枝散叶，从2010年的300多所增长到如今的1 000所左右，超过60万人就读，低龄本科留学的人数占比已经从不到20%增长到70%。以英国UCAS官方公布的本科入学人数为例，仅2020~2021学年中国留英本科申请人数就从21 250人上升到25 810人，增长率高达21%。优秀的海外教育资源也逐渐成为稀缺资源，面临着更加严峻的内部竞争。

作为国际教育的亲身经历者，我和潘潘老师写这本书的第一个原因，是希望能够尽可能真实地向读者展示国际教育的全貌，通过中国、英国和美国教育体系、教育资源和教育理念的差异对比，不同时期出国留学的利弊分析，以及留学道路上不可避免的机遇和挑战的展示，来帮助那些正要做出人生重大选择的家长和同学们理性分析和决策。毕竟，留学并不是一个一劳永逸的决定，留学也不适合所有人。留学是一段同自我抗衡并与世界妥协的经历，留学会改变一个人的一生。

作为国际教育的授业者，我们写这本书的第二个原因，是因为我们发现目前市场上的英国名校留学指南类书籍大都不尽如人意。甚至从我们创业之初到现在的10年时间里，依然有许多家庭因为信息不对称而犯了各种错误，也依然有人在利用信息不对称不当得利。我们希望可以通过信息的公开和透明，帮助大家完成原始的信息积累，进而开始思考世界名校招收学生的标准和培养学生的目标，如此才能充分地利用国际教育带来的优秀资源和理念。

最后，作为国际教育的实践者，我们非常希望能够把西方优秀的教育和办学理念展示给更多教育从业者和那些关心教育的人们。大家都知道，要做一家百年企业是非常困难的事情，而像牛津大学和剑桥大学这样在西方世界存在了几百年的名校，能够在悠久的800多年里保持传承和创新，持续不断地为世界输出杰出的政治家、科学家和艺术家等，它们所遗留下来的财富里，也蕴涵着很多我们教育从业者所追求的真谛。而我更加期待的是，有一天我们能够抛开所谓的国内教育和国际教育，探索出属于中国人自己的融合课程，把优秀的中国传统文化和国际视野相融合，开辟出一条新的被世界所认可的路径。

☆ **致谢**

感谢在本书的编写过程中给予鼓励、支持及宝贵意见的同事、同行和朋友们：沈立君、吴桂俊、颜子洋、袁磊、徐涵、徐海菁、庞旭、江斯雨、卢钰炜、佟佳兴、薛佳琛、夏千里、段刘俊、许文婷、曹蕾、王鹭、吴劼远、孙展、赵一帆、易畅、刘倚伶、田晓捷、孟圆、虞佳、沈可畅、苏钰婧、胡芳蕾、骆玉、刘芸奇、蔡璐璐、袁心莹、郑璐瑶、陈渝、鄂倩芸。

感谢唯寻的小伙伴们：

这本书也好，这份事业也好，都是大家一起努力的成果。

我们常说教育的本质是和更优秀的人在一起，是你们帮助了千千万的孩子变成了更优秀的自己，而我们彼此也在不断进步和成长，相信总有一天我们会实现最大的愿景。

背负使命，不忘初心。心怀感恩，砥砺前行。

唯寻国际教育创始人 & 总经理

目 录

前 言

总序："牛剑教父"的牛剑之路 1

生活，是一场冒险——潘潘的剑桥之路 2
  一、一次旅行带我走进国际教育 3
  二、刚接触国际教育，我差点儿抑郁了 5
  三、生活是一场冒险 6
  四、16岁独自前往剑桥大学面试 8
  五、11次雅思考试，学习英语没有捷径 10
  六、提升逆商，主动探索，渐入佳境 13

留学，磨难中的修行——吴昊的牛津之路 15
  一、始于梦想的一场大冒险 15
  二、留学伊始的三段磨难 17
  三、国际课程学习和专业选择 19
  四、人生中最大的失利 21
  五、在哪里跌倒就在哪里站起来 22
  六、磕磕绊绊，来自面试场次最多的申请者的总结 24

第一章 为什么选择留学英国？ 27
  一、对美国和英国教育理念的探讨 29
  二、中美英教育资源的对比 31
  三、英美本科阶段学习方式的对比 34
  四、英美费用、奖学金和环境等方面的对比 36
  五、主流世界大学排名解读 56
  六、英国名校分类 62
  七、英美大学在申请方式和申请压力上的对比 65

第二章 什么时间选择出国留学？ 75
 第一节 三个年龄段出国留学的优劣势分析 77
  一、初中出国留学（12~15岁） 79
  二、高中出国留学（16~18岁） 81

　　　　三、本科出国留学（18~21岁） 83
　　　　四、疫情后低龄留学的趋势预测 86
　第二节　英国高中、美国高中和中国国际学校 91
　　　　一、英国高中 91
　　　　二、美国高中 99
　　　　三、中国国际学校 108
　　　　四、如何合理选择英国高中、美国高中和中国国际学校？ 111

第三章　申请英国名校该如何准备？ 115

　第一节　牛津与剑桥 117
　　　　一、牛剑的文化底蕴 119
　　　　二、牛津、剑桥学院制 124
　　　　三、申请流程 137
　　　　四、主流专业解析 162
　第二节　更多英国名校 231
　　　　一、伦敦政治经济学院 231
　　　　二、帝国理工学院 237
　　　　三、伦敦大学学院 246
　　　　四、爱丁堡大学 252
　　　　五、伦敦国王学院 258
　　　　六、华威大学 267
　　　　七、曼彻斯特大学 273
　　　　八、伦敦艺术大学 282

第四章　大学生活和求职就业 289

　第一节　适应大学生活 291
　　　　一、宽进严出的英国大学 291
　　　　二、牛津大学学习经历分享 295
　　　　三、给大学生的建议 296
　　　　四、给高中生的建议 299
　第二节　求职与就业 301
　　　　一、英美就业大环境分析 301
　　　　二、留英国工作，不同行业的就业前景如何？ 310
　第三节　求学、求职、创业的成长与抉择——潘潘 316
　第四节　创业是基因——吴昊 325
　第五节　十位行业精英的求职建议 330

总序

"牛剑教父"的牛剑之路

生活，是一场冒险
——潘潘的剑桥之路

潘潘在剑桥大学毕业典礼上

　　这张图是我在剑桥大学毕业典礼上的一个镜头。典礼充满着仪式感，毕业生会跪在学院德高望重的院长面前，在亲友的见证下，接受最真挚的祝福。虽然当时院长说的是拉丁语，我也没听懂，但能感受到这是对我4年学业最崇高的认可，因为只有通过这个仪式才代表你真的毕业了，而这个仪式已经持续800多年了。

　　虽然大家看到我现在有很多光鲜的经历，但我想坦诚地承认，在高中时代，剑桥对于我来说绝对是一个无法企及的梦想。我也特别想跟大家分享一下，我是如何一步一步实现这个梦想的。

一、一次旅行带我走进国际教育

我出生在浙江省东阳市，在这里长大并顺利考入省重点高中——东阳中学。从东阳中学走出来的名人有很多，比如著名物理学家潘建伟、著名企业家郭广昌等。高一时我的成绩还不错，在年级前 50 名左右，考取浙江大学应该是板上钉钉的事。

虽然出生、成长在小城市，但我的家庭一直在关注国际教育，一方面是由于国内高考的升学压力确实很大，高一的功课就压得人透不过气来；另一方面，我的父母从商以来的经历让他们深刻地认识到拥有前瞻性国际视野的重要性。他们希望我能有留学的经历，认为这对我未来的长远发展有好处。一次偶然的机会，我的父亲在一份报纸上看到关于某剑桥国际中心的宣讲会广告，他独自前往宣讲会，听完后他的结论是出国留学最好是在本科阶段，选取 A-Level 课程体系对于中国传统体系升上来的学生最合适，并且有实力考入 211 类重点大学的高中生是极有可能冲刺到世界名校的。于是怀着对英国 G5 大学（注：英国排名前 5 的大学）的向往，我父母美其名曰"去上海旅游"，实则带我参加了某剑桥国际中心的入学考试。我当时比较懵懂，没有认真思考过出国的事，只是对英语感兴趣，日常会看看美剧和听听欧美音乐。一个月后，我收到了这个 A-Level 中心的录取通知书，我面临了人生中的第一个重要抉择。

十几年前，在很多人眼里，出国留学就是有钱人去国外镀个金，国际学校就是所谓的贵族学校。而且，在当时 A-Level 课程体系刚进入中国不久，录取我的剑桥课程中心只有一届毕业生，这一届虽然成绩不错，但只有不到 50 个学生，所以这个模式还没有被完全验证。而在我的家乡，中考考入东阳中学，高考考入浙江大学，毕业后在杭州或者上海找一份体面的工作并安家才是一个传统意义上"人生赢家"的发展路线。

到底是选择一条非主流并存在不确定性的留学道路还是走传统意义的人生赢家路线呢？虽然我从小就很理性、有主见，但是因为对留学不够了解，而且社会阅历不足，我也

潘潘的母校——东阳中学

不知道到底哪条道路更适合我。当时的我难以抉择，最后还是我的父母推动我做出了选择国际教育这个决定。在这里，我非常感谢我的父母当时能帮我一起做出这个决定，我的亲身经历说明了父母在孩子的成长过程中需要扮演的一个重要角色：在孩子因判断力和认知不足而无法决定的情况下，父母需要主动引导甚至主导做出决策。当然也一定要与孩子一起商量、达成共识再做出最终决定。

二、刚接触国际教育,我差点儿抑郁了

英国高中完整的课程体系包括 GCSE 和 A-Level,通常需要 4 年时间完成,国内高一毕业的学生衔接上 A-Level 课程通常需要 3 年。当然,如果成绩优异,可以直接进入 AS 年级,学习两年就可以进入大学。我的入学成绩数学和英语是双 A,在一番考虑后我决定选择直接进入两年制的 A-Level 课程学习,这也就导致同班同学都比我大 1~2 岁。和我同宿舍的三位同学都是读完高二后进入 A-Level 学习的,不仅比我多读一年高中,而且他们来自上海、杭州、温州一二线城市,接受的英语基础教育比来自小城市的我好很多,所以我刚入学时就与同学有了巨大的差距。看不懂全英文的课本,听不明白外教的口音,这让高一曾经是班级英语课代表的我深受打击,再加上周围同学比我年长,自然心理成熟度更高,使得一直以来学业、生活一帆风顺的我在入学第一个月就一下子跌入了低谷。

我是典型的天秤座的性格,自尊心极强,追求完美主义,不能容忍自己落后,而且我还需要承担选择国际课程这条非主流道路付出的机会成本,所以我一度情绪非常低落,差点儿抑郁。在几个月后的期末考试中,我迎来了人生中最糟糕的一次成绩,除了数学以外的其他三门学科成绩都是 C。虽然我高中的数理化基础很好,但英语能力不足拖了后腿,比如看不懂题目和无法准确表达意思等。那一刻我后悔了,想回到原来的高中,不想继续我的留学梦想了。

三、生活是一场冒险

巨大的心理压力慢慢地体现在我的身体上，就在得知成绩后我得了严重的荨麻疹，紧接着就是高烧一周。我父母眼看形势不对，带我去见心理医生，辗转几次看过不同的心理医生后，我遇见了改变我人生态度的张医生。

她在听完我的故事和困惑后，判定我没有心理问题，并直言这是正常的心理落差带来的冲击。她鼓励我去勇敢地承认自己的不足，接受不是每一件事都能像我预想的一样完美地发展，不是每一个人都能成为我的好朋友，不去纠结已经发生的没有做到完美的事情。她送给我一句话"生活是一场冒险"，这是我沿用至今的人生格言。我突然意识到我需要"往前看"，不必去纠结曾经可以做到100分但却只做到了80分的事情，因为80分就是当下我的真实水平。我要允许自己犯错，摔倒了站起来继续跑不就好了吗？没有人有捷径可走，路都是靠自己的努力和奋斗走出来的。

于是我开始了我的"冒险之路"。为了学好英语，我专门选了一门对英语阅读和词汇需求量最多的学科——A-Level History（历史），这也是彻底改变我英语能力的一门学科，非常推荐同学们学习。A-Level 历史教材有 500 多页，而且正文字特别小，全是长句和长段落。一开始我看这本书，一行大概只能看懂 3 个词，我就把每个词都加上注释写在旁边，这样的速度看一页内容就要花上 2 个小时。我记得当时每天凌晨四点我就起床，寝室没电就躲在厕所里开着四个充电台灯背单词，看历史教材。现在去翻那本历史书就会发现前半部分都是密密麻麻的一片，但翻到后面，每一页的注释就会越来越少，慢慢地书就变得非常干净，最后不需要任何注释了。

通过几个月的学习，我的英语文章阅读速度得到了极大的提升，而且提升单词量后我学习其他学科也更游刃有余。A-Level 历史的考试要求学生在 3 小时内根据阅读文章写 4 篇议论文，每篇 1 000 词左右，考查学生能否在短时间内写出逻辑缜密、列举充分的历史事实作为论据,并用辩证的思维去解答问题。写作能力一般的我使用了笨办法,我把往年出现过的所有真题里的题目都像考试一样写了一遍论文,累计 200 篇左右,并且把相似的题都做了分析和比较,把每一篇论文的大纲和历史史实都烂熟于心,最后我在 A-Level 的考试中历史科目拿到了 A* 并获得了全球统考中国第一名。

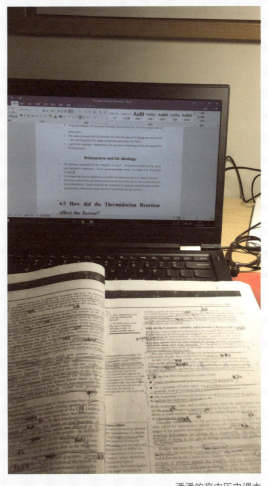

潘潘的高中历史课本
(原版教材不能注释,专门做了打印版)

四、16 岁独自前往剑桥大学面试

剑桥大学有一个特殊的招生环节，就是面试。虽然你可以选择在国内面试，但为了提高面试成功率还是推荐去英国参加面试。原因有两个：一是来国内的剑桥面试官大多是数学或者教育方向的招生官，如果你要申请别的专业，他们比较难以用专业的深度和角度做出筛选；二是面试的环节其实是教授挑选自己学生的环节，我常说一句话："如果在面试的 1 小时内我已经不想教你了，我更不希望教你未来 4 年。"如此主观的招生流程当然需要你与未来的导师面对面博弈一番，为自己的录取增加更多可能。至于面试如何准备，后续文章会有具体的分析，这里我就不赘述了。我当年去面试的时候只有 16 岁，护照签证页上印着大大的"Child Unaccompanied（儿童无陪同）"的章，我丝毫没有做过任何准备，就只身一人就飞往了伦敦，行前我也没有办手机卡，包里只有一堆复习笔记和一叠根本花不出去的 50 镑面值的纸币。

到了希思罗机场，我甚至不知道该如何去剑桥，索性直接冲到 Information Centre（咨询中心）洋气地说："One ticket to Cambridge, please."（"请给我一张去剑桥的票。"）小哥疑惑地跟我解释说他这儿不卖票，买票要先去火车站或者大巴客运站。当时的我是崩溃的，为什么没人跟我说去剑桥还要坐火车啊？剑桥有那么远吗？我终于坐上了大巴，由于是一个人带着一个大箱子和背包，一路上护着包还不敢合眼，坐了 4 个小时的大巴车终于到了剑桥，那时已经是夜里 11:30 了。

下车后我才发现终点站附近是一片空旷的草地（剑桥的公园 Parker's Piece），街上已经没什么行人，更不用说出租车了。要知道十几年前是一个人人都还在用诺基亚的时代，智能手机刚刚起步，更不用说谷歌地图了，找地方还停留在找人问路的阶段。我拖着箱子走啊走，12 月的剑桥冷风嗖嗖，再加上漆黑一片、荒无人烟，一向无所畏惧的我也开始慌了起来。正当我快要开始绝望时，迎面开过来一辆车，我不管是什么先拦了再说。车停了下来，司机是一位留着胡子的大叔，经过我的一番解释，大叔表示"Happy to

潘潘16岁时独自去英国面试

give you a lift."("我愿意载你一程。")等我终于到了学院，推开门那一刻，白胡子 porter（看守人）就开始唱起了学院专属的迎客赞歌，热情地唱着完全停不下来，丝毫没有顾忌当时已是半夜。porter's lodge（学院门房）里的暖气，老房子的木头味儿，异国他乡的歌声，友好但又带点儿搞怪的 porter，眼前的这一切把我之前的慌张害怕一扫而空。

后来在剑桥的四天里，除了紧张的面试安排，我也没有过多游览剑桥，更谈不上品尝美食、体验当地文化了。因为看不太懂菜单，我误打误撞地吃了几餐不可名状的英国黑暗料理；因为怕迷路，我不敢走得太远，一直在学院附近转悠。在剑桥的大部分时间我还是闷在房间里，啃着从家里带的巧克力，默默地准备即将到来的面试。

其实我是一个反例，这次面试是我第一次只身一人到一个完全陌生的地方，先前也丝毫没有做过任何准备，有很多潜在的风险，不建议大家效仿。但正是这场面试让我在探索生活和学习的路上勇敢地往前跨出了一步，也印证了曾经在微博上红极一时的那段话：很多人都会问我出国留学学会了什么，收获了什么。我告诉你们，最重要的不是英语，也不是文凭，而是把我放到任何国家，任何我不认识的地方，我都有一种生存下去的能力，这种能力足以让人受益终生。

五、11 次雅思考试，学习英语没有捷径

我前面提到刚开始接触国际教育学习时我的英语不好，从考了 11 次雅思的经历里大家就能感受到了。我的第一次雅思考试是在 A-Level 入学后的第三个月，当时我还没有领取身份证，就稀里糊涂地用身份证号报了名，结果考前一天我才意识到这个问题。当时唯一能证明我身份的证件就是户口本，于是我爸带着我连夜从上海赶回东阳老家取户口本，第二天一大早再赶往杭州考雅思。最终的结果大家可想而知：我因没有身份证被取消了考试资格。我很沮丧，我的不靠谱不仅拖累了家人，还让我失去了考试的机会。但经过这件事后，我再也没有因为证件或者报名问题影响考试、出行，对于考前准备也更严肃地对待。

我的第二次考雅思是在 AS 年级寒假，成绩总分是 6 分，其中写作和口语只有 5 分和 5.5 分。这个成绩在当时对于一个高二学生来说是很一般的，如果和现在国际高中的孩子相比应该属于英语学渣了。在意识到真实的实力差距后，随着心理状态的调整，我先后背完了三本词汇书，每天坚持练习两个小时的 BBC 听力，甚至睡前也会听一些美国的脱口秀节目来保持语感。那半年是我英语水平提升最快的阶段，我疯狂地吸收着新的知识，并且在学习 A-Level 历史的过程中极大地提升了写作和阅读能力。终于在高二暑假的第三次考试中我取得了 7 分的成绩，其中写作和口语都是 6 分。这个成绩对我来说考雅思可以暂时告一段落，我可以专心准备学科考试以及剑桥的笔试和面试了。

一年后，我拿到了剑桥大学的预录取通知书，预录取的语言条件是总分 7 分，单项不低于 7 分，我的"屠雅"之路重新开始了。剑桥大学要求学生达到语言成绩的时间是 8 月底，留给我准备的时间是半年，我一开始信心满满，找了市面上培训机构里最厉害的名师，有针对性地上写作和口语课。有了剑桥大学预录取的光环，再加上雅思名师的加持，我的第四次雅思成绩也达到了新高：阅读和听力 9 分满分，写作和口语都是 6.5 分。紧接着我一鼓作气又考了两次，把口语提高到了 7 分，但写作止步于 6.5 分。在我考完第 6 次的时候距离提交雅思成绩只有不到三个月的时间了，我也不由得慌张了起来。当年雅思考试一个

月最多只能预订两场考试，我就一口气把剩下 3 个月里所有能报的考试都预订了。考到第九次的时候，华南师范大学考点的监考老师拿着我的身份证说："诶，同学，你上次考试刚来过吧？上次考试成绩都还没出来，你这次又来啦？"但最后几次考试我的成绩就像复制粘贴一样，完全没有任何进步，我最终最好的成绩就是 9、9、7、6.5，其中写作和口语分别都上过 7 分，但不是在同一次。当我经历完 11 次雅思考试以后还没达标，剑桥大学的梦想眼看就要破碎的时候，我并没有心灰意冷，强烈的求生欲让我鼓起勇气和剑桥大学谈起了条件。

我尝试着给剑桥大学写了一封信，给大学列举出我的优势和对剑桥的渴望，看是否可以商榷降低语言条件破格录取我。这类操作现在被熟知为 appeal 或者 argue，是大学申请中常见的操作，但在当时是史无前例的，没有人知道该怎么做，信里的内容该写点什么。我自然也不知道该怎么写，就抱着试一试的态度，写出了这封即使现在看来都可以被称为教科书式的 argue letter（见下页）。

最终剑桥大学降低了语言要求破格录取了我，不知是由于当年招生人数没饱和，还是招生官确实被我的自荐信所感动，但我确实是幸运的。我在整个过程中展示出的是对目标的 determination（决心），为了达到这个目标我考了 11 次雅思，直到最后还不放弃地去积极争取，这份对目标锲而不舍的精神是所有学生在高中阶段就应该磨炼的。在你发自内心地想要得到某一样东西的时候，你的努力和你爆发出来的潜能是不可估量的。

潘潘高中毕业合影

Dear officer,

Thank you for offering me a place in studying Chemical Engineering (via Engineering) in Magdalene College and I sincerely cherish the opportunity to enter my dream university. I am an international applicant and my UCAS number is 1099967587. My name is PAN TIANHAN. The condition in my offer is to obtain GCE A-Level Grades A*A*A* in Physics, Further Mathematics and Chemistry plus pass at IELTS with overall band score of at least 7 and 7 in each IELTS component and academically, I have successfully achieved 3 A* in those three subjects, which shows my solid academic foundations in A-Level courses, equipping me well with the knowledge and skills to be a qualified chemical engineering student in the world top university. As for my language condition, here are two of my recent IELTS results:

Time	Overall	Listening	Reading	Writing	Speaking
2011/04/02	8	9.0	9.0	7.0	6.5
2011/06/25	8	8.5	9.0	6.5	7.0

PS: Test Report Form number is ████████████ for 04/02
And ████████████ for 06/25

As you can see, these results are both narrowly below the language condition required and I write this letter to describe my situation and wonder if you could accept me in this particular case.

In addition to IELTS results, it is worth to notice that I achieved A(84) in First Language English(0500CU). Besides, I obtained A(ASL) in History (9697SM), which is the highest score of History in China.

Admittedly, these two IELTS results above from certain aspects indicate my weakness in writing, yet it is expected that achieving a high score in History requires high level of writing skills and critical and logical thinking skills. Besides, as a non-native English user, the achievement of A in First Language English has also proved from another aspect my good English writing, logical thinking and analysing skills. Moreover, my A* for both physics and chemistry shows that I am capable for handling basic academic report writing, as both subjects include writing essays in Paper 5 — Planning, Analysis and Evaluation. More importantly, having studied in A-Levels at an English language school I believe I would benefit greatly from it to accommodate myself to the English language environment of courses in Cambridge.

I have a strong interest in chemical engineering, which affords me a diligent and hard-working attitude towards study and research. As a case in point, I have finished the problems in preparatory problems for engineers that Cambridge University Engineering Department sent me and by following Engineering Department's studying hints and suggestions; I have got quite familiar with the programming of LEGO NXT-G and even bought a LEGO robot to practice some self-taught programmes. Moreover, I am keen on studying Chemical Engineering not only because my great interest and outstanding academic performance in science subjects during A-Level, but also attributes to my strong enthusiasm in the field of chemical engineering. I managed to do an internship in a French corporation named Rhodia during July. Such an internship furnishes me a unique opportunity to get acquaintance with some practical application of chemical process in real factory, which I think is perfect preparation for my future study in this field for I can integrate the theoretical and practical knowledge more easily and quickly.

By having interview in Magdalene and getting useful information from admission tutor Vicky Levet and Sarah Rees, I have embraced the friendliness of Magdalene and this friendly environment attracts me greatly. Sometimes I feel I am already a member there and I hope Magdalene College will appreciate my desire and love for it and I am really looking forward to joining this friendly and wonderful family.

Although I am falling a little behind in my IELTS conditions, with the qualification of First Language English and high grades of History and my strong academic interest and foundations in A-Level, I am confident that I will be able to cope with the course in Cambridge and become an excellent chemical engineer in the future. I sincerely hope that you could consider my application in this case and afford me an opportunity to study in Cambridge and to join the friendly family in Magdalene.

Yours sincerely,
PAN TIANHAN

潘潘写给剑桥大学招生官的 argue letter

六、提升逆商，主动探索，渐入佳境

从我高中的求学经历不难看出，我一直在碰壁。我认为一个人能否成功，很大程度取决于他在这个阶段的逆商成长。换言之，如果一个人能在学生时代经历足够多的挫折并调整好状态突破困境，那他未来会更从容地面对新的挑战。

在高中阶段遇到的困境和压力让我学会了主动探索，为达到目标寻找各种解决方案。在一次次雅思考试失利后，我尝试过与剑桥大学沟通是否可以接受 GCSE English As First Language (EFL) 的成绩，当时我已经考到了 A 的成绩（剑桥大学往年的要求是 B）。很不幸在多次询问招生老师后得知剑桥大学在我申请的当年（2011 年）起不再接受 EFL 成绩，而牛津大学则从 2014 年起不再接受 EFL 成绩。

既然语言成绩有可能过不了，就得准备 Plan B，我的第二选择是帝国理工学院。当时帝国理工学院破天荒地需要我参加线上面试，当然现在申请帝国理工学院的理工科专业基本 100% 都需要面试了，但在当时还是非常少见的。这就直接导致没有人知道会面试什么内容以及如何准备，于是我主动给帝国理工学院的招生处打电话，询问需要准备面试的内容，做了充足的准备后顺利通过了面试，也完成了选宿舍等入学前准备，为可能落榜剑桥大学做好了万全准备。

直到最后出国前我还遇到了突发情况。我和剑桥大学商榷语言成绩条件的事

潘潘入读剑桥大学大一

剑桥大学开学典礼合照

耽误了几天时间，导致我收到正式录取确认信的时候距离开学只有半个月的时间，我紧急提交英国签证的申请，可就在我计划好出国的当天早上我还没有收到签证。如果错过了开学手续（Matriculation）办理，我可能要延迟一年入学。那一天我记得很清楚，2011年9月27日，早上8点我就来到了英国大使馆，在大使馆门口一直敲门问询我的签证情况，工作人员表示在正常走流程，需要等待。百般无奈下我到处找人帮忙，终于通过我们高中的外方校长的关系联系到大使馆的管理层，提前把我的签证批了下来。我从大使馆拿到新鲜出炉的签证直奔机场登机，在过海关的时候工作人员看到我签证生效日期是9月27日（登机当天）时还和我开玩笑说："Good timing."。

总结来看，提升逆商是高中阶段的必修课，一旦经历过足够多的挫折，你在困境面前就会显得从容淡定，就能在有限资源下发挥自己最大的能量去解决问题。随着逆商的提升，你的学习和生活渐入佳境，那距离你设定的目标自然也就一步步靠近了。

留学，磨难中的修行
——吴昊的牛津之路

一、始于梦想的一场大冒险

我的留学之路始于高一暑假的一次夏令营，虽然只是短短的两周语言课，却让我对牛津这座城市留下了深刻的印象。有两个画面至今让我记忆犹新：一个是一群牛津大学的学生穿着庄重的黑色长袍结伴去参加毕业典礼；另一个是初晴的午后，三三两两的牛津大学生捧起书在庭院里学习。正是这两个画面和牛津浓郁的学术气息深深吸引了我。而十分幸运的是，我的住家（homestay）是牛津大学的一位退休工作人员，一位十分温柔、亲切的女士，在两周时间里给我和室友讲述了许多关于牛津的奇闻逸事，我们探讨了许多中西方文化的话题，这为我打开了一个全新的世界，在我心中埋下了一颗求学牛津的种子。

回国之后，我开始尝试说服我的父母送我出国。一开始来自父母的阻力很大，毕竟在那个年代，出国更多是"镀金"的代名词，而我不仅是家中三代单传的独子，还以全市前十的成绩考取了当地最好的重点高中，高中成绩也稳定在全班第一和年级前十名左右，因此无论是父母还是老师都非常不能理解我的想法。

最终转变的契机是一次家庭聚会。父亲一位朋友的女儿被伦敦政治经济学院（注：英国G5校之一）录取了，这让我们第一次感到世界名校也许并没有那么遥远。我们开始思考我在体制内的基础是否能够帮助我在英国取得更好的成绩，甚至冲击牛津大学这样的世界顶尖名校，最终父母同意了我的请求。

　　下定决心的时候已经是高二下学期，我们开始匆忙地研究如何留学。在那个国内几乎没有国际学校、信息极度闭塞的年代，我们选择了英国的一所国际学校。理由特别简单，中介推荐，而且这所学校前一年出过一个被牛津大学录取的中国人。我已经不记得那位学姐叫什么了，到最后也没有机会认识她，但在当时，这位完全陌生的学姐就是我的榜样，我想要效仿她走一条一样的路。然而年幼无知的我没有想到，这是一条无比崎岖的路，我即将去往的这所学校居然是一所升学率极差的国际高中，校内一个英国学生也没有，全都是中国人、越南人、俄罗斯人、泰国人和少数其他国家的学生。

吴昊老师在嘉兴一中十周年校友聚会上

二、留学伊始的三段磨难

留学不是享受生活,而是经历磨难的修行,这句话用在我的身上特别准确。

经历了十个小时的颠簸,我终于带着所有行李抵达了伦敦希斯罗机场,却在出关的时候被机场警察带进了一个小黑屋。由于我的学校和中介极其不靠谱,我居然没有做肺结核检查就出发了,所以一下飞机就被拉去做检查。一阵折腾后,在二次出关的时候我发现自己的护照居然不见了。虽然警察很热心地帮忙寻找却始终找不到,我们都推测是碰到了机场扒手。据说有一批专业扒手专门盯着完成入境手续的护照,而我在慌乱中被盯上了。机场接机的出租车师傅到了,我依然去往了牛津,就读我的语言学校。

麻烦还没有结束。失去护照的人就是一个没有身份的人,学校登记也好,警察局注册也好,一切都困难重重,银行开户也没办法完成,而我身上只有父母给的随身用的零花钱,甚至如果当时生病我都没办法看病。于是,解决身份问题成了我的最高优先级的事情,而且我必须在去托基(Torquay,我的高中所在地)之前完成一切,否则麻烦还会继续。抵达牛津的第一周,我就在学习之余完成了补办攻略,在那个没有智能手机的时代,带着我的诺基亚砖块机和纯手工制作的地图,两次往返牛津和伦敦,每一次都是早出晚归穿梭在陌生的街道和陌生的人群中。终于,花费了不到两个月的时间,我依次完成了官网说要至少 3 个月才能完成的护照和签证补办。

这期间我遇到了第二个挫折。我在高二的时候英语考试是全年级第一,平均分 50 多分的卷子我可以拿到 90 多分,再加上夏令营的经历,让我对自己的英文十分自信。果不其然,在入学分班考试中我取得了高分,被分入语言班里最高的雅思 7 分班,并且是高分班中唯一的中国人。然而真正开始上课我才意识到,原来我只是语法好而已,我学习英语就像是学习数学一样,一切都是公式,而我的阅读速度、听力水平和词汇量都远远弱于同班的欧洲同学。语言班开学的前两周,我对上课充满了恐惧,再加上护照事件的影响,我整个人都抑郁了。但我同时也是一个不服输的人,我不能接受自己就这么失败下去。每次下课我都会问任课老师下一次课的授课计划，晚上回家提前把单词都查好，材料提前听一遍读一遍，虽然很苦，但也让我的英语在后面的一个半月里突飞猛进，甚至在结班的时候已经能跟上欧洲同学的节奏。

最后一段挫折是在我去往托基 Torquay 之后。那天晚上，我和室友拖着两个大大的旅行箱和双肩包从牛津坐车到托基。凌晨抵达找不到出租车，我们硬是负重走了三公里上山，凭着毅力走走停停。从此我在英国开启了吃苦的生活：吃 1.5 英镑的面包，喝 50 便士的牛奶，睡 0.8 米的小床，爬两公里山路去上学，走两公里去廉价超市买东西。

这些年工作不易，无论是坐地铁 40 分钟上下班，还是和伙伴们一起加班吃外卖，或是一次又一次搬家，从 30 平方米老破小到自己的三室两厅，每每还是感慨在英国受尽了苦难，以后把我放在任何一个地方我都能好好活下去。出国前我不会做饭，在国外为了给房东秀厨艺，看百度知道的食谱和各种美食视频，后面厨艺愈发精进，养活自己不成问题。回国后我给家人做了第一顿饭，赢得满堂喝彩。最初留学的这段经历让我不惧怕任何未知和困难，我常常想，这大概就是留学带给我的最大价值吧！

吴昊老师大一时的宿舍

三、国际课程学习和专业选择

起初 A-Level 课程的学习十分顺利。我在首次雅思考试中小分上 7，直接满足了牛剑的最终要求。数学奥赛和物理奥赛取得了多块金牌和银牌，双双进入了冬令营选拔赛。唯一学起来比较吃力的是经济学。即使当时我的雅思已经达到 7 分的水平，面对一门文科起初还是不太能掌握答题的要领。不过这个也没有难倒我，我再次采取了读语言班时期的策略：在老师上课之前我就已经完成了书本阅读，把不认识的单词和需要记忆的概念都提前学习了一遍，课后也做了完整的学习笔记。最终，我在 AS 年级的考试中，顺利完成了数

吴昊老师和高中同学留影

学和半门高数并取得几乎满分的成绩，物理科目更是在其他同学都只取得 C 以下成绩的时候拿到了满分，经济方面也拿到了 96% 的好成绩。虽然学校不太好，但基本靠着自学也顺风顺水。

英国大学申请是在毕业前一年的 10 月份提交的，那时候我陷入了专业选择的困难当中。一方面，对宇宙充满好奇的我，内心最喜欢的是物理学，每每谈及相对论和量子物理都会让我心潮澎湃。另一方面，物理学在近几十年都没有重大突破，我对自己能在科研的道路上走多远是没有信心的，而数学作为基础学科似乎有更多的延展性。最终在家人和老师的鼓励下，我选择了数学和统计专业，从一开始就放弃了基础科学的梦想，期待往社会实践的方向走得更远。这个选择至今我也不好说到底是对是错，但是对我的一生产生了巨大的影响。我也在这里衷心希望未来的孩子们可以有更多的引导和更多的时间探寻自己喜欢的、擅长的和有价值认同的专业，如此一定会是更稳妥的选择。

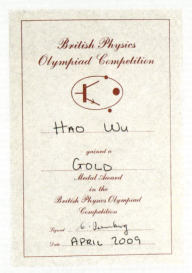

吴昊老师英国物理奥林匹克竞赛获奖证书

四、人生中最大的失利

2008年10月29日是当年牛津大学数学和统计专业笔试的日子，我在考试之前随手刷了几套旧题就去参加考试了。考试题目很灵活，但没有对我造成太大压力。经过近一个月的等待，我终于收到了牛津大学圣约翰学院（St. John's College）的面试邀请。我的高中邀请了两位来自美国总部的老师给我做模拟面试，问了我一系列哲学问题："你为什么喜欢数学？""你认为数学是发明出来的，还是被发现的？""那么，数学是真理吗？"我已经不太记得当时回答了什么，只记得面试完之后校长告诉我，面试官们认为我是个数学天才，一定会被牛津大学录取。

2008年12月8日，我迎来了第一场正式面试。推开门有两位老师在等待着我，他们给我写了第一道题，之后是又一道题，再一道题，还有一道题。我当时懵了：为什么牛津大学的面试是做题？网上看到的那些古灵精怪的面试题难道都是假的吗？最终这场面试在教授的引导下，我还是磕磕绊绊地把结论都找了出来，但是不祥的预感开始笼罩在我的心头。之后的两天里，我又迎来了我的第二场和第三场面试，这两场面试我的表现正常了许多，题目都顺利解出来了，但依然有些不安。我开始困惑，面试到底是要考查我什么？如果只是做题的能力，那么我在数学和物理奥赛中取得的成绩都已经足够证明我的实力了，哪怕在当年做个排名我也是前20之列。我开始自我洗脑，教授们一定会选我的，毕竟我的成绩是那么地完美！

随之而来的果然是拒信，当我收到拒信时，过去一年多时间里建立的自信都崩塌了。我不死心，和很多被拒之门外的求学者一样，我找到了当时给我进行第一场面试的面试官，给他写邮件，恳求他再考虑一下。我想着他一定是没有看清楚我取得的优异成绩，否则他不会这么残忍。但是那封邮件石沉大海，教授再没有理会我。

之后的半年里，我开始打游戏，只有在考试前一个月才开始紧急地看看书和刷刷卷子，心不在焉地完成了剩下的A-Level考试。考完试回国后做了一份实习，考了驾照，剩下的时间都在荒废中度过。

五、在哪里跌倒就在哪里站起来

2009年10月,在牛津大学申请即将截止的前一周,我做了一个影响我人生的决定:我不甘心失败,我要证明当初他们的决定是错误的!于是,我赶忙邀请我的高中数学老师帮我写推荐信,联络了多个学校后找到了可以以独立考生身份参加笔试的考点,一周之内搞定所有申请材料,终于在10月13日提交了申请。这次我申请的依然是牛津大学圣约翰学院的数学和统计专业,但是填写了跳级大二年级的请求。

11月4日的笔试一如既往地顺利,11月30日我再次拿到了面试邀请,12月14日我又见到了曾经拒绝我的教授。这一次面试的题目比前一年更难了,但我发挥得很出色,甚至还有时间和教授闲聊。我告诉教授我去年来过但是没有得到他的青睐。我告诉他,这一年我很努力,在新学校里第一次大考就取得了TOP 3的成绩。教授对我表示了肯定和祝福,但我的感觉依然不太好。事后我才明白,也许这就是气场不合吧。

12月15日,在我的第二学院基布尔学院(Keble College),我遇到了一位完全不同的面试官,一位来自德国的德高望重的教授 Prof. Gesine Reinert。她的面试设计得很巧妙,先是通过一个小实验考查我对统计学的理解和灵活性,而后出了一系列考查基本功的练习。面试结束后她告诉我,她很高兴能面试我,期待未来我们能再见。

稍后我在圣约翰学院 St. John's 又完成了我的第三场面试,一切都很顺利。正当我准备在牛津城中逛逛时,我收到了第四场和

吴昊老师和高中数学老师 Hazel 在圣诞节的合影

吴昊老师与 Keble 学院院长合影

吴昊老师获得牛津大学无条件录取通知书

第五场面试的邀约！第四场面试依然是我的第二学院基布尔学院 Keble College，面试我的是一位应用数学方向的大佬，作为一个物理学爱好者，我很顺利地完成了面试。期间教授追问了一些细节和推导证明，都是我平时学习中很喜欢做的事情。第五场面试说来则有些随意，我的面试官在我完成第一题的时候居然出门接电话去了！是他的博士生完成我后面所有的面试，而且面试的速度非常快，我完成整套预设的面试居然只用了 15 分钟。教授回来的时候发现我和他的助手在闲聊，就问她发生了什么。助手很尴尬地告诉他"我们已经完成了，面试非常顺利"。于是我就这么稀里糊涂地与教授和他的助手道了别，结束了我在牛津大学的最后一场面试。

12 月 24 日，我收到了来自基布尔学院 Keble College 的邮件，这是一份来自我梦校的圣诞礼物。我终于对自己有了一个交代。

六、磕磕绊绊,来自面试场次最多的申请者的总结

其实我的申请到最后依然闹了个乌龙,我以为自己申请了跳级大二,学院事后澄清是系统错误,按道理我是不能提交这样的申请的。按照牛津大学的规定,所有本科生都必须从大一开始学习,无一例外。当然我最终还是选择了接受 offer,并在之后的半年里依然认真完成了学业,给自己的这段插曲画上了一个完美的句号。

毕业前夕,吴昊老师和父母在大本钟前合影

回过头看，面试官们的风格各不相同，很多时候缘分和气场也是重要的不可控因素。我事后也问过当年录取我的 Reinert 教授——她在之后的三年里指导了我的统计学课程，她告诉我，的确是看中了我的沉稳和缜密，所以额外邀请了她的两位朋友对我增加了面试，否则当初圣约翰学院 St. John's 又要把我拒之门外了。同时她也很欣慰我的表现证明了她的选择是正确的，我在大一的时候就被评为年度最佳本科生，大二的时候在统计系的联考中也取得了高分，连续两年获得一等奖学金。

吴昊老师作为数学系的代表，获得牛津大学 Keble College 年度最佳本科生

两年时间里经历了整整 8 场面试，我经常向我的学生自嘲，我大概是全球面试场次最多的纪录创造者了吧！也是这 8 场面试让我深深体会到英国顶尖大学的申请中成绩因素的占比不到一半，面试官考查更多的是学术热情、抗压能力、举一反三的能力、沟通能力等决定未来能否在一个高强度学习环境中生存下来的能力。

第一章　为什么选择留学英国？

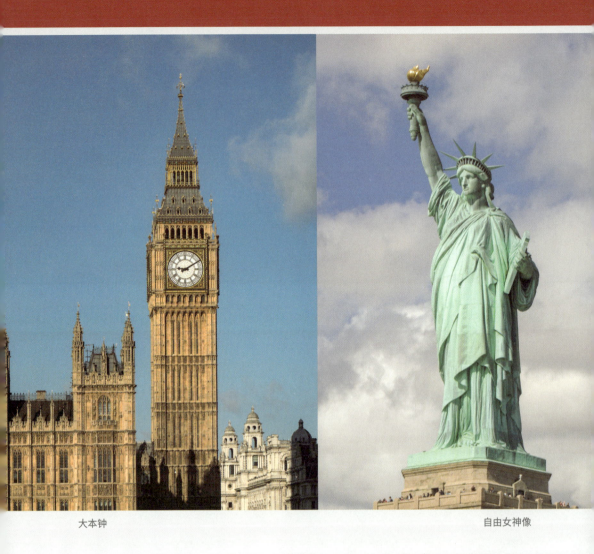

大本钟　　　　　　　　　　　　　　　　　　自由女神像

英国和美国同为西方发达国家，一个是老牌强国，底蕴深厚；一个是世界霸主，实力强大，但是隔着大西洋，文化和教育截然不同。国家文化如氧气般注入生活细节里，很大程度影响着一个人的学习和认知。

在最初决定留学时，我们最先面临的疑问往往是"我该选择留学哪个国家？""如果选择多国同申是否太过复杂，消耗精力且没有意义？""……"

其实，每个人每到一个阶段都会重新看清自己，从而审视或改变自己的目标。

第一章我们主要从教育理念、资源、学习方式、留学的费用、文化等角度介绍英美两国的差异，以帮助考生和家长做出留学英国或美国的理性选择。

一、对美国和英国教育理念的探讨

比较两国的教育体制，我们自然要从根本的教育理念开始。

美国教育强调的是通识教育，简而言之是培养适应这个社会的人才。这个教育一方面体现在母语、外语、数学、社会科学、自然科学和艺术等全领域的学习，另一方面则是强调培养学生的阅读、写作、研究、团队协作等软实力技巧，目的是帮助学生在本科毕业之前形成自己的人生观和价值观，以及拥有走上社会所需要的阅历和技能。举个例子，我们经常看到许多文科专业毕业生不懂自然科学，而自然科学毕业的学生人文底蕴略显不足。反观美国毕业生往往是文理兼长，虽然有自己的特长，对其他学科却也都略有涉猎。比如主修物理的毕业生也懂得什么是通货膨胀和供求关系，经济系毕业生也懂基础物理和高等代数。我在美国的朋友大学期间曾经和我吐槽，明明读的是数学系，却学了5个学期的全球通史。但在他毕业后却感叹，这段学习经历大大提升了他的英文写作能力，打开了他的全球视野，并使他对各国的人文历史和全球化关系都有了更深入的理解。

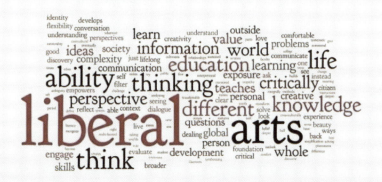

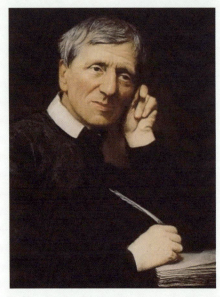

约翰·亨利·纽曼 John Henry Newman

讨论英国的通才教育理念，就不得不说到牛津大学的办学理念。这所英语世界中最古老的大学有一位代表性人物——大教育家约翰·亨利·纽曼（John Henry Newman，1801~1890年），他曾经提出"大学是探索普遍学问和传授普遍知识的场所"，这也是牛津大学自由教育的传统。其核心是心智的训练，使学生能够适应快速变化的社会，胜任不同行业和岗位的工作。与美国强调全方位的学习不同，英国是把这种通才教育融入到了学习高深学问的过程中，通过培养学生的自主学习、时间管理、团队协作和社交等能力，实现对社会人才的培养。同时，英国人对德行的重视程度非常高，强调谦逊、勤勉、忠诚和利他的价值观，在大学这样一个稳定有序的环境中以导师的形式来传授。

两国教育理念的差别也养成了各自民族的特性。美国强调自由，每个人都可以通过自己的努力实现他们的美国梦。因此，美国人注重成就，仰慕英雄，诞生了博学、富有创造力并影响着世界的领袖和企业家。英国则是以绅士文化闻名，强调自尊、自爱、有原则和有担当。英国的绅士文化传统而优雅，严谨而骄傲，培养了一代又一代伟大的政治家、企业家和科学家。在我们选择留学目的地时，其实也要考虑自身价值观和目标国家的特性，从而选出符合自身和家庭价值观的目的地。

二、中美英教育资源的对比

我们为什么要出国留学？本质上是因为国外的教育资源领先国内。在下面的表格中，我从校园规模、师生比、班型、导师配置和科研资源几个较为客观的维度来展示中美英三国之间的差别，后面我们再逐一展开分析这些数据背后所隐含的结果。

中美英三国教育资源对比			
	中国	美国	英国
校园规模	众多超级大校在读人数在4万~8万，清华和北大也是近5万的规模	以小型院校为主，本科生规模主要在2 000人以上 哈佛大学和耶鲁大学本科生规模均在6 000人以上 硕博规模一般在本科的一半以上	以中型院校为主，本科生规模主要在8 000~10 000人 牛津大学和剑桥大学均是10 000人以上 曼彻斯特大学是25 000人以上 硕博规模一般在本科的一半左右
师生比	清华和北大约1:10	1:5~1:8	1:1.6~1:1.7
班型	以大型讲座为主	校际差异较大 讲座、讨论课、初级课、高级课等细分较多 讲座人数不固定，20~300人不等 讨论课一般在10~30人 小课一般30~50人	分讲座、讨论课、导师课 讲座人数不固定，20~300人不等 讨论课一般在10~30人 导师课一般在3~6人
导师配置	班主任和指导员	pre major advisor（确定专业前的导师） major advisor（科系导师） residential advisor（生活导师）	本科阶段也配备导师tutor
科研资源	缺乏系统性的支持和实习的机会	系统的培育机制：实习机会众多，奖学金多，科研项目数量众多	主要集中在名校集团中，G5级别名校的科研项目众多，其他罗素级别大学项目也较多，但资金支持较少

从校园规模来说，中国民办大学稀少，公办大学领取国家拨款，接受体制管理，承担了重要的普及高等教育的任务。因此，国内的大学规模普遍都非常庞大，普通的大学都有3万人以上，而像郑州大学、四川大学、华中科技大学、河南大学和武汉大学等都是著名

牛津大学校园

的6万人以上的大规模学校。国内有众多著名的大学城，单单武汉一个城市就有超过100万在读大学生。由于国内大学的根本任务决定了大学的招生规模较为庞大，而师生比自然也相对较低。哪怕清华、北大这样科研人员聚集的大学，师生比也仅为1∶10。此外，中国的科研培育体系没有完全建立起来，缺少系统性的科研和实习的机会，经费也较少，更多是把科研放到了研究生阶段，不像国外本科生就有许多进入实验室的机会。

反观美国大学，小型规模的大学较多，比如世界顶级的文理学院威廉姆斯学院在读人数只有2 000多人，而且只有本科生在校内学习。再看哈佛和耶鲁这样世界顶尖的综合性大学，在读本科生也只有6 000人左右，可想而知有多少优质的教育资源被分配在这些幸运的孩子身上。从班型种类来看，美国大学也非常丰富：有几十人到上百人不等的大型讲座，也有规模较小的讨论课解决学习的疑问，还有许多小课，人数在几十人。师生比基本上在1∶5~1∶8之间，是非常良性的一个比例，每个学生都会得到非常好的照顾。此外，美国在科研体系方面非常健全。从本科阶段开始，美国大学就有目的地开放一些实验室给学生，既帮助学生们了解更多专业知识和科研的真谛，也帮助他们提前适应科研和掌握科研的专业技能。

再看英国大学，它们的规模相比美国普遍略大一些。例如曼彻斯特大学的本科生在读人数就有25 000以上，师生比也达到了1∶15。不过大部分大学的本科生规模还是在2万以下，师生比在1∶10左右。重点看一下牛津大学和剑桥大学，这两所学校的师生比在全球范围也处于领先地位，大约在1∶1.6。更值得关注的是牛剑的导师制度，每一门课都

圣约翰学院

会配置专门的导师课,而导师课的规模一般为3~6人。这使牛津大学和剑桥大学的学子在教学资源方面得天独厚,能够在本科阶段就向世界上最优秀的一批科研工作者学习。因此,各大世界排名中最关注教学质量的"泰晤士报排名"也给予了牛津大学和剑桥大学非常高的评级。英国的其他大学也大多参考了牛津、剑桥的导师制,但是导师课的数量无法企及牛剑,于是额外增加类似美国的讨论课用以专门解决学生在学习中的困惑。在科研培养方面,虽然英国的科研比较集中在头部的几十所学校,但各个学校在不同的专业领域也各有所长,频繁的跨校交流和成熟的科研培养体系使得英国学生能够在本科毕业后迅速进入到科研深造之中。

三、英美本科阶段学习方式的对比

美国早期的大学其实是模仿英国大学的样本建设的，两个国家的大学有很强的相似性。地名上美国就有很多与英国相似的地方，比如大家所熟悉的麻省理工学院（MIT）竟有个小镇叫Cambridge（剑桥市），曾有一个从MIT读博的同事就戏称"我从英国的剑桥到美国的剑桥"。但是经过了两百多年的历史发展，美国私立大学衍生出了很多与英国不同的地方。

小贴士

约翰·哈佛是剑桥的毕业生，哈佛大学以他的名字来命名，哈佛所在地就命名为剑桥市。

美国大学需要跨学科选课修学分

美国的大学本科前两年需要跨学科选课，整个大学只有一半的课程跟学生的专业有关。比如你学的是机械工程，你还必须要选修社会学、哲学、经济学等一些与机械工程不相关的学科，直到大三大四的时候专业比重才会上升。相对于专业本身的宽度来说，肯定是在美国大学读这个专业所接触到的课程更多，但是就专业的深度而言，剑桥大学的课程比哈佛甚至MIT都难。曾经有一位上海状元在MIT读完大三来剑桥读大四，我问他关于这两所大学的学业难度，他说："虽然大家都知道麻省理工工科全世界第一，但是我在剑桥学的却比在MIT还难。"

衡量成绩的标准是不一样的

美国大学平时的成绩（GPA）很重要，还有出勤率、平时的实验和练习的完成情况等都会作为成绩的一部分。在美国大学里，如果你平时勤勤恳恳地上课、做实验，即使期末考试没有发挥好，总成绩也不至于太差。反之，在英国大学你花了大量时间上课、做实验，到最后如果考试没发挥好，那么这一年的成绩也就随之夭折了。经常听到有人说英国大学这种一年考一次的制度只要临时抱抱佛脚就能过了，我只能告诉这些人：想要这样随随便便就通过年终考试真的是想得太简单了。虽然平时的实验和研究作业没有成绩的压力，但也正是因为如此我们才更具有发散性的思维去思考问题，帮助我们在实验室里发现更多意外的惊喜。

师生相处的方式

英国大学（除牛津、剑桥外）与美国大学相比，美国大学的师生关系会更融洽，我在很多同学身上都看到了影子。这个差别很大程度上是由于美国人本身热爱交朋友，英国人本身比较高冷，因此美国人天生就擅于吸收和了解外来文化。但是牛津、剑桥却受益于学校的体制，学院制的授课模式让学生和老师住在一块，师生关系自然就会亲近不少。

四、英美费用、奖学金和环境等方面的对比

学费

英国

英国大学的学费通常分为三个级别：UK/EU, islands, overseas。对于海外学生来说，需要注意的是留学生没有机会享受英国政府的学费贷款政策，所以需要支付的学费会比本土或者欧盟的学生高出一部分（具体费用取决于学生所学的专业）。

以 G5 本科 2021 年学费为例：

牛津大学

英国本土学生的学费为£9 250，海外学生本科学费为£26 770~£37 510。除此之外还需额外支付 college fees（学院费）。

牛剑采用学院制度，学院在财务上要自负盈亏，这就决定了学费既有交给大学的部分，也有交给学院的部分。关于牛剑的学院制度我们在第三章会详细介绍。

通常来说，所有专业的费用会逐年增加，学校会根据运行成本以及政府资金变化等来决定增加的幅度，近三年的平均数据为每年增长 3.7%。

剑桥大学

英国本土学生的学费依旧维持在每年£9 250，未来几年可能会有变化；修读第二学士学位的话，对应新学费标准，学费大多为£10 998。

国际生学费分为五组，每年介于£22 227~£58 038。同样还需支付 college fees（学院费），目前是每年£9 300~£10 470，具体费用取决于学院。其中人文类专业学费偏低，医学类专业学费最高。

伦敦大学学院

2021~2022 学年英国本土学生的学费标准继续维持在£9 250。

国际生学费为每年£21 600~£34 100 不等，费用最低的为教育学相关的专业课程，收费最高的则为计算机和工程的相关专业。医学专业要缴纳 4~6 年临床实习的全额费用，具体费用待定。

帝国理工学院

2021~2022 学年英国本土学生的学费标准继续维持在£9 250。

国际生学费方面，工程院所有本科专业£33 750；医学院医学 clinical and non-clinical £45 300，医学生物科学£32 000；自然科学院£32 000~£34 500。

伦敦政治经济学院

英国本土学生学费在£9 250, 但在之后几年的学习中学费可能会因为通货膨胀而上涨。国际本科生的学费是每年£22 430。

以上数据总结如下表（仅展示国际生）：

学校	学费范围（英镑）
牛津大学	26 770~37 510 每年涨幅平均 3.7%（包含学院费用）
剑桥大学	22 227~58 038 每年固定（另有 9 300~10 470 的学院费用）
伦敦大学学院	21 600~34 100 每年固定
帝国理工学院	32 000~45 300 每年根据 RPI 调整
伦敦政治经济学院	22 430 每年固定

* 转换为人民币的话，可以看出 G5 大学的学费在一年 15 万~45 万。

美国

上文对比的是英国G5大学的学费，下面我们再看看美国藤校2021年的学费：

美国藤校	学费
普林斯顿大学	$56 010
哈佛大学	$51 143
耶鲁大学	$59 950
康奈尔大学	$60 286
布朗大学	$60 944
达特茅斯学院	$58 953
宾夕法尼亚大学	$54 652
哥伦比亚大学	$62 430

八所藤校2021年的学费在51 143~62 430美元之间，折合成人民币为33万~40万元。而且美国大学学费每年都在飞速上涨，藤校更甚。

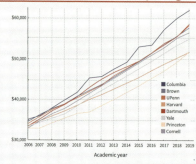
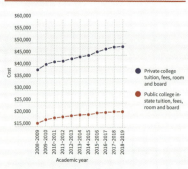

来源：*The Chronicle of Higher Education and Dean of Columbia College* James J. Valentini

美国大学近十年的"身价"呈现上涨趋势

从图中可以看到，美国私立大学在2008年平均费用为3万多美元（学费、住宿费、学杂费），公立大学平均费用为1万多美元，而现如今飙升到3万~7万美元。个别大学甚至让申请者提供涵盖大学4年所有费用的"经济证明"和"存款证明"。

英美顶尖高校的学费情况基本如上所示。由于英国大学学制为三年，美国大学学制为四年，所以综合对比来看，美国学费更高。

此外，如果大家去学校官网仔细查找，会发现有的学校会帮学生估算每学年书本和必需品的费用。但如果学生计划学习的领域需要另购专门的必需品，如机械、艺术、电影专业的学生，消费就会比普通的高。学生每年需要为书籍、笔记本及其他学习用具支付约1 000美元。

生活费

英国

这一部分的开支比较复杂，由于每个人追求的生活品质不同，年度开支也会有成倍的差异。

住宿

英国的 Student Cribs 收集了英国罗素大学集团（24所大学）2017~2018学年大一新生各种宿舍的费用、类型和周期，最大差距能达到约4.6万元人民币！当然，不同的住宿方式的费用也不尽相同，比如：

校内宿舍——单人间，最常见的、也是性价比最高的宿舍类型，非伦敦地区每周80~100英镑，伦敦地区每周大约120英镑；双人间每周50~80英镑，是最便宜的校内宿舍，但双人间数量稀少，一般不好申请；套间，有独立卫生间，非伦敦地区每周100~140英镑，伦敦地区每周200~250英镑；单间公寓，非伦敦地区每周140~180英镑，伦敦地区每周约300英镑，有的学校会提供大型的单人套房(deluxe studio)，可以供两人（通常是夫妻）一同居住；单一卧室公寓(one bed flat)与 studio 的差别是厨房与卧室是有墙分开的，因此价格稍高一点，非伦敦地区每周160~200英镑，伦敦地区每周约320英镑。校内宿舍一般是英国留学生最普遍的住宿方式，因为宿舍由学校管理，安全系数高，而且在校内居住，方便平时上课。

校外租房——校内住宿需遵守学校规定，如果想要更多自由，可以选择在外租房，但每个城市的房价水平不一，如非伦敦地区两室一厅的房子每月600~800英镑，伦敦地区每月约2 000英镑；非伦敦地区的单人公寓每月400~500英镑，伦敦地区则要每月1 200英镑左右。

寄宿家庭——英国的寄宿家庭，价格在每月800英镑左右，一般还会提供早餐和晚餐，但寄宿家庭也会设定一系列规矩，如晚归时间，不能养宠物等。

下图反映了英国不同地区2011~2012学年与2018~2019学年学生住宿成本的对比涨幅变化。

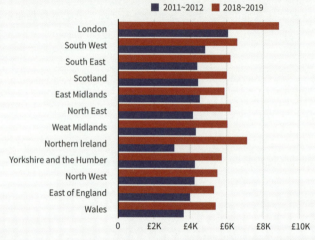

来源：Unipol

同时也可以看出，全国各地的住宿价格不尽相同。伦敦居首位，平均价格为 8 875 英镑 / 年，其他地区的平均价格为 5 928 英镑 / 年。

饮食

一个普通留学生在饮食上的基本开销一般为：

- 聚会派对：平均来看大概每周和同学聚餐一次，每次 30 英镑。
- 午饭如果在食堂吃或者吃得比较简单，每顿开销约 7 英镑。
- 晚餐和早餐在超市购买或自制，早餐约 3 英镑、晚餐 10 英镑，共 13 英镑。

如果动手能力强，并且每天有时间给自己做午餐晚餐的话，饮食的开销会少很多。如果自己做饭，两个人大概 10 英镑就可以吃得很丰盛了。

年度合计开支：$30\times52+(7+13)\times365=8\,860$ 英镑。

交通

英国的大学普遍坐落于市中心，学校宿舍又离大学很近，学生每天上下学坐公交或者步行皆可。如果校区坐落于市郊，有些学校会为学生准备单独的摆渡车，满足从校区到市区的出行需求。其实英国的大巴交通线路遍布全国，班车设置密集、灵活而且便宜。即便需要打车，费用也比美国便宜。另外英国四通八达的火车，可以让你来趟说走就走的旅行！从伦敦到伯明翰就相当于从北京海淀区到东城区，即使从英格兰伦敦去苏格兰爱丁堡，也只需要坐 5 个小时的火车。

在伦敦,大家一般会选择地铁月卡,学生卡需 20 英镑,买月卡有 30% 折扣。英国地铁不同区的价格不同,按照 1~2 区的月卡计算,每个月需要 94.10 英镑。一年总计 1 149.2 英镑,约 1 149 英镑。

在非伦敦地区,大家一般都是采用步行、骑车,通勤费用基本上为 0。

英国留学生每年生活费大致计算如下:

生活费	伦敦地区（英镑）	非伦敦地区（英镑）
住宿	8 875	5 928
饮食	8 860	8 860
交通	1 149	0
总计	18 884	14 788

换算成人民币可知伦敦地区开销每年约为 16 万元；非伦敦地区开销每年约为 13 万元。此处未统计其他日常生活及休闲娱乐等费用。

美国

住宿

在美国，不同的住宿方式对应的留学住宿费用会有所差距，比如：

美国大学校内宿舍——开销大约为每年 3 000~7 500 美元（9 个月的费用），美国一些学校要求学生住在学校宿舍，至少第一年是这样。宿舍费用指明双人合住一室，学生需要了解住宿费是否已包括床上用品（被子、枕头、毯子）和基本的寝室服务。

校外租房或合租——每年约为 3 600~7 200 美元，美国公寓房一般有 1~5 间不等的卧室、一间客厅、一间厨房、一到两间卫生间。提供基本的家具如床、书桌、沙发等。根据所租房屋条件的不同，价格也差距较大，一般来说大城市里地理位置较好的、交通方便（靠近地铁）的、精装修的单间每个月需要 500~700 美元。

寄宿家庭——每年 6 000~10 800 美元（价格视美国寄宿家庭条件不同而变化）。

饮食

一般来说，留学生的日常饮食有以下几种选择。第一种就是直接在学校餐厅就餐，比较省时、省事，一顿正常的午餐大约需要 4~8 美元；如果时间比较紧，可以直接外出就餐，美国小快餐店吃一顿汉堡、三明治或比萨大概要花 5~8 美元，好一点儿的餐厅大约 15~30 美元不等；自己做饭也是一种选择，各种食物调料都可以去中超购买。不仅能满足对美食的需求，还能省下不少钱。

所以，饮食平均每月花费在 600~1 000 美元。

交通

美国地广人稀,很多大学都地处乡村地带,所以学生日常主要的出行方式就是开车。因此美国的交通整体上来说就是:车便宜,汽油便宜,交通也不拥堵,有车会很方便。而没车的话,除了纽约以外基本上你的活动范围都会非常有限,只能当宅男宅女。公共交通出行费大约是116美元/月;坐出租车,工作日出行8千米,平均15美元,每月大约是300美元。

美国留学生每年生活费大致计算如下:

生活费	美国(美元)
住宿	3 000~10 800
饮食	7 200~12 000
交通	1 392~3 600
总计	11 592~26 400

换算成人民币可知美国留学的生活费大约是每年8万~17万元。此处未统计其他日常生活及休闲娱乐等费用。

留学费用经常是学生和家长在选择国家、院校时的一项重要参考。虽然有些地区费用高昂，但同时也带来不同的生活乐趣。英国的学费较为亲民，生活费用也比较低。但如果选择帝国理工学院、伦敦政治经济学院、伦敦大学学院等在伦敦市中心的大学，生活成本会升高。美国大学的学费门槛较高，生活成本相对而言也比较高。事实上，大部分美国的中产阶级已经承受不起美国的学费，大批学生甚至背负学费贷款的压力进入职场。还有一些美国学生选择先去美国的社区大学过渡一年，或者直接选择英国的大学，来节省学费的开销。

奖学金

英国

英国奖学金机会较少，尤其是本科生阶段。英国奖学金一般分为两种。一种是由政府资助的，分为中国政府资助和英国政府资助；还有一种是由英国学校发放的奖学金。由政府资助的奖学金一般包括 ORS 奖学金 (Overseas Research Scholarship) 的国际生奖学

金，因为包含所有国际生的奖学金申请，所以对于中国的学生来讲竞争比较激烈。还有一个就是志奋领奖学金。在中国，志奋领奖学金项目通过英国驻华使馆在上海、广州及重庆的英国总领事馆进行运作。英国学校给较优秀的offer持有者发放的奖学金，一般分为全校、院系、专业、不同项目等类别，金额也分为一千英镑、两千英镑、五千英镑，甚至还有三分之一或三分之二学费减免的。少数大学也会提供助学类奖学金，例如剑桥三一学院的助学全奖，可以减免本科生全部学费，但仅针对既优秀又贫困的学生。

ORS奖学金

ORS奖学金是英国政府专门发给非欧盟学生的，必须通过学校（只能由1所）提交申请。该项奖学金每年大概有900个名额，竞争非常激烈，金额大概在6 000英镑。硕士课程通常颁发1年，博士课程可以颁发3年，用于支付非欧盟学生和本地学生的学费差额。

苏格兰国际奖学金

苏格兰国际奖学金由苏格兰政府资助，英国使领馆文化教育处负责管理。奖学金包含了每位申请者2 000英镑的学费减免，一次经济舱往返机票以及生活补贴。苏格兰地区的17所高校均接受该奖学金的申请，如爱丁堡大学、格拉斯哥大学等，申请者可以一次性选择3所学校申请该奖学金。不过，申请人必须申请授课型硕士课程，且工作经验不少于三年。

苏格兰"蓝十字"奖学金

苏格兰"蓝十字"奖学金由苏格兰政府和苏格兰高等教育协会资助，英国文化协会负责管理。该奖学金计划为一些获得苏格兰高等教育机构的本科、硕士或三年博士录取通知书的优秀学生提供2 000英镑的奖学金，并以学费减免的形式支付，每年200个名额。

2020非凡英国奖学金

非凡英国奖学金计划由英国政府和英国文化教育处共同发起，并携手30所英国高校共同发起了"2020非凡英国奖学金计划"，共设立40个研究生奖学金项目，单个奖学金金额不低于1万英镑，奖学金覆盖授课类研究生水平课程。

志奋领奖学金

志奋领奖学金由英国外交和联邦事务部出资，是英国政府最具代表性的旗舰奖学金。

该项奖学金是针对申请英国一年制授课型硕士学位的中国公民，要求申请者有三年的工作经验。申请者可以根据自己的专业和兴趣选择大学和课程，但是需要与之前所学的专业和职业相关。

志奋领奖学金的金额丰厚，不仅包括了申请者的学费及生活费，还会提供一次国际往返机票及签证等其他费用，可以说拿到了这个奖学金，基本就能实现零成本留学了。因此该奖学金的申请人数众多、竞争激烈，对申请者的个人素质、英语水平及学术能力等都有很高的要求。

英国各大学的奖学金

除了以上政府开设的奖学金以外，英国各大学都会有自己独立的奖学金项目，大家可以到学校官网进行查看。不过大部分都是为硕士及博士学位提供，针对本科阶段的奖学金并不多，而且金额也通常较少。

美国

Financial Aid——基于资金需求的助学金

助学金是由院校或政府部门专门设立的奖学金，是一种金额最高、竞争激烈的非服务性助学金。除了免学费、杂费、住宿费、保险费、书本费之外，还给获奖学生一定金额作为其个人消费费用。助学金的发放取决于学生父母的经  济证明和该校的助学金委员会的审核。申请人除了要具有出色的 TOEFL、SAT、ACT、GRE、GPA 或 GMAT 等的成绩外，还要有突出的个人陈述、读书计划及推荐信等。

比如哈佛西湖学校 (Harvard Westlake School) 为确保有经济困难的家庭得到助学金，在 2019~2020 学年共发放 1 100 万美元的助学金，该数额已超过学校总经费预算的 14%。该校约 20% 的学生受到资助，平均资助金额为 29 500 美元。

Scholarship——基于学生优异程度的奖学金

奖学金是给予在学业上有优秀表现或在某一领域有突出贡献的学生的一种物质奖励。根据申请人的学术水平、发展潜力等因素来评定，不考虑申请人在经济上是否需要帮助。此种类奖学金竞争激烈，名额一般较少，金额也不会太大。

比如Concordia College为奖励在校内有贡献及具有优秀学术能力的国际学生，提供了每年最高为28 000美元的卓越奖学金。主要是颁发给国际一年级学生或转学学生，最长可达四年。

全免学费 Tuition & Fee Waiver

全免学费是一种非服务性奖学金，类似经济资助，申请较容易。有的学校把它作为scholarship的一种，有的学校把它单独列出。学校通过学生的申请后，一般会在发放offer时一起发送学费减免通知。但除此之外不会再给学生提供经济上的帮助，所以学生仍需自行缴纳其他学校费用。

助研 Research Assistant & 助教 Teaching Assistant

助研奖学金的津贴是由教授的科研经费支付，津贴是全年制，也不用考试，而且能够参加学术会议。每周法定工作时间20小时，主要是协助教授进行科研和教学，如科研实验、处理数据及分析、撰写论文等。助教津贴由有关学系支付，职责主要是协助教授的实验课，如批改实验报告、准备作业、监考、改小测验卷等。

校外奖学金

很多人认为海外留学的学生很难获得奖学金，但事实并非如此。在美国除了学校，还有政府部门、私人机构、基金会、专业机构，有时候甚至某些个人都会设立奖学金，以供学生申请。

网上数据显示，美国有4 000多个基金会向教育事业提供奖学金。金额虽然没有学校提供的那么多，但要求也不像学校奖学金一样高。学生如果有一些专长或兴趣爱好，可以考虑申请此等校外奖学金。可以具体了解不同机构的要求，一个学生甚至可以同时申请两种以上的奖学金。

环境

安全性

美国允许私人拥有枪支，时有枪杀案出现。根据美国枪支暴力档案网的统计，仅2019年8月3日一天，美国各地就发生至少87起枪击事件。在这87起枪击事件中，死

美国的峡谷景观

英国的静谧乡村

亡达47人，因此在美国留学，选择治安比较好的地区比较重要。

相比之下，不允许私人拥有枪支的英国社会环境要安全不少。但世界上没有绝对安全的地方，英国也被爆"盗窃""抢劫"案频发。

总而言之，对留学生而言，个人的自我保护意识尤为重要。在选校、租房之前最好通过登录警察官方网站查询学校、住宿地周边的犯罪率，选择治安相对好一点儿的地区。

> **小贴士**
>
> 主要注意以下四点：
> · 保护好个人信息
> · 选择相对安全的居住环境
> · 避免独自出行
> · 遭遇危险及时寻求援助

自然环境

美国国土面积大，你可以选择东海岸湿润海风吹拂的城市，也能去亚利桑那"热情的沙漠"感受灿烂的阳光。而英国，有雨水、有钟声，总是充满着别样的魅力，很难用一个词概括得出。林语堂说："世界大同的理想生活，就是住在英国的乡村。"

这两个地方的自然风光都很有看头，美国奇伟壮阔的峡谷景观，英国安详宁静的乡村风光，各具特色。

历史沉淀和风土人情

英国的很多大学都颇具历史沉淀，比如牛津大学的建筑，就带着浓厚的历史气韵。漫步校园中，哥特式的建筑和翠绿的草坪会让你不禁想到浪漫的诗人雪莱、奥斯卡·王尔德漫步在教室走廊的情景。

牛津环形的拉德克里夫图书馆是一个帕拉第奥式建筑的杰出代表，也是世界上最令人惊叹的图书馆之一。再说到剑桥大学，徐志摩的一首《再别康桥》，让很多人的脑海中都萦绕着对剑桥的美好向往。"那康河畔的金柳，是夕阳下的新娘。波光里的艳影，在我的

牛津大学拉德克里夫图书馆　　　　　　　　　剑桥大学三一学院

心头荡漾。"

在这里，到处可见几百年来不断按原样精心维修的古城建筑，那哥特式高大精美的校舍、庄严肃穆的教堂和爬满常青藤的建筑散落在优雅弯曲的小巷。比如著名的三一学院，除了科学家牛顿和那棵著名的苹果树，"花花公子"拜伦，写出世人皆知的名句"知识就是力量"的培根，还有罗素、哈代等数不清的学霸，一共出过 30 多位诺贝尔奖得主，哪里数得过来呢！

相对英国来说，美国虽历史积淀较少，但也有它独特的风土人情。BBC 就曾刊登了

剑桥大学沿河美景

一篇文章，题为《八种情境：英美人的不同表现》。我们列举其中的四种情况：

No.1 被撞后什么反应？

如果被撞的是美国人，他们大都会直视冒失者，希望对方道歉；如果被撞的碰巧是英国人，他们则很可能会在撞人者开口道歉之前先说"对不起"。

No.2 晚宴穿什么？

享用晚餐时，英国人虽然不会像热门英剧《唐顿庄园》中那样人人身着晚礼服，但在去高级餐厅就餐时也会在穿着上颇下一番功夫；美国人就算出入高级餐馆也可能搭配一件休闲衬衫。

No.3 饭菜没吃完时怎么办？

外出就餐时，英国人不会将剩饭剩菜打包带走，因为在他们看来食物一旦被刀叉触碰后便被污染了；然而对美国人而言，打包剩菜则是一种惯例和美德。如果不是难以下咽的话，请务必打包带走，不然 chef 会很伤心哦。

No.4 乘出租车时是什么表现？

英国人在告诉司机目的地之后就会秉承全程"零交流"的原则，直至下车付钱才开口。甚至在看见司机绕路时，他们也会一言不发；而美国人则恰恰相反，大多数乘客都会在告诉司机目的地后，自己指挥行车路线，并且觉得这并无不妥。

所以，如果你更喜欢历史氛围浓郁的城市和学校，可以选择英国。如果你向往自由热情的风土人情，就可以考虑美国。

语言

英式英语和美式英语

英式英语与美式英语的发音差异极大。英式英语是一板一眼地端起来说的贵族范儿。声调起伏较大，吐字清晰高亢，摩擦较重。而美式英语比较婉转柔和，发音更加圆润，大多数还透着那么一丝随意和不羁的范儿。两者对比就好像我们的标准普通话和北京话的差异，英式英语是标准的普通话，适合演讲，上电视端着架子说。而美式英语就像北京话，虽然听着也差不多，但是多了很多的儿化音和一股子慵懒、随意的范儿，更适合在综艺节目里说。

穿衣风格

英国

英国人在穿衣领域算是有着独领风骚的品位和固执到无法理解的条条框框，这也带动着其他西方国家的穿衣文化。简单总结一句，在合适的场合穿合适的衣服总是没有错的，而第一印象尤为重要，绝对不能穿错衣服。

有人这样评价英国留学生的穿搭：英国留学生是衣品最好的一群人，出门必备风衣，一丝不苟的西装袖，内衬平整的衬衫，有时还会夹着一把黑色雨伞，散发着特有的绅士气质。

美国

在美国人的观念中，穿衣是一件日常的事情，不应该有太多的约束，因此舒适性是最重要的。在加州或者一些生活节奏偏慢的城市，人们在穿衣方面可没有太大的要求，出门经常是一件 T 恤（格子衬衫）和牛仔裤（短裤）配运动鞋（拖鞋）。

在美国，你经常能见到穿着短袖和穿着棉衣的人同时出现在大街上，你也能见到西装革履和穿着短裤拖鞋的人一起谈话大笑，这都是正常并且能被理解的。这些情景也正是美国自由文化的魅力，多元且具有包容性，让美国人的穿衣更加自由和随意。

美国留学生分两类，一类是纽约留学生，一类是非纽约留学生。他们的穿衣风格也各不相同。纽约留学生喜欢全身都穿黑色，是从头到脚的黑，颜色单调却处处精致，这是曼哈顿的精神所在。纽约以外（以加州为首）的留学生，则走截然相反的路线：他们穿衣讲究一个实用性，日常怎么舒服怎么来，天冷就穿帽衫牛仔裤平底鞋，天热就穿背心短裤人字拖。其中相当一部分理工科的留学生，还喜欢穿印有 Facebook 或 Google 等 logo 的文化衫，相当于穿上了美国互联网圈的 Supreme。

娱乐生活

英国

看戏剧

英国是一个很有文化底蕴的国家，英国的戏剧非常出名。尤其是在伦敦地区，基本上每天都会上映不同的戏剧。英国剧院的表演分为两种，一种是音乐剧（musical），像《悲惨世界》《妈妈咪呀》等；另一种是舞台剧或话剧（play），例如《战马》《黑衣女人》等。除了这些经典之外，新的戏剧每年也会在不同的地区上演。

听演唱会

像 Adele, Coldplay, Rihanna, Beyonce 这些国际大明星都会在英国开演唱会，并且这些热门演唱会的门票可能在开始前半年就被抢光了。当然，除了欧美明星之外，很多亚洲的明星也会到英国开演唱会，例如陈奕迅、邓紫棋、莫文蔚、林宥嘉等都在英国开过演唱会。

看球赛

如果你在英国留学，一定会有很多人问你"有没有看过英超"。说真的，即便你不是足球迷，到英国也要去看一场英超。你可以亲自去感受一下周末球场里人山人海的壮观景象，一定会有别样的感受与收获！

I～IV 分别为《悲惨世界》《黑衣女人》《战马》《妈妈咪呀》剧照

买球赛门票一定要去官网，买票之前可以先办会员，这样能拿到纪念品折扣或者享受球票优先权等。门票一般会在开赛前一到两周寄到你的住址。

参观博物馆

英国最著名的博物馆就是位于伦敦的大英博物馆（British Museum），馆内有多达 800 万件藏品。其中大多主展区都是免费的，大家可以随便参观，偶尔会有主题展览可能会收费。伦敦还有自然历史博物馆（The Natural History Museum）、英国国家美术馆（The National Gallery）、伦敦科学博物馆（London Science Museum）等。其他城市也有各式各样的博物馆，参观博物馆已成为留学生重要的娱乐生活。

大英博物馆

境内旅游或者周游欧洲

其实英国风景秀丽的地方很多，例如海滨城市 Brighton、海滨地区 Cornwall、威尔士、巴斯、剑桥、牛津、苏格兰等，每个城市都有自己的官方网站，想去哪儿就在网上查一查它们的资料，铁路就可以带你游遍整个英国。把英国逛遍以后，还可以去欧洲其他地方逛逛，在英国办理欧洲申根签非常方便。

美国

美国留学生的文娱生活更平民化和家庭化，多是橄榄球赛、主题乐园，居家一些的活动就是吃烧烤，开 party。当然，还可以关注下面的五种体验：

在波士顿的芬威球场上看一场棒球赛

芬威球场是一片神圣的土地。这里的座位十分接近赛场，以至于观众可以听到棒球的击球声。这个有着 100 多年历史的棒球场上保持了很多传统：记分板仍然由手工操作；37 英尺长的有"绿色怪物"之称的左外野全垒打墙困扰了投球手整整 70 年；排队买芬威弗兰克热狗就像给洋基队喝倒彩，用 Sharpie 标记右外野方向的界外标杆。

在亚利桑那州游览科罗拉多大峡谷

如果有这么一个地方，任何言语都无法形容其瑰丽壮阔，那么这个地方就是科罗拉多大峡谷。你可以从洛杉矶坐直升机进入大峡谷的边缘地带，欣赏壮丽空旷的景色。在南缘，

徒步旅行者可以往下沿着短却陡峭的之字形路,来到"光明天使小道"上蜿蜒的科罗拉多河,或者往上沿着边缘走容易的"时光隧道"。

在路易斯安那州新奥尔良体验爵士乐

在进入芝加哥和纽约市的俱乐部之前,爵士乐起源于新奥尔良市的友谊赛。只有在新奥尔良才能找到主题为爵士乐的国家公园,因此在新奥尔良爵士国家历史公园停下来看一场爵士表演,也一定能让你难以忘怀。

在加利福尼亚州亨廷顿海滩冲浪

摇滚乐队"沙滩男孩"让我们相信如果每个人都有一片海,那么每个人都会像加利福尼亚人那样冲浪。这支乐队将抒情的歌词和反映南加州随心所欲的冲浪文化和谐地结合起来,用他们的歌声迷倒了20世纪60年代的人。而这股怀旧风,依附于整个南加州的冲浪活动。

在俄亥俄河或密西西比河上乘坐观光船

顺着美国最早的探险家曾经游历过的水路而下,感受美国的历史。这就是大文豪马克·吐温在19世纪中期经过三角洲、峡湾和石灰岩峭壁时的经历,这些宝贵经历为他后来的小说提供了创作灵感。当你停留在美国传奇性的港口城市,如孟菲斯、新奥尔良、辛辛那提、路易斯维尔和圣路易斯等,就会亲眼看到、亲耳听到这些河流是如何塑造了美国历史的。

五、主流世界大学排名解读

目前最主流的世界排名包括 U.S. NEWS 排名、TIMES 排名、QS 排名和 ARWU 排名。由于不同排名采用的方法论和指标权重不同,各个大学在不同版本中的排名有较为明显的排位出入,但从整体来看名校一直是名校。

U.S. NEWS 世界大学排名

这项排名统计了超过 80 个国家的 1 500 所顶尖大学,采用了 13 个核心指标,非常强调学术本身,尤其是声誉、科研成果的数量和质量。因此该排名倾向于理工科强校和综合型的大学。值得注意的是,U.S. NEWS 排名对于教育质量的关注度很低,更多考虑的是科研硬实力,所以对于硕士和博士阶段的参考意义高于本科阶段。

U.S. NEWS 的排名指标如下:

Ranking Indicator 排名指标	Weight 占比
Global research reputation 全球学术声誉	12.5%
Regional research reputation 区域学术声誉	12.5%
Publications 论文发表	10%
Books 图书	2.5%
Conferences 会议	2.5%
Normalised citation impact 标准化论文引用影响指数	10%
Total citations 论文引用数	7.5%
Number of publications that are among the 10% most cited "全球前 10% 最多被引用出版物"中被引用数	12.5%
Percentage of total publications that are among the 10% most cited 出版物占"全球最多前 10% 被引用出版物"的比率	10%

(续)

Ranking Indicator 排名指标	Weight 占比
International collaboration—relative to country 具有国际合作的出版物总数的百分比	5%
International collaboration 国际合作	5%
Number of highly cited papers that are among the top 1% most cited in their respective field 代表领域在"所有出版物中被引用最多前 1%"中被引用论文数	5%
Percentage of total publications that are among the top 1% most highly cited papers 出版物占"所有出版物中被引用最多前 1% 论文"的比率	5%

可见，U.S. NEWS 不仅仅看科研产出的数量，还看科研产出的质量，给予了尖端科研非常高的权重，科研产出总计拥有 50% 的权重。

扫二维码
看 U.S. NEWS 更多排名

2021 年 U.S. NEWS 世界大学排名（前 20 名）			
排名	院校名称（中文）	院校名称（英文）	国家
1	哈佛大学	Harvard University	美国
2	麻省理工学院	Massachusetts Institute of Technology	美国
3	斯坦福大学	Stanford University	美国
4	加州大学伯克利分校	University of California, Berkeley	美国
5	牛津大学	University of Oxford	英国
6	哥伦比亚大学	Columbia University	美国
7	加州理工学院	California Institute of Technology	美国
8	华盛顿大学	University of Washington	美国
9	剑桥大学	University of Cambridge	英国
10	约翰霍普金斯大学	Johns Hopkins University	美国
11	普林斯顿大学	Princeton University	美国
11	耶鲁大学	Yale University	美国
13	加州大学洛杉矶分校	University of California, Los Angeles	美国
14	宾夕法尼亚大学	University of Pennsylvania	美国
15	加州大学旧金山分校	University of California, San Francisco	美国
15	芝加哥大学	University of Chicago	美国
17	密歇根大学安娜堡分校	University of Michigan, Ann Arbor	美国
17	多伦多大学	University of Toronto	加拿大
19	伦敦大学学院	University College London	英国
20	帝国理工学院	Imperial College London	英国

THE 世界大学排名

作为英国《泰晤士报》旗下的世界排名,THE(Times Higher Education)是全球关注度最高的大学排名之一,给出了来自93个国家和地区1 500多所学校的排名。值得注意的是,泰晤士排名是几大主流排名中最重视教学的排名,教学的比重高达30%。科研产出占30%,科研引用占30%,衡量了大学的科研能力和影响力。国际化程度占7.5%,产业化占2.5%,比重相对较小。从方法论来说,THE排名是本科生最值得参考的排名之一。

扫二维码
看THE更多排名

2022年 THE 世界大学排名(前20名)			
排名	院校名称(中文)	院校名称(英文)	国家
1	牛津大学	University of Oxford	英国
2	加州理工学院	California Institute of Technology	美国
2	哈佛大学	Harvard University	美国
4	斯坦福大学	Stanford University	美国
5	剑桥大学	University of Cambridge	英国
5	麻省理工学院	Massachusetts Institute of Technology	美国
7	普林斯顿大学	Princeton University	美国
8	加州大学伯克利分校	University of California, Berkeley	美国
9	耶鲁大学	Yale University	美国
10	芝加哥大学	University of Chicago	美国
11	哥伦比亚大学	Columbia University	美国
12	帝国理工学院	Imperial College London	英国
13	约翰霍普金斯大学	Johns Hopkins University	美国
13	宾夕法尼亚大学	University of Pennsylvania	美国
15	苏黎世联邦理工学院	Swiss Federal Institute of Technology Zurich	瑞士
16	北京大学	Peking University	中国

(续)

2022 年 THE 世界大学排名（前 20 名）			
排名	院校名称（中文）	院校名称（英文）	国家
16	清华大学	Tsinghua University	中国
18	多伦多大学	University of Toronto	加拿大
18	伦敦大学学院	University College London	英国
20	加州大学洛杉矶分校	University of California, Los Angeles	美国

QS 世界大学排名

QS（Quacquarelli Symonds）是世界上最早开始做大学排名的机构之一，它的排名各项指标相对独立和清晰，分别是学术声誉40%、雇主声誉10%、师生比20%、每位科研人员的科研引用率20%、国际教师和留学生比例各5%。

其中占比最高的学术声誉指标来源于全球高等教育领域最大规模的学术问卷，共调研了近10万高等教育工作者对于大学的教学和研究质量的意见。

相对于 U.S. NEWS 排名，QS 对科研的重视程度有所下降，更多采用问卷形式，以及加入了对雇主、师生比和国际化构成这几项学术之外对学生影响非常重要的因素。综上，QS 对于本科生的参考价值大于 U.S. NEWS。

扫二维码
看 QS 更多排名

2022 年 QS 世界大学排名（前 20 名）			
排名	院校名称（中文）	院校名称（英文）	国家
1	麻省理工学院	Massachusetts Institute of Technology (MIT)	美国
2	牛津大学	University of Oxford	英国
3	斯坦福大学	Stanford University	美国
3	剑桥大学	University of Cambridge	英国
5	哈佛大学	Harvard University	美国
6	加州理工学院	California Institute of Technology (Caltech)	美国

(续)

2022 年 QS 世界大学排名（前 20 名）			
排名	院校名称（中文）	院校名称（英文）	国家
7	帝国理工学院	Imperial College London	英国
8	苏黎世联邦理工学院	Swiss Federal Institute of Technology	瑞士
8	伦敦大学学院	University College London (UCL)	英国
10	芝加哥大学	University of Chicago	美国
11	新加坡国立大学	National University of Singapore (NUS)	新加坡
12	南洋理工大学	Nanyang Technological University, Singapore	新加坡
13	宾夕法尼亚大学	University of Pennsylvania	美国
14	洛桑联邦理工学院	Ecole Polytechnique Federale de Lausanne (EPFL)	瑞士
14	耶鲁大学	Yale University	美国
16	爱丁堡大学	The University of Edinburgh	英国
17	清华大学	Tsinghua University	中国
18	北京大学	Peking University	中国
19	哥伦比亚大学	Columbia University	美国
20	普林斯顿大学	Princeton University	美国

ARWU 世界大学学术排名

这份从 2003 年起由上海交通大学研究生教育学院提供的排名，可以说是唯一一份除西方国家之外有较大影响力的排名了。它评估了全球 2 000 多所顶尖大学后，公布了前 1 000 名的排名。作为一份纯学术排名，ARWU（Academic Ranking of World Universities）排名的指标无比准确和清晰，少了很多问卷带来的不稳定因素。它的六大排名指标分别为：

获得诺贝尔奖和菲尔兹奖的校友数量（占 10%），获得诺贝尔奖和菲尔兹奖的教职员工数量（占 20%），科研成果被高度引用的研究者数量（占 20%），《自然科学》杂志发表的论文数量（占 20%），SCIE 和 SSCI 发表的数量（占 20%），上述 5 项成果的

平均每个教职员工产出（占10%）。

综上，ARWU是主要适用于科研领域的世界大学排名，对于博士生和研究型硕士的参考意义较大，对本科生基本没有参考价值。

扫二维码
看ARWU更多排名

2021年ARWU世界大学学术排名（前20名）			
排名	院校名称（中文）	院校名称（英文）	国家
1	哈佛大学	Harvard University	美国
2	斯坦福大学	Stanford University	美国
3	剑桥大学	University of Cambridge	英国
4	麻省理工学院	Massachusetts Institute of Technology	美国
5	加州大学伯克利分校	University of California, Berkeley	美国
6	普林斯顿大学	Princeton University	美国
7	牛津大学	University of Oxford	英国
8	哥伦比亚大学	Columbia University	美国
9	加州理工学院	California Institute of Technology	美国
10	芝加哥大学	University of Chicago	美国
11	耶鲁大学	Yale University	美国
12	康奈尔大学	Cornell University	美国
13	巴黎萨克雷大学	Paris-Saclay University	法国
14	加州大学洛杉矶分校	University of California, Los Angeles	美国
15	宾夕法尼亚大学	University of Pennsylvania	美国
16	约翰霍普金斯大学	Johns Hopkins University	美国
17	伦敦大学学院	University College London	英国
18	加州大学圣地亚哥分校	University of California, San Diego	美国
19	华盛顿大学	University of Washington	美国
20	加州大学旧金山分校	University of California, San Francisco	美国

六、英国名校分类

金砖五校（G5）

英国大学的顶端是我们俗称"金砖五校（G5）"的牛津大学、剑桥大学、伦敦政治经济学院、帝国理工学院和伦敦大学学院。G5之间的关系要追溯到2004年，带着"我们不提供廉价课程，如果不增加经费我们将不得不减少本土学生的招生"的口号，五校通过联合的方式争取更多政府教育经费以支持英国本土和欧盟学生学费。由于五校分别坐落于牛津、剑桥和伦敦三座城市，因此也被称为"铁三角"。其中牛津大学、剑桥大学和伦敦大学学院均是综合类大学，帝国理工学院是一所理工科高等学府，而伦敦政治经济学院是一所文科类高等学府。申请英国大学的学生往往把金砖五校作为自己的终极目标。

牛津大学

剑桥大学

伦敦政治经济学院

帝国理工学院

伦敦大学学院

罗素集团（Russell Group）

总部坐落于伦敦的罗素集团有 24 所顶尖英国成员大学，从 1994 年各大学第一次在伦敦 Russell Square（罗素广场）集会到 2007 年成立了正式的联盟，罗素就像是美国的 Ivy League（常春藤联盟），代表了英国最高的学术声誉。罗素集团致力于成为科研的领导者，顶尖学者、学生的招募者，联盟内强大的资源互换平台或学术合作机构。事实上，英国近 2/3 的教育经费都给到了罗素联盟学校，学校也产出了英国近 70% 的世界级科研成果。

罗素的成员大学有金砖五校，也有布里斯托大学、伦敦大学国王学院、曼彻斯特大学等英格兰名校，还有贝尔法斯特女王大学、爱丁堡大学和格拉斯哥大学等非英格兰地区的强势大学。

红砖大学（Red Brick Universities）

19 世纪英国工业革命进入到如火如荼的阶段，几个主要的工业城市比如曼彻斯特和伯明翰对于科学技术和工业力量的需求达到了全新的高度。这个时期诞生了一批优秀的工程和医学强势大学，比如 1825 年成立的伯明翰医学院就是现在的伯明翰大学的前身。至于为什么叫"红砖"呢？是因为维多利亚时代红砖哥特风非常流行，于是这些学校被称为"红砖大学"。红砖大学代表着理工科实力超群的一批学校，通常指六所创始学校——伯明翰大学、布里斯托大学、利兹大学、利物浦大学、曼彻斯特大学和谢菲尔德大学。之后也有新的成员加入，包括杜伦大学、雷丁大学、诺丁汉大学和南安普顿大学等。

利兹大学

谢菲尔德大学

伦敦大学联盟（University of London）

伦敦大学联盟于1836年依照皇家宪章建立，又被称为"人民的大学"，是第一个针对性别、种族和宗教无差别招生的联邦体。如果把伦敦大学看作一所大学，那它就是一所全球最大的学校，拥有超过12万在伦敦学习的学生，以及5万名在190个国家学习的学生。它的17个成员大学包括像伦敦大学学院（UCL）和伦敦大学国王学院（KCL）这样的综合性大学，也有像皇家音乐学院（Royal Academy of Music）和考陶德艺术学院（Courtauld Institute of Art）这样的专业类大学。此外一些只招收研究生及以上学历的专业大学，比如全球著名的十大商学院之一的伦敦商学院（London Business School）和全球最领先的癌症研究机构癌症研究大学（the Institute of Cancer Research）也都是伦敦大学的成员。

伦敦大学联盟整体来说还是一个比较"松散"的组织，成员大学有非常强的自主权。但是联盟也为成员们提供了非常多的基础设施，比如全球的求职网络，众多的图书馆、艺术馆和运动场馆，包括伦敦最大的室内游泳池，以及众多自营的高品质学生公寓。

考陶德艺术学院

七、英美大学在申请方式和申请压力上的对比

整体来说，申请美国大学的压力会比申请英国大学更大，包括多方面因素：

（1）美国录取考核的维度更多，需要在学术和非学术方面都有丰富的经历。

（2）美国需要填写的申请材料更多，写的文书数量更多。

（3）美国在申请策略方面更为复杂，有两大早申和一类常规申请，而英国申请在流程上则大大简化。

（4）美国藤校录取率在早申阶段和英国G5基本持平，整体录取率低于英国。

接下来我们从申请方式和申请压力两个维度细细地展开分析。

申请方式

英国

申请平台

英国本科的正规申请全部都要通过一个叫作UCAS的非营利机构来进行，该机构的前身是UCCA（Universities Central Council on Admissions），从1961年开始帮助学生提交大学申请，主要是为了解决学生在申请不同大学时烦琐的申请填写和材料准备问题。在1993年，UCCA和另外两家同类机构PCAS和SCUE正式合并，在随后的几年之内就将所有的英国大学申请并入UCAS大平台内，才有了今天学生们提交一份申请就可以同时且最多申请5所大学的便利局面。并且大学均签署了把所有的申请都通过

UCAS平台来审核和发放录取的协议。

经过UCAS平台的不断优化,最终学生们需要提交的主要材料有:个人信息、大学和专业选择、教育背景和成绩、工作信息(若有)、个人陈述和教师推荐信(学校提供)。而这其中最为核心的材料则包括:

学习成绩,比如A-Level体系的学生需要提交AS考试成绩(国际生)和A2的预估成绩;IB体系的学生需要提交IBDP的毕业预估成绩;或是美国的学生需要提交已经有的SAT和AP成绩以及12年级毕业时的AP预估成绩。

个人陈述,一篇4 000字符以内的文章,大约600~700个单词,陈述自己为什么想要学习这个专业以及为什么应该被录取。

推荐信,需要自己的任课老师提供一份学术推荐信,一般不建议校外老师提供。

以上这三份材料是申请大部分学校和专业的决定性材料,尤其是对于那些没有笔试和面试的大学。

但是牛津大学和剑桥大学比较特殊,有自己独特的笔试和面试环节,并且准备难度非常大,在学术方面的要求远高于美国大学。

吴昊老师在申请内容介绍讲座上

招生决策机构

英国的大多数大学是各个专业院系(department)独自招生,这些院系拥有非常大的自主权。申请者需要选好专业,进而向对应的专业院系提交申请。牛津大学、剑桥大学和杜伦大学等学院制的大学则更为负责,各个学院(college)有自主招生权,各个学院里的专业组（group）则是在大学的专业院（department）的规范下，采用统一的笔试、评估方法、录取要求和招生人数配比，并视情况补充单独设置的笔试或材料，进行各自独立的招生。

美国

申请平台

美国大学没有统一的申请平台，但是许多大学的申请都是在一个叫作Common Application（通用申请，简称 CA 系统）的平台上完成。在 CA 平台诞生之前，申请者不得不填写纸质的表格，一所所学校提交材料，非常烦琐。于是许多大学和文理学院在 1975 年共

同发起了 CA 平台，一份申请提交到 CA 平台后会复印多份申请材料提交给不同的大学，大大减少了申请工作量。CA 发展到今天其实已经远远不止美国本土使用，英国、欧洲大陆和亚洲的许多大学也加入了 CA 体系。

CA 平台的主表格内容是所有申请的大学都会共享的信息，由 7 个部分组成，包括：profile（个人信息）、family（家庭）、education（教育背景）、testing（标化成绩）、activities（活动清单）、writing（文书部分）和 course & grades（课程 & 成绩）。这 7 项中，标化成绩和课程成绩是硬指标，活动清单则体现了美国大学招生看重学生的全面能力和经历，文书则是最关键的一个环节，CA 每年都会出 7 个选题并从中选 1 个，文书的长度为 250~650 词。此外，每个大学都会有自己专门的文书。总的来看，美国学生在申请季往往要完成大大小小数十篇文书。

除了 CA 平台之外，其他的申请平台包括加州大学体系的平台和 2016 年成立的 Coalition 系统，目的是希望打开 CA 系统垄断的局面。目前一些学校是必须通过 Coalition 系统申请的，例如华盛顿西雅图分校。

美国申请三大批次

美国大学的申请策略还细分为早申非绑定申请 Early Action (EA)、早申绑定申请 Early Decision (ED) 和常规申请 Regular Decision (RD)。

EA 申请通常不设学校数量限制，可以申请多所学校，录取之后可以选择不接受 offer，截止时间通常在 11 月 1 日，也有部分学校设置在 10 月 15 日和 11 月 15 日。录取结果一般在 12 月中旬到次年 1 月底之间出来，有可能被录取、拒绝或是推迟到 RD 批次再次审核。比较著名的 EA 策略学校包括麻省理工、芝加哥、伊利诺伊州大学香槟分校等。此外，EA 又有两种特殊情况，即 Single Choice Early Action（SCEA，单选早申非绑定申请）和 Restrictive Early Action（REA，限制性早申非绑定申请），这两种申请录取后依然不强制要求接受 offer，但是申请学校的数量有限制，比如不能同时申请其他学校的 ED1，但是可以申请其他的 EA。

ED 是非常严格的一种策略，我们常说的 ED1 和 ED2 是因为截止时间和批次不同。前者在 10 月 15 日、11 月 1 日和 11 月 15 日截止。后者则在 12 月 15 日、次年 1 月 1 日和 1 月 15 日截止。录取结果分别在 12 月初到 12 月底和次年 1 月中到 2 月中出来。ED1 和 ED2 都只能申请一所学校，且一旦被录取就必须接受 offer。ED 因为其特殊性质，录取率会显著提高，而且许多大学会有两次 ED 机会，比如范德堡大学和纽约大学。

RD 没有任何限制，截止时间在次年 1 月到 2 月不等，申请数量不限，录取后也没有任何强制要求。

招生决策机构

与英国大学不同，美国大学的招生权力一般在大学的招生部门手中。考虑到美国大学的申请可以自愿选择是否明确专业，且无论是否明确专业，申请者都可以在大一结束的时候，甚至大二的时候决定专业，因此，统一的招生部门的确可以胜任学生的选拔工作。在选拔申请者的过程中，招生部门会综合考虑学生的背景和学校想要招收的学生在学术优异度、价值观、风格和多样性方面的匹配程度，辅以国际生、性别、种族以及家庭背景等因素，进而决定是否录取。

申请压力

考查核心对比

英国和美国大学申请时考查的核心不同，英国适合学术优异的学生，美国适合全面发展的学生。

前文曾提及，英国重视精英教育和专业教育。顶尖大学希望看到学生对自己选择的专业有充分的认知和热情，并且在专业方向上取得了相关的成绩以体现自身的学习能力。因

2021年唯寻牛剑精英营开营仪式

此，英国申请对于学术的要求很高，往往希望看到包括学科竞赛、科研、学术类夏令营和课外拓展学习等，且这些活动必须和拟申请的专业相关才有价值。譬如学生的目标专业是数学，应该以参加数学类竞赛为主，物理类竞赛也有用；做的科研应该和数学相关，比如数据分析类的课题；夏令营应该选择有数学的学术深度且能够扩展学习的营队，比如我们为学生设计的夏令营就会带学生去做数据分析、数论研究或是和计算机相结合的项目式学习；课外拓展的阅读和其他类型的学习也都是非常好的补充。

美国申请大学的不确定因素特别多。例如大家经常提到的常春藤大学，对于学生的考查不仅仅是学术水平，更多的是看课外活动经历以及在社会活动中体现出来的团队合作能力、领导能力以及学生是否具有全球视野。直白来说就是想知道你除了读书考试以外还做了些什么，是不是一个有趣的人。这些也体现出美国大学更注重通才教育。为什么近几年来，中国学生申请美国顶尖大学越来越难，特别是常春藤大学？原因在于咱们体制内的学生真的缺乏成绩单以外的东西。虽然不能一概而论，但是国内的申请者平均软实力确实有待提高。

录取率对比

美国申请整体录取率较低，英国顶尖名校录取率和藤校基本持平。

首先我们来看一下英国G5院校的录取情况：

牛津大学申请人数逐年上升，连续两年突破23 000人，5年复合增长率为3.2%，而录取率在最近一年下降至17%。能够明显感觉到在申请人数增长的大背景下，牛津大学的录取率比 5 年前下降了 3 个百分点，未来竞争愈发激烈。

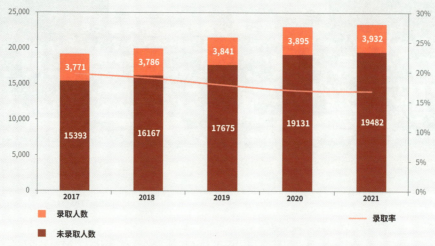

牛津大学录取数据总览（2017~2021 年）

剑桥大学在过去 5 年里的申请人数稳步上升，复合增长率为 5.4%。但录取率逐年下跌，现已至 5 年以来的最低点（19%）。平均录取人数为 4 539 人，录取率约为 23%。

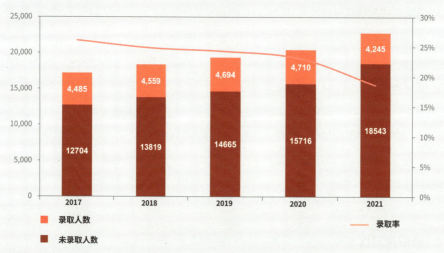

剑桥大学录取数据总览（2017~2021 年）

帝国理工学院作为理工科的名校，虽然招生人数明显少于牛津大学和剑桥大学，但申请人数却丝毫不逊色。这样的数据导致的结果是录取率逐年降低，在 2020 年就已经低至

12%。从近几年的录取结果来看,帝国理工的录取率的确呈收紧态势。尤其是数学类专业由于热度提高,录取率进一步下降。

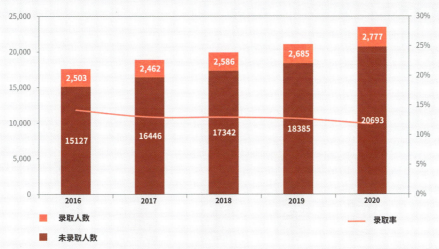

来源:University of Imperial College London, Vision Academy Analysis

帝国理工学院录取数据总览(2016~2020 年)

伦敦政治经济学院(LSE)这所文科类的名校一直是学生和家长们所追捧的对象。幸运的是,LSE 在过去 5 年里的学生申请总人数持续增长,复合增长率为 4.2%。同时 LSE 处在扩招的轨道上,招生从 2017 年的 3 648 名学员提高到 2021 年的 4 959 名学员,增长显著。相对应地,录取率达到了近年来的最高峰,约为 23%。

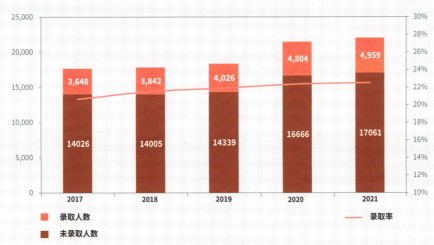

来源:London School of Economics and Political Science, Vision Academy Analysis

伦敦政治经济学院录取数据总览(2017~2021 年)

伦敦大学学院（UCL）是一所综合性大学，同时也是金砖五校之中规模最大的学校，单届录取人数就超上万人。值得一提的是，UCL 对于中国学生的态度非常友好，且对于国际生的招募持非常友好的态度。在过去五年里，UCL 扩招了大量中国学生，但是由于申请基数增长更大，所以近两年录取率逐年下滑。

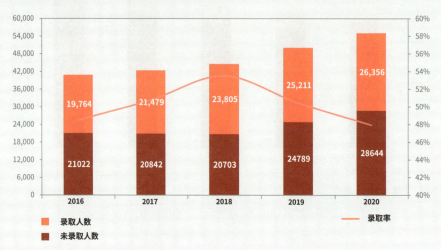

来源：University College London, Vision Academy Analysis

伦敦大学学院录取数据总览（2016~2020 年）

再来观察美国大学，它们的录取率其实是虚低的。为什么这么说呢？这就不得不提 U.S. NEWS 大学排名的事情。众所周知，大部分学生和家长选择大学首先就会参考相对公允的第三方大学排名，U.S. NEWS 毫无疑问是最重要的参考依据之一。各个大学为了提高自己的排名就要符合排名的偏好，其中很重要的一项就是录取难度。于是大学鼓励尽可能多的学生申请他们的学校，甚至完全不考虑学生是否有能力申请到他们的大学，或是学生是不是真的对他们感兴趣，而只需要他们提交申请就可以了。

以下为 2023 届 Ivy League 常春藤联合会（除康奈尔大学）录取数据，仅供参考。

大学排名	大学名字	提前批申请				常规批申请		
		申请批次	申请人数	录取人数	录取率	申请人数	录取人数	录取率
1	普林斯顿大学	SCEA	5 335	743	13.9%	27 469	1 152	4.2%
2	哈佛大学	SCEA	6 958	935	13.4%	36 372	1 950	5.4%
3	耶鲁大学	SCEA	6 016	794	13.2%	30 827	1 384	4.5%
3	哥伦比亚大学	ED1	4 461	650	14.6%	38 108	1 540	4.0%

(续)

大学排名	大学名字	申请批次	提前批申请			常规批申请		
			申请人数	录取人数	录取率	申请人数	录取人数	录取率
8	宾夕法尼亚大学	ED1	7 110	1 279	18.0%	42 560	2 066	4.9%
12	达特茅斯大学	ED1	2 474	574	23.2%	21 176	1 294	6.1%
14	布朗大学	ED1	4 230	769	18.2%	36 974	1 782	4.8%

来源：各大学校官方 admission statistics（入学统计）

美国大学申请根据申请阶段（EA/ED/RD）不同，录取率会相差非常大，以康奈尔大学 Class of 2023 Admissions Statistics 为例：

概览	早申绑定申请	常规申请	总数
申请者	6 158	42 956	49 114
获准入学者	1 397	3 933	5 330
注册入学者	1 369	1 849	3 218
候补名单			
候补名单上的合格申请者人数		4 948	
接受候补资格的申请者人数		3 362	
从候补名单里获得秋季入学资格的申请者人数		147	

如果学生选择的是 ED 策略，6 158 名申请者中有 1 397 名学员获得录取，录取率高达 22.7%。但由于 ED 规则，几乎所有拿到 ED 录取的同学都选择了入读康奈尔大学，最终有 1 369 名学员入学。

而 RD 策略有高达 42 956 名学员申请，只录取了 3 933 名学员，录取率低至 9.2%。入读人数更少，只有 1 849 名学员，只占 RD 录取的 47%，说明许多同学申请了多所大学后最终选择了接受其他大学的录取。

第二章　什么时间选择出国留学？

"何时出国留学?""什么时间开始准备?"这是我们被问到的两个最频繁的问题。从幼儿园到研究生、博士都可以选择出国留学,这个问题的答案应该是选择一个适合自己的时间开启留学之路。

第一节
三个年龄段出国留学的优劣势分析

首先,我们以去美国留学的中国学生数据做一个参考:

留美中国学生增长趋势(2000~2019年)

从2000年的不到6万人增长到2019年的近37万人,19年来每年出国人数呈现高速增长。那么,这些增长的人群主要是什么年龄段呢?

在2000年,有少部分中国学生尝试留学,且不无例外是去读研究生的。5年后,少数人尝试出国读本科,基本的路径都是就读英国和美国的初高中,然后考入英美本科。这些学生基本都集中于一线城市,算是低龄留学的探索者。但大部分人还是出国读研究生,他们成绩相对较差,导致当时有一个说法叫作"有钱的、成绩差的小孩才去留学"。而在2005~2010年这5年间,中国出现了开设高中段国际课程的民办国际化学校,因此出国读本科的人数增长迅速,占比达到20%。我就是在2008年就读的A-Level学校,当时本科阶段留学还不算主流。我的同学基本都来自一、二线城市,他们在体制内高中的成绩其实参差不齐。

中国出国留学趋势					
	少数人出国读研究生	少数人出国读本科	20%+ 出国读本科	40%+ 出国读本科	60%+ 出国读本科
时间	2000 年	2005 年	2010 年	2017 年	2020 年
申研要求	雅思/托福	托雅/GRE/GMAT	托雅/GRE/GMAT	托雅/GRE/GMAT	托雅/GRE/GMAT
申本要求	移民/托雅	预科/托雅	国际课程/托雅	国际课程/托雅/SAT 等	国际课程/托雅/SAT 等
出国人群	成绩差 稀缺品 一线城市	成绩差 稀缺品 一线城市	成绩平衡 奢侈品 一线城市	成绩平衡 奢侈品 一、二线城市	成绩平衡 大众消费品 全线城市

从上面的数据中我们也能看到留美中国学生数量在 2005~2017 年有井喷式增长，一方面受益于中美关系和签证政策开放，另一方面低龄留学也渐渐成为主流。到了 2015 年，本科及以下的留学人数已经超过了研究生和博士留学的人数，低龄留学正式成为主流。从地域来看，从原来的一线城市延展到了二、三、四线城市。留学已经从一个"奢侈品"变成了一个"大众消费品"，留学人群也不再是有钱出国混文凭的人，反而公立高中里成绩好的学生都会考虑出国留学。

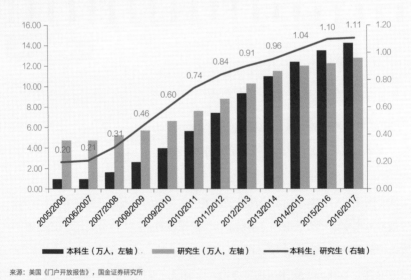

来源：美国《门户开放报告》，国金证券研究所

中国赴美留学人数（2014~2015 学年就读本科生人数超越研究生）

明确了整个留学年龄的大数据，我们再来辩证地分析不同时间段留学的优劣势。

一、初中出国留学（12~15岁）

这条路线典型的学生画像：国内知名国际双语学校的学生读完小学 6 年级去美国或者英国就读初中。这样做的优势其实很明显：英语水平接近母语，对于西方文化更了解，世界观和价值观在国外形成，搭配中国家庭的传统教育，孩子会成为一个既能融入西方社会又不忘记祖国传统文化的人。劣势就是容错率极低。在这么小的年龄独立留学，无论是寄宿学校还是寄宿当地家庭，都有可能难以融入。孩子缺乏玩伴，久而久之有可能会导致抑郁或是缺乏自信。还有文化冲击和未来自我迷失的问题，在小时候毫无甄别、全盘接受西方理念以及生活方式，长大后脱离中国根的情况也比比皆是。当然，如果是家庭移民或者父母有陪读的计划就另当别论。总之，低容错率促使家长需要花更多的时间关注孩子的学习和生活。

我在剑桥大学有一个同学叫 George，他大学前的教育经历非常独特。他在美国读完小学后回天津读了两年体制内初中，随后去英国读 GCSE 和 A-Level 课程，成功考入了剑桥大学。他的父亲是外交官，全家跟随他父亲满世界跑，于是就造就了一个英语接近母语水平，精通拉丁文，说着一口浓郁天津口音普通话，交往着一个意大利女朋友，成绩还一直稳居年级前 10 的综合型人才。我的英国同学评价他说："看 George 做题觉得自己是个傻子，听 George 说英语觉得自己不会英语。"

我还有一个学妹 Amber，她 12 岁来到英国读初中，一路读到 A-Level，毕业考入了剑桥大学。她平时不经常和中国同学打交道，打扮和风格也和英国同学一样。但有一次聚会我和她聊到文化认同的话题，才得知她内心的迷茫。她的父母和所有的亲戚一直都在国内，她从 12 岁就住在寄宿家庭，和父母相处的时间一年不到 3 个月。虽然考上了剑桥大学，但她在社交方面一直缺乏自信，英国同学的圈子她能融入，但比较难交到知心挚友。对于英国同学来说，她没有 "cool enough or British enough"（够酷或够"英国"）；中国同学的圈子她觉得更难融入，比如中国的一些传统节日（如春节、中秋节等）对她来说

并没有特殊的意义,中国流行文化如明星和流行语她也丝毫不知。所以她有一些文化认同的问题,很难去定义自己是哪里人,思考未来要在哪里发展等。

上面两个例子告诉我们,选择 12~15 岁出国留学要因人而异。如果孩子性格内向、不够有主见或是自控力不太强,家庭也没有移民计划,那么不建议这个年龄段出国留学。如果有计划未来全家或者孩子要在海外定居和发展,可以视情况考虑。

二、高中出国留学（16~18岁）

国内初中毕业考入美国知名高中是一条提升藤校录取率的捷径，不仅能获取更受美国大学认可的美高 GPA，而且能更早融入美国的学习与生活。无论是对背景提升，还是准备 SAT、托福考试都有极大的帮助。据不完全统计，2019 年申请季考入美国前 10 名大学的中国学生中有超 75% 是就读于美国高中的，可想而知美国高中对于申请美国顶尖大学的帮助有多大。英国高中的情况也十分相似。英国著名的伊顿公学每年有近百人考入牛津、剑桥，这类学校不管是课程设置、师资力量、师生比还是升学指导的实力都是全球领先的，一所优秀高中的声誉以及一封校长的推荐信对于考取英国顶尖大学也是有加分作用的。那么高中出国留学还有哪些优势？

在我 2011 年考入剑桥大学就读本科的时候，同届有 60 多个中国人。其中差不多一半是高中就在英国就读的，剩下一半毕业于国内的国际学校和新加坡国际学校。这些英国高中毕业的同学有一个非常突出的优势：独立性强。无论是时间管理能力、自主学习能力还是对大学授课的适应度，在英国就读两年以上的同学必然是更轻车熟路。两年海外独自求学的经历让他们变得"非常会生活"：哪家好吃的餐厅更新了菜单，哪部最新的电影上映了，甚至哪里有提供免费午餐的活动（很多社团或是企业活动为了吸引学生会提供免费午餐给参与者），他们总是能在第一时间获取。我举个很简单的例子，剑桥很多学习资料和活动通知都会通过电子邮件发送，而当年没有习惯用 E-mail 的我在第一个星期就错过了好几节关键的 supervision（牛津、剑桥独有的小班辅导课，牛津叫 tutorial）。

具有极强独立性的他们在各方面会先人一步。当我还在研究如何写我人生中第一版简历的时候，他们已经在各类公司的招聘会上与企业大使谈笑风生了。当我好不容易花了一个月适应了学习节奏，终于有了一个闲暇的周末却发现无所事事的时候，他们早已排满了各种丰富的活动：划船、拳击、体验滑翔机等，包括每年牛津剑桥组织的活动——阿尔卑斯山脉滑雪（Varsity Trip）。这可以说是学生时代最好的活动了，好玩又便宜，而我却直到大三才听说这个活动，非常遗憾只参加了一次。甚至当我还在研究申根签证材料的时候，他们因为在高中时代就申请好了申根签证，早就预订好了圣诞假期的欧洲出行计划。

除了生活适应快以外，英高 2~4 年的学习让他们的英语能力在日积月累中得到了提高。我出国读书的时候雅思已经考到了 8 分，其中阅读和听力是满分。虽然根据雅思对于 8 分的定义我应该是精通英语者（proficient English speaker），但是我刚到英国的时候英语还是碰壁不少。原因在于英国是个多元化国家，当地人不会因为你看起来像外国人就放慢他的语速，他会默认为你的英语也是母语水平（他认为你有可能也是本地人），所以一开始我对过快的语速和流行俚语也是懵的，如果再加上点儿口音，我就只能不断地说 pardon 了。这样的状况我大约花了两个月的时间才完全适应，慢慢地我能够听懂大部分英式幽默，日常打起招呼来也像个英国人，也渐渐带起了英伦口音。而英高毕业的学生却可以更快适应大学的学习和生活，找到最适合自己的学习节奏。

话说回来，虽然我刚入学时落后了很多，但独立性和英语能力在一年的学习后都得到了提高，而且以上内容我对标的都是优秀的剑桥同学，不一定足够客观。我也曾遇见过高中过早留学荒废学业的学生。四年前我有一位学生在上海的一所市重点高中读高一，他天资聪慧，数学能力超强，但自控力不够好，喜欢玩游戏。好在重点高中和父母都抓得紧，在各种监督下他的学习成绩在年级名列前茅。完成高一学业后，我们帮他申请到了一所不错的英国高中并拿到了半额奖学金。到了英国后他发现原来的监督和束缚没有了，还结交了几个游戏中"志同道合"的朋友，除了上课外就沉迷于游戏。我多次提醒他父母多加监管，但异国加上青春期隔阂，他的父母又心疼他小小年纪独自在外留学的辛苦，也不会像过去那样对他施加压力。一年后，他的各项成绩全面退步，英语水平还不如出国前，学校甚至还取消了他的奖学金计划。这个学生最后被曼彻斯特大学的数学系录取，但他高一时候展现出来的能力是完全可以冲击英国 G5 大学的，选择英国高中的这条留学之路对他来说无疑是绊脚石。

总的来看，高中阶段出国留学会给学生带来独立性、英语能力以及名校光环的优势，这些能力会让学生受益终生。但同时自控力过低、自我驱动力弱的孩子也可能会误入歧途，在缺乏有效监管下，学生或许会走向懒惰、迷失目标和沉迷诱惑。还是印证那句话："不在父母身边的孩子容错率低。"

三、本科出国留学（18~21岁）

目前本科出国留学的学生已经成为留学生群体中的主力军，他们大部分来源于国内的国际学校，就读 A-Level、IB、AP、BC 等国际课程体系。学生在国际学校完成了英美高中的课程内容，再进入国外大学就读本科。

"本科在国内读个重点大学，研究生再出国深造"，这或许是 10 年前最流行的出国留学计划。与本科相比，研究生出国留学的优势有很多，比如拥有更成熟的心智后留学的收获更多，拥有国内大学本科的社交圈，未来回国发展更有优势，研究生留学便宜且有众多奖学金可以申请等。那么在众多利好的情况下，为什么近几年本科留学转变成了主流趋势？

一是大多数英美大学教学质量和学位含金量都是本科高于硕士，比如牛津大学的本科入学门槛要远远高于同等专业的硕士，教学投入和师生比也遥遥领先。二是本科留学时间

更长,更容易让留学生深入了解当地文化,培养全球视野。比如英国研究生项目通常只有12~15个月,去掉适应期和考试季,学生大部分时间都在图书馆学习,真正能让学生体验文化的时间确实很少。三是世界大学综合排名里,中国的名牌大学很难挤进前列,这也是让很多家庭选择本科留学海外名校的原因之一。

与高中出国留学相比,本科出国也有特有的优势。首先是国际高中同学的这个社交圈价值。高中留学生的大部分英国同学在毕业后会处于失联状态,而中国同学也占少数,且考入同一所大学的概率很小。没有交际很难维系关系,更不用说如果大学毕业后回国发展,这部分英国同学资源几乎是放弃了。但国际高中毕业的同届同学都会出国留学,分布在各个大学里,未来毕业回国后很大概率会在一线城市,那么这部分社交圈便有了价值的闭环。其次,在国际学校过渡2~3年再进入西方社会学习和生活会大大提升留学成功的容错率。在16~18岁这个价值观形成的关键时期,父母的影响和监督是不可或缺的。不管是每天还是每周的见面会让家庭教育起到更大的作用,让父母能更早发现孩子潜在的学习或心理问题,予以疏导和解决。最后就是文化价值观问题了,尤其是求职的时候会凸显出来。高中阶段国际学校的经历会让人变得更加接地气,遇到职场和社会问题也更能理解。

在以上三个阶段,出国留学都可能成功培养出一个拥有全球视野和独立人格的成功学生,但父母还是要选择一条最适合孩子的道路。无论选择何时留学,我认为K-12可以分三个阶段来规划:

潘潘在公开讲座上

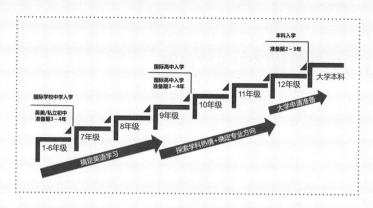

圆梦名校规划之路

（1）搞定英语学习（1~8年级）：无论你是选择国际小学还是公立小学，最晚从1年级开始接触英语学习，8年级要达到本科入学的英语要求：雅思6.5分，托福95分，剑桥英语三级FCE证书。英语确实只是一门语言、一个交流工具，大部分的本科留学生毕业时的英语水平和刚入学时几乎无异，因为大学期间学的不是英语，而是学术知识本身。但如果能在8年级前彻底掌握这门语言，那么在接下来的学习中就不会因为英语问题困扰学科学习，而且会有事半功倍的效果。当然在这期间也可以选择转入英美的私立初中或是中国的国际中学学习，准备期在3~4年左右，取决于目标学校的要求。

（2）找到学科兴趣所在并确定专业方向（9~11年级）：学生在拥有不错的英语能力后，应该不遗余力地投入到探索学科的热情上。不论是深入学习几门GCSE/MYP的学科课程，还是课外参加竞赛等背景提升活动，或是参加英美高中的顶级夏校，在这些课程中找到对特定专业的热情从而确定专业大方向，比如数学统计类、自然科学类、商科经济类或者人文社科类。我相信通过3年的探索，一个既擅长又感兴趣的专业必然会浮现在你的眼前。在9年级可以选择就读中国的国际高中或是英美高中，准备期也在3年左右，从费用性价比和容错率高的角度来看，中国优质的国际学校是最佳选择。

（3）大学申请（11~12年级）：在11年级前确定专业方向对未来的大学申请有着至关重要的作用。这时候你对专业的选择是通过多维度筛选和衡量得出的，在写文书和申请材料里凸显对专业的热情便是水到渠成，锁定专业方向后参与的活动就能更加聚焦，长期向同一个目标努力才会积累过人的优势。这个阶段大部分学生还在焦虑专业选择，痛苦地备考英语标化考试，而你早已胸有成竹地手握大学录取通知书了。

四、疫情后低龄留学的趋势预测

2020年，一场突如其来的疫情打乱了所有的计划，在国内疫情逐步控制住后，眼看着英美等国确诊人数不断上升，142万留学生滞留海外，学校纷纷停课；与此同时，许多国家、地区封国封城，人流和物流中断，持续了30余年的经济全球化突然被按下暂停键。这对未来低龄留学的趋势必然会造成深远的影响。

大部分已经选择低龄留学的家庭，依旧按计划送孩子出国读书

绝大部分已经走在出国这条路上的家长，还是不会轻易"逆流"的。尤其是孩子处于高中阶段的家庭，已经决定走留学的路，只能往前走。我们从一个权威调查报告中发现，在156个就读海外高中的家庭中，95%选择"校区正常开放的话，会按计划返校"，而他们最关注的问题有如下三个：

(1) 对中国学生的欺凌、刻板印象和种族主义的担忧（66.5%）

(2) COVID-19目前的情况和后果（61.5%）

(3) 经济和个人财务停滞（41.9%）

不难看出，这些家庭关注的重点其实并不只是疫情本身，而是是否有支持、友好、关怀的环境使孩子远离种族主义和对亚裔的刻板印象，也就是孩子能否快乐、安全地在异国留学。所以在学校学习环境没有变化的情况下，即使疫情没有完全过去，大部分家庭还是会继续留学之路。

正在考虑送孩子出国的家庭受影响较大，出国留学人数三年后或迎来"小年"

疫情前正在考虑送孩子出国留学的家庭在选择上会受到较大的影响，当看到美国和英国的小留学生回国机票一票难求，被滞留在国外数月无人照料；当学校收取高额学费却只

能让学生在家熬夜上网课；当海外疫情严重，新增病例持续居高不下，徘徊中的不少家庭会取消出国留学的打算。更多的家庭会推迟送孩子出国的计划，比如原本计划高中出国的，现在考虑本科，甚至研究生再送出去。2020 年去英美就读中学的学生人数必然受到巨大影响，这部分人群可能会转入国内的国际学校就读，甚至还有部分美高和英高的孩子由于开学无法线下复课也会转学至国内的国际学校。但另一方面，新一届面临初升高的学生原本会选择国内的国际学校就读国际课程，但疫情增加了留学的不确定性，这部分家庭可能会选择留在体制内读高中。所以我们预测今年国际高中招生会遭受空前压力，本科出国留学人数在三年后会迎来"小年"。从 2020 年研究生留学的人数来看，有近 40%（不完全统计）的本科生取消了出国读研究生的计划，大部分的学生会选择先工作，等疫情过去再考虑出国深造。这个下滑的趋势可以借鉴 2003 年非典后的 3 年留学总人数的走势，疫情带来的经济波动和个人财富停滞也不容忽视。

英国将超越美国成为最受欢迎的留学目的地

根据美国移民海关执法局（ICE）在 2020 年 8 月底发布的《2019 年度国际学生和访问学者的详情报告》，在美就读的持学生签证的中国籍学生共有 474 497 人，其中 K-12 人数为 36 842 人。英国方面，ISC 英国私立中学人口普查显示：来自中国的学生人数持续稳定增长，从 2007 年的 2 000 多人，增至 2020 年的 8 000 多人。在疫情前，从低龄留学总人数来看美国是低龄留学家庭的首选。而我们预测疫情后英国将超越美国成为最受欢迎的留学目的地，原因有以下几方面。

（1）英国疫情逐步放缓，相较美国控制得更好

不同于美国现在动荡的局势，英国整体从 2020 年 5 月开始疫情逐渐放缓。英国政府在遵循"社交泡泡"原则，也就是从小部分聚会的原则基础上，在 5 月底出台了"五步解封政策"作为解封第二阶段，英国的学校也已经逐步复课。此外，随着 6 月 4 日伦敦机场的复航，也说明英国已经慢慢开放入境。2020 年 5 月，THE 发布报告称：尽管受到疫情影响，但是申请英国留学的热度并没有减少。据 UCAS 最新公布的 2020~2021 年申请数据，中国申请者大涨 31%。

（2）英国留学政策更友好

不同于美国对中国留学生的各类限制，英国在留学政策方面对于中国非常友善。首先，英国对于中国留学生没有什么特殊的专业限制或者政策限制。其次，这两年英国在对于中国留学生的政策方面不断放松。在 2019 年，英国重新推出了 PSW 签证，允许在英留学生毕业后可以获得两年时间用于留在英国寻找工作。此外，为简化中国学生申请英国学生签证流程，取消了递交存款证明、学历证明和语言能力证明的要求。反观美国，特朗普政府一直对留学移民政策非常不友好。美国移民和海关执法局（ICE）曾在 2020 年 7 月 6 日颁布规定，持非移民 F-1 和 M-1 签证的国际学生如果全部在网上学习，就不能继续留在美国，也不能合法进入美国。此禁令也受到哈佛大学和 MIT 大学的谴责，直接将特朗普政府告上法庭。美国留学生在忍受疫情影响生活和学习的同时，还需要面对飘忽不定的留学政策带来的风险。

（3）英国留学更安全

留学英国的孩子通常会就读寄宿制学校。寄宿学校一般都会远离市区，管理更为严格，所以安全方面会更有保障，且孩子可以远离城市的喧嚣，更加专注于学习。反观美国，2020 年美国反种族歧视大暴乱后，再加上美国在疫情暴发后"不够靠谱"的防护措施，使得原本考虑美国低龄留学的家庭忧心忡忡。顶尖名校的梦想虽然重要，但学生的人身安全必然是首要的，对比来看英国留学会更安全。

（4）留学签证影响小

从 2020 年 6 月 1 日开始，英国重新开放了全球部分地区的签证中心，中国北上广三地包括其中。原本英国留学签证只能提前三个月办理，现在对于 9 月开学的同学们来说，申请办理留学签证时间还是比较充裕的。

综上所述，英国目前的整体社会稳定度相对美国较好，再加上其本身过硬的教育质量和对中国留学生的积极态度，英国很有可能成为原本打算去美国走低龄留学家庭的首选。

近两年海外顶尖大学申请将更注重背景提升和学员综合能力

疫情导致全球各国考试统统取消，SAT、A-Level、IB、各类竞赛等，原本通过标准化考试刷分占据申请先机的中国学生反而在大学申请中失去了核心优势。随着美国不少顶尖大学比如普林斯顿大学、宾夕法尼亚大学、康奈尔大学等都宣布取消 SAT 要求，学员的课外背景提升经历将成为申请时脱颖而出的重要参考依据。在标准化考试缺失的情况下，学生在某一学科和专业领域参加的竞赛，做的项目拓展甚至发表的相关论文将成为大学申请中重要的加分项。

整体而言，影响留学意向的因素有很多。短期来看，部分学生和家长可能会因为疫情或教学模式放弃留学。从长远来看，对优质教育资源的追求可能还是中国家庭消费中不可或缺的部分。低龄留学决策的影响因素更为复杂，不仅包括国内教育环境的变化，还包括家庭经济条件、孩子的陪伴和监护、孩子的独立性、升学压力、学业甚至人生规划等。对

2020年"唯寻杯"考试现场

于尚未决定留学的低龄学生家长来说,出于健康安全考虑,疫情或许会让这部分家庭暂缓孩子的留学计划。对于大多数已经体验过或适应英美私立中小学教育的孩子,回国学习恐怕同样是一个艰难的选择。

其实疫情可能从未改变什么,它只是让原本存在的东西更加凸显,让隐藏的问题都浮出水面。这也正是为什么学霸在松散的网课节奏之下依然是学霸的原因。而留学生想要通过留学丰富人生体验、获得多元化教育的想法也从未改变。

第二节
英国高中、美国高中和中国国际学校

既然出国读本科已经是主流之选,那么我们需要问的问题应该是:K-12阶段基础教育是选择英国、美国还是中国?

一、英国高中

英国 K-12 教育体系

英国的教育体系主要分为四部分:初等教育、中等教育、延续教育和高等教育。在英国,孩子们必须合法地接受从5岁到16岁的初等教育和中等教育。

同时英国的教育体系也被划分为"关键阶段(Key Stage)",具体如下:

关键阶段一	关键阶段二	关键阶段三	关键阶段四	关键阶段五
5~7岁	7~11岁	11~14岁	14~16岁	16~18岁

初等教育

英国的小学教育是 5~11 岁,在英国教育体系中包括关键阶段一和二。

中等教育

中等教育课程内容以《英国国家课程大纲》(*National Curriculum*)为统一的教课标准,11~16 岁的学生将进入中学的关键阶段三和四。关键阶段三的国家必修课程科目有:英语、数学、科学、历史、地理、现代外语、设计与技术、艺术和设计、音乐、体育、国民教育、计算机。

关键阶段四的学生进行为期两年的 GCSE 课程学习,结束之后参加 GCSE 大考,而此项考试的成绩也会被纳入英国本科申请考量范围。此阶段的国家课程必修科目包括核心科目和基础科目。

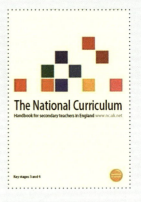

核心科目:英语、数学、科学(生物、化学、物理)。

基础科目:计算机、体育、国民教育。

学校还必须提供艺术、设计和科技、人文、现代外语中至少一门课程。

延续教育

一旦学生完成中学教育,他们可以选择延续深造,攻读 A-Level、GNVQ、BTEC 或其他类似的资格证书。计划上大学的英国学生必须完成延续教育。延续教育即关键阶段五,年级对应为 12 年级和 13 年级。这一阶段的课程在国内称之为高中课程。在英国学校延续教育通常为 A-Level 课程,同时提供 A-Level 和 IB 课程的学校比比皆是,随着英美双申热度的逐日攀升,九大公学中,Rugby School(拉格比公学)于 2020 年开设了 IB 课程。

教育类型	学校	阶段	年级	年龄	升学考试
			英国 K-12 教育体系		
Primary Education 初等教育	Pre-Prep school age 3~7 预备学校学前班	Early Years age 3~5	Nursery (or Pre-School)	3~4	
			Reception (or Foundation)	4~5	
		Key Stage 1 age 5~7	Year 1	5~6	
			Year 2	6~7	
	Preparatory School age 7~13 预备小学	Key Stage 2 age 7~11	Year 3	7~8	
			Year 4	8~9	
			Year 5	9~10	
			Year 6	10~11	ISEB Pre-Tests/ CE 11+/SATs
		Key Stage 3 age 11~14	Year 7	11~12 (entry)	
			Year 8	12~13 (limited places)	Common Entrance 13
Secondary Education 中等教育	Senior School age 13~18 or age 11~18 初高中		Year 9	13~14 (entry)	
		Key Stage 4 GCSE age 14~16	Year 10	14~15 (limited places)	
			Year 11	15~16	GCSE
Further Education 延续教育		Key Stage 5 A-Level/IB/PreU age 16~18	Year 12 Lower Sixth	16~17 (entry)	
			Year 13 Upper Sixth	17~18	A-Level/IB/PreU

英国中学类型

英国中学分为公立学校 (state school) 和私立学校 / 独立学校 (private school/independent school)。大部分的英国中学生在公立学校接受免费教育，公立学校分为以下三种：

（1）普通中学（comprehensive school）：按学生家庭居住地所在的学区招生。

（2）文法学校（grammar school）：初期是指学校教授拉丁语。于 20 世纪 40~60 年代流行，后逐渐被取消，转化成为私立或者公立学校。现在，文法学校就是英国的公立"重点中学"。

（3）学院制中学（academy）：半私立学校。

中国留学生去的基本都是私立学校。英国私立学校约有 2 600 所（学生数量占全英 7%），一年学费通常在 2 万~4 万英镑。私立中学一般招收 11~18 岁，也就是 7~13 年级的学生。而大家熟知的公学（public school）其实是特指那些顶尖的私立中学。依照 1868 年《公学法》（*Public School Act* 1868）被议会赋予独立管理权的七家贵族私立男子寄宿学校有：

（1）Charterhouse School（切特豪斯公学）

（2）Eton College（伊顿公学）

（3）Harrow School（哈罗公学）

（4）Rugby School（拉格比公学）

（5）Shrewsbury School（什鲁斯伯里中学）

（6）Westminster School（威斯敏斯特公学）

（7）Winchester College（温切斯特公学）

公学的特征是招收 13~18 岁的学生，学校为寄宿制，规模小、收费高昂，学生家室显赫、成绩出众，例如伊顿公学、哈罗公学每年的毕业生中有近百人进入牛津大学和剑桥大学。

英国私立中学划分和录取数据（2019 年）						
分类	代表学校	GCSE	A-Level	IB	牛剑录取	申请难度
顶尖私校 A*~A 70%+ IB 40+ Oxbridge 20+	Westminster	91.2% A* 98.9% A*~A	454 Entries 47% A* 76% A*~A		Oxford 51 Cambridge 32	★★★★★
	Wellington College			62% 40+ 平均 40.2	Oxbridge 76 过去三年	★★★★★
优秀私校 A*~A 50%~70% Oxbridge 10	Epsom College	50% 9~8 A* 74% 9~7 A*~A	20% A* 67% 9~7 A*~A		2019 Oxford 8 Cambridge 8	★★★★
	Charterhouse	50% A* 71% A*~A	50% A*/A	35/45	2016-2019 Oxford 33 Cambridge 38	★★★★
优良私校 A*~A 40%~50% Oxbridge 个位数	Clifton College	62% A*~A	20% A* 47% A*~A		2019 Oxford 5 Cambridge 4	★★★
	Woldingham School	45% 9~8 A* 50% 9~7 A*~A	47% A*~A		2019 Cambridge 1	★★★
Sixth Form Colleges	Cardiff Sixth Form		91.8% A*~A		2015~2019 Cambridge 71 Oxford 8	★★★

在英国中学的中国留学生

英国独立学校委员会(Independent Schools Council)在 2021 年发布的《私立学校统计报告》显示:2021 年,参与调研的 532 237 名学生中共有国际学生 54 236 名,占总人数的 10.2%,其中中国大陆学生人数居第一,高达 8 558 名,占到了国际学生总人数的 15.8%,中国香港学生 5 962 名。由于英国教育体制越来越受到中国家庭的青睐,近 10 年来留学人数疯涨,赶超整个欧洲,中国成为英国低龄留学的第一大输出国。

在 ISC 统计的私立学校中,15 岁以上年级(12 年级和 13 年级)国际学生的人数比例比低年级更高。

12~13 年级(16~18 岁)的国际学生比例为 55%,7~11 年级(11~16 岁)的国际学生比例为 43%,6 年级以下(10 岁以下)的国际学生比例只有 2%。并且 88% 的国际学生选择寄宿。可见选择前往英国中学就读 GCSE 和 A-Level 课程的家庭是主流,小学前往英国留学的人数基本可以忽略不计。

下图显示了自 2007 年 ISC 英国私立中学人口普查首次开始收集这一数据以来,父母居住在海外的国际学生的增长趋势。在此期间,来自中国大陆的学生人数持续稳定增长,从 2007 年的 2 000 多人飙升到 2020 年的 8 000 多人,13 年来翻了 4 倍,但是由于受到新冠疫情的影响,2021 年的人数锐减到了 6 000 多人。其中 6 033 名中国大陆学生的父母居住在海外,占中国大陆学生总数的 70.5%;2 525 名中国大陆学生父母居住在英国,占全部中国大陆学生的 29.5%。而在英国的国际学生里,54.5% 的国际学生父母居住在英国。其中,7 成以上的中国大陆家长让孩子独自前往英国中学留学,可见中国大陆父母对孩子的培养更胆大,或是对英国中学的教育更认可。

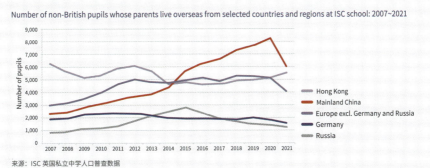

来源: ISC 英国私立中学人口普查数据

英国中学的学费

寄宿中学的学费是走读学校学费的两倍,以下是 2021 年 ISC 统计的学校平均每学期的学费:

阶段	寄宿中学	走读中学
Sixth form（12~13 年级）	£12 573	£5 489
Senior（7~13 年级）	£11 784	£5 333
Junior（幼儿园 ~8 年级）	£8 684	£4 683
Overall	£12 000	£5 064
% change	1.7%	0.9%

整体来看：寄宿中学£12 000，比 2020 年增长了 1.7%；走读中学£5 064，比 2020 年增长了 0.9%。

对于一个要读满 IGCSE 和 A-Level 四年的学生来说，每年的学费和生活费是 40 万 ~ 50 万人民币。

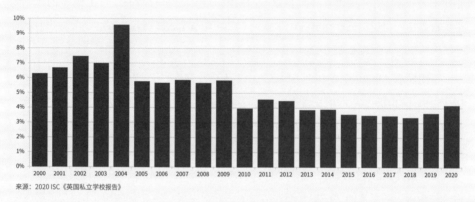

来源：2020 ISC《英国私立学校报告》

ISC 学费增长率走势（2000~2020 年）

上图展示了自 2000 年以来，ISC 学费增长率的走势。由图可见，除了 2004 年受到英格兰教师退休金计划（TPS) 而大幅增长近 10% 以外，整体增长率呈下降趋势。自 2010 年以来，每年英国学费增长率在 3%~4%，远高于英国的通货膨胀率 1.9%。但是由于受到新冠疫情的影响，2021 年的学费增长率会远远低于 3%。

英国中学的申请和录取流程

英国私立中学的主要入学时间点有三个：11+（Year 7）、13+（Year 9）和 16+（Year 12）。11+ 入学的学校大部分为女校，而 13+ 则是大部分学校中学阶段开始招生的年龄。11+ 的申请和 13+ 的申请都是需要在 Year 5~Year 6 的时候递交。也就是说，申请 11+ 的学生需要提前 1~2 年注册，而申请 13+ 入学的学生，需要提前 3~4 年注册。11+ 的考试和选拔大同小异，学校可以选择使用自己的考卷，也可以选择使用 ISEB 的统一考卷。

英国私立学校 11+ 申请时间线的展示

第一轮：Year 6 的秋季参加 ISEB Common Pre-Tests（英国小升初预测试）。

考核内容：文字逻辑、非文字逻辑、英语、数学。

第二轮：若第一轮选拔通过，Year 6 的秋季参加学校的 Assessment Day（入学考试）。除了笔试和面试外，还会通过小组活动来考查学生解决问题能力、表达能力和团队合作能力。

笔试考核内容：数学、英语、科学。

面试。

如果候选人通过了两轮筛选，他将在次年的春季收到录取通知书。

英国私立学校 13+ 申请时间线的展示

第一轮：Year 6 的秋季参加 ISEB Common Pre-Tests（英国小升初预测试）。

考核内容：文字逻辑、非文字逻辑、英语、数学。

第二轮：Year 6 的春季参加 Assessment Day（入学考试），考查内容和上述一致。

预录取：Year 6 的春季 Assessment Day（入学考试）会发放预录取，要求学生在 Year 8 的时候参加 13+ 统一入学考试，并写明考试科目。

第三轮：Year 8 参加 13+ 统一入学考试。

必考科目：英语、数学、科学。

选考科目：地理、历史、古希腊语、拉丁语、宗教、现代语言（法语、德语、西班牙语、中文普通话）。

以上流程适用于所有英国本地申请的学生和国际学生。而很多国际学生因申请时间不会提前 2~3 年，所以很多私立学校也会单独给国际学生开放申请通道，提前 1~2 年注册即可。参加的考试并不是 ISEB 统考，而是 UKiset。UKiset 的考试内容有数学、文字逻辑、非文字逻辑、英语（阅读、听力、写作）。学生在递交 UKiset 成绩之后，再参加学校的入学考试和面试，入学笔试科目一般为英语、数学和科学。

11+ 和 13+ 的 Assessment Day（入学考试）内容很丰富，是学校全方位考查学生各项能力的方式。一般在一对一的面试之后，把学生送到模拟课堂，或者小组活动里去看学生的团队协作能力和表达能力。面试的问题也会注重学生的兴趣爱好，希望学生能够有一个长期坚持的爱好，并为之付出时间和心血。低龄的入学选拔除了考查学生的学术潜力，还非常在意学生的性格特征和课外活动。

相比起 11+ 和 13+ 超前的注册截止日期，16+ 的申请则统一在 Year 10 的春季或者夏季开放、秋季截止，开放时间只有半年。因此，很多错过低龄申请阶段的学生，都有机会在 16+ 争取顶级私立学校的位置。不少中国学生也会选择在国内的国际学校完成 IGCSE 学业后前往英国就读 A-Level 课程，这种方式需要单独和学校沟通入学事宜，有可能也要参加学校单独的笔试和面试。而相比 11+ 和 13+ 的全方位考查，16+ 的申请则非常偏重学术。16+ 的入学考试为 A-Level 或者 IB 课程的学科考试，例如 Westminster School（威斯敏斯特公学）还会有学科面试。学校的考试题目基于 GCSE 的考纲，通过延展题目测试学生的思维灵活度。如果学生参加经济类考试，学校还会考查学生对时事新闻的关注度。部分学校还会有批判性思维的测试，考查学生的辩证和逻辑思维。

英国私立学校 16+ 申请时间线的展示

Year 10 的 6 月：申请开放。

Year 10 的 6 月~10 月：备考 UKiset，预习 A-Level/IB 选课。

Year 11 的 10 月~11 月：入学考试＋面试。

Year11 的 12 月：预录取。

Year12 的 6 月：参加 GCSE 大考。

Year 12 的 8 月：GCSE 考试成绩放榜，正式录取。

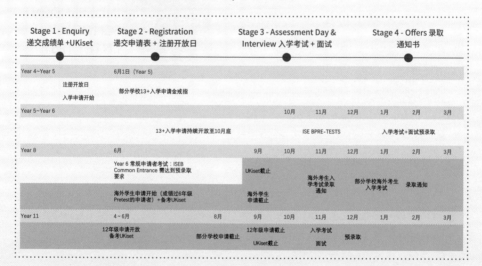

二、美国高中

美国教育体系

美国是一个移民国家，各个民族在文化上的互相渗透与包容，使美国充满生机和活力，也因此构成了美国崇尚多元、自主独立的教育理念。美国现行的教育制度仍是地方分权制，各个州都有独立的教育体系。因为美国是一个联邦制国家，联邦教育部没有直接领导教育的权力，但可以通过制定教育法规、拨发教育经费来控制各州教育。各州的教育决策机关是州教育委员会，以确定州的教育政策、组织机构、行政管理、课程设置、学制等。美国教育认为，自由是创造之母，独立思考、质疑一切是美国教育的灵魂。与此同时，美国学校也非常注重学生的全面发展，着重于培养学生不同的兴趣爱好，鼓励他们发现自我价值。

美国教育基本由学前教育、初等教育、中等教育、高等教育 4 个阶段构成，依次衔接，全国如此，但是各个阶段既有统一要求又有多种形式。大学前的教育又被称为基础教育，即 K-12 教育，其中"K"代表 kindergarten（幼儿园），"12"代表从小学一年级（Garde 1）到高中三年级（Garde 12）的中小学教育。美国教育阶段具体如下：

教育阶段	年龄	年级	特点
学前教育	3~5 岁	托儿所和幼儿园	学龄前儿童没有强制性的托儿所，不过政府有补助方案来资助低收入家庭的儿童，一般幼儿园算小学教育
初等教育	6~12 岁	1~6 年级	小学一般规模较小，班级不超过 20 人，大部分采用班导师制度
中等教育	13~18 岁	7~12 年级	主要有四年制、三三制和六年一贯制三种
高等教育	18 岁以上	大学	一般两年制社区大学毕业后的学生获得副学士/专科学位（Associate）；4 年制大学毕业后的学生获得学士学位（Bachelor）

学前教育

美国的学前教育机构种类繁多,不管公立还是私立,大致可以分为托儿所与幼儿园两种。学龄前儿童没有强制性的托儿所,不过有政府补助来资助低收入家庭的儿童,所以大部分家庭需要自己支付托儿所的费用。而幼儿园部分会归为小学教育,学制为一年。学前教育的宗旨在于辅助家庭,通过各种活动,帮助儿童在饮食起居方面养成良好的习惯,了解生活行为准则和道德观念,学会一些读写算的基本常识,为儿童进入小学做好身心准备。

初等教育

美国初等教育的机构为公立和私立小学,一般是从学前一年级到六年级,但有一部分小学提供教育到五年级,或是合并中学教育到八年级。美国公立小学的课程由各个学校自行安排,只有一个统一的教学目标,即《全美核心课程大纲》(*Common Core Standards*),但没有具体的教学内容。私立小学的教学目标和课程也没有全国统一的标准。大部分的美国小学规模较小,班级不超过 20 人,采用班导师制度,即班级所有学科都由一名老师负责,比如语言、阅读、科学、数学等,学生除了午餐时间或体育、音乐、美术可能到体育馆或特别教室上课以外,其他时间都会在班级教室内上课。几乎所有的小学都会根据自己学校的安排,制订每天一次或两次、每次 10~20 分钟的户外活动时间。

中等教育

按照美国学制，中学主要有四年制、三三制和六年一贯制三种。四年制意味着该学区的小学实行的是八年制，这类中学既有普通教育的学校，也有专科教育和特殊教育的学校；三三制中学是指初中和高中各 3 年，这类中学在高中阶段设有准备升学的学术课程、准备就业的职业课程和基础知识的普通课程；六年一贯制是把初中和高中合二为一，一般前 3 年实施普通教育，后 3 年实施分科教育，即学生可以分别选修学术、职业或普通课程。

美国中学的教师是分科授课的，一般一名教师会负责 2~3 个班同一科目的教学工作。与小学一样，美国中学也没有全国统一的教材，美国初中课程以学术性科目为主，课表比较固定，学生并没有特别多的自主选课权。学校的课程包括语言、数学、科学、人文科学四大主科，以及音乐、美术、体育、工艺等选修课程。相对来说，美国高中课程的学术性更强，同时学生还可以选修各种不同的学科，根据自己的学术兴趣制订属于个人的课表。除了四大主科外，学生有机会选修荣誉课程和 AP 大学预备课程。美国高中生申请大学以及准备各种升学考试的工作，通常会在 12 年级上学期结束前完成。

高等教育

美国的高等教育主要包括大学（两年制或四年制）教育、研究生教育，以及一些职业教育（医学、法学院等）。大学教育主要分为两年制和四年制的本科教育。两年制教

育一般指社区大学（community college）这一类的高等教育机构，学生毕业后获得副学士/专科学位（associate）；四年制大学就是大家泛指的大学，学生毕业后获得学士学位（bachelor）。和四年制大学相比，两年制大学一般学费比较低，而且部分学分可以转到四年制大学，所以有不少的学生都选择从社区大学读起，两年后再转入四年制大学。四年制大学分为注重教学的文理学院（liberal arts college）和注重科研的大学（university）。文理学院规模较小，由于小班教学在其中比较突出，因此不少学生选择这类本科。

美国 K-12 学校类型

美国的 K-12 学校类型按照由谁出资建立、能否提供住宿、是否有宗教属性、是否是单一性别及办学性质五个维度划分成五类。

按学校出资情况来分：公立学校、私立学校

美国的学校主要分为两大类：公立学校和私立学校。美国教育局官方数据显示，美国大约有三万所公立学校和一万两千所私立学校。和我们国内的界定是一样的，公立学校由政府税收支持，学生按学区划分，本学区内的学生可免费入学。在美国，超过 3/4 的学校都是公立学校，因此公立教育是美国绝大多数学生接受教育的模式。

就像我们国内的公立学校一样，美国公立学校的资金来源是政府，越是收入高的地区，学校的教学质量和资源越是一流。由于学费的问题，美国的公立高中对于国际生并不是很友好。根据美国的法律，国际生想要读取公立高中必须要有 F1 签证，只能在美国读一年且要支付全额学费。若想继续读书，必须要获取美国的绿卡。美国的公立高中只接受短期的国外交换生，主要针对我们国内初三至高三的学生，不接受外国申请者作为独立的学生进行长期学习。

美国的私立学校通常隶属于私人机构、基金会或者公司。学校的资金来源于校友及家长的捐款、基金的收入和学生的学费等。这类学校的学费一般会很高，但是相应的教学质量和硬件设施都很好。

根据美国教育机构的调研统计，美国公立学校的平均教育水平低于私立学校。因为公立学校以学区划分范围内的本地学生为主，并不会对学生进行无差别的选拔测试，因此学生的能力参差不齐。相比之下，私立学校是美国精英教育的主体，有更充足的资金、更好的教育资源和设施，同时也可以自主选拔优质生源。所以通常私立学校的学生在申请大学

的时候更容易崭露头角。不过,美国也不乏教学质量非常优秀的公立学校和各方面都不尽如人意的私立学校。因此,家长在选择学校的时候要根据综合情况来考虑,不能以偏概全。

按能否提供住宿来分:走读学校、寄宿学校

走读学校和寄宿学校的区别如同字面所示,就是学生是否住校。美国的寄宿高中只有300所左右,而可以接受国际学生的走读高中超过3 000所。大部分寄宿高中的申请门槛非常高,不仅需要托福和SSAT成绩,还要求学生各项活动全面发展。而走读学校数量多,选择方向也多,申请条件就不会像寄宿学校那样严苛,因此很多优秀的走读高中相对容易申请。

不过,走读中学和寄宿中学的区别还在于学校整体的教学模式和校园氛围。寄宿学校的学生来自美国各地,大部分学校也有多年接受国际学生的经验。同时寄宿学校本身更重视营造一个温暖美好的环境,也会更加严格地管理学生。而走读学校主要服务本地学生,管理比较宽松,下午三点放学之后的时间均由学生自己安排。大多数走读学校的国际学生都是住寄宿家庭,虽然寄住生活可以帮助孩子了解美国文化,提高独立支配和管理时间的能力,但是寄宿本身具有很强的随机性。因此,在留学选择时,对于自理能力和自控力不是很强的学生来说,选择高质量的寄宿学校能得到老师更多的关心和照顾,有利于学生更

好地适应学习与校园生活。其次再考虑优质地区的私立走读学校，这样至少能够保证周边家庭的教育程度和质量。

按宗教背景来分：宗教学校、非宗教学校

美国是一个宗教大国，学校也有宗教和非宗教之分。在美国，有宗教背景的学校（Religious Schools）中最多的是天主教学校和基督教学校，其他还有犹太教、摩门教等多达 18 种宗教教派的学校。82% 的美国人信仰各类宗教，因而对于国际学生来说，宗教学校能够帮助学生融入美国的主流社会。宗教学校的本地学生大多来自当地，国际学生比例一般不超过 10%。在教学环境方面，美国宗教学校的管理基本都非常严格，对于学生的着装、行为、语言等有很高的要求，当然校园环境也非常安全。学校大部分的老师和学生都有宗教信仰，崇尚善良、友好和乐于助人的品质。在美国的私立学校中，约 80% 都是有宗教背景的。国内家长经常认为在宗教学校学习，学生就必须信教，其实不然。一般美国宗教学校的学生并不一定要加入所属宗教。比如，私立天主教学校就很包容，不会要求学生信教。如果家长们担心美国的开放文化会影响自己的孩子，不妨可以考虑一下宗教学校。因为宗教学校会严格规范学生的道德行为，更有利于学生的道德教育。

按学生性别来分:混合学校、单一性别学校

在美国,有一部分私立学校(以天主教学校为主)是单一性别的学校。混合学校顾名思义就是男生和女生都接收的学校,社会团体和体育、艺术活动都是综合开设的。男女混校可以让学生在日常生活中学会如何与异性相处以及建立良好的关系。不过,单一性别学校则非常利于学生的个人优势发挥,学生不必为了社交等原因影响学习生活。比如,由于男生在体育方面兴趣更加强烈等多种原因,男校的体育项目的开设也更加多样化,也可以有针对性地去培养男生的社会责任感。而女校则更加注重艺术项目的开设、女性气质的培养。在单一性别学校就读也不代表学生就没有与异性交往的机会,相反,很多单一性别学校都有联谊的男校或女校。课余时间学校之间会组织各种活动,如舞会和集会,来增加学校之间的感情。另外,还有很多宗教学校采取分班不分校的模式,上课时男女生分班,课外活动时男生女生混合。

按办学性质来分:艺术学校、军事学校

在美国,还有一类学校极具专业性,那就是艺术学校和军事学校。在招生要求上,除了成绩和性格,艺术学校还要考查学生的艺术水平。所以学生在申请时往往需要提交个人作品或现场展示才艺。美国的艺术高中也是分专业的,包括戏剧艺术、电影创作艺术、视觉艺术、比较艺术等,在培养艺术特长的同时,也注重对学生文化课程的教育。所以艺术高中的老师们多为艺术领域的大师或专家,他们很重视对学生的艺术培养。不过,就算是在艺术学校就读的学生,也并不意味着他们之后就一定从事艺术行业。事实上,有超过一半的艺术毕业生没有进入艺术类院校,而是选择了综合性大学拓展个人兴趣。

美国的军事学校有男女混校，但大部分都是男校，通常只招收 7~12 年级的学生，跟我们国内的军校有同样的身体要求，要身体健康，不能有心脏病等疾病。军事学校多为寄宿学校，入学以后也是军事化管理，学校也有军乐队、行进乐团。军事院校的培养目标很明确，即通过对学生体质和性格的磨炼，将其培养成为具有杰出领袖特质的人。军校的文化课要求也很严格，除了常规课程还要学习军事课程，包括军事理论、航空航天、航空史、海军科学、海洋学等。此外，军校会有简单的军事训练，强度不大，学生普遍都可以接受。

美国中学的学费

寄宿学校学费每年 $45 000~$55 000。

私立走读学费每年 $20 000~$30 000。

寄宿高中的学费包含住宿费、餐饮费、临时监护费以及安全管理费等。走读高中学费仅包含常规费和午餐，其他的费用还有给寄宿家庭的住宿费、早晚餐食费、临时监护费、接送孩子上下学的交通费等，总费用并不比寄宿便宜。教会学校费用对本土的学生来说相对较低，因为教会会员会资助学校，但是对国际生来说并无太大差异。

学杂费：医疗保险费、书本费、课外活动费、校服费等，约 $3 000。

住宿餐食费：寄宿高中的住宿和餐饮费所占比例超过学费的 1/3；寄宿家庭的住宿和餐饮弹性较大，总体在 1 万 ~2 万美元。其他费用如购物、电子产品、生活额外开销在 $6 000~$8 000，整体来看美国中学的年支出在 50 万元左右。

美国中学录取流程

美国中学的录取绝不仅仅用数字说话，而是一门全方面衡量学生素质和能力的艺术。在美国，除了公立学校是按照学区来分配生源，私立学校都是自主招收学生。每一个学校都有自己的招生办公室和招生委员会，且录取一名学生是极其复杂且主观的事情。美国中学在录取国际学生的时候，参考角度分为硬件和软件两方面。硬件一般指学生的日常成绩和标化成绩，比如托福和 SSAT。软件则是学生的文书、课外活动以及综合素质等。面试在整个录取中起了很重要的作用，招生老师会通过学生的表达能力、性格特点、个人特长以及对学校的热爱程度等各方面来考查学生，全面了解这个学生是否适合自己的学校。在学生完成提交申请材料以及面试的过程后，学校就进入了复杂的录取审核阶段。比如顶尖寄宿高中 Deerfield Academy（迪尔菲尔德学院），每一位国际学生的申请材料首先会经过招生办公室助理的审阅，筛选出托福和 SSAT 成绩达标的学生。然后，申请材料会由招生委员中三位不同学科的老师进行审阅，对比学生的面试笔记和综合素质做出评分。最后再由招生主任做最后的评估，决定是否录取。在这整个过程中，学校不会因为一项指标超常而决定录取，也不会因为一个地方不达标就完全拒绝。申请是一个全面审核的过程，因此每一个学生都要经过全方位的考查，才会得到最终决定。

美高学校入学要求			
排名	托福	SSAT	其他
1~20	115 分以上	2 300~2 400 分	不只看成绩，需要其他亮点 录取没有规律
21~40	110 分以上	不低于 2 250 分	满足成绩即可
41~60	100 分左右	2 150 分	满足成绩即可
81~100	80~95 分	SSAT 成绩必须有，2 000 分左右	满足成绩即可

以下是可参考的申请时间轴：

时间	内容
4~5 月	4 月开始第三方面试——维立克预面试 *；深入发展自己的兴趣活动。道出真实感悟和收获，让面试官感受学生的真实和热情，充分展示自己的能力和特质。梳理过往活动背景、奖项证书等，了解学生的情况以便做针对性的指导，然后确定申请策略和方案
6~8 月	面试辅导，参加 8 月底或 9 月初正式维立克面试。文书头脑风暴，确认选校名单。制作个人活动列表和个人项目展示
9 月	创建所有学校的系统账户，将维立克面试录像递送给申请学校。预约在中国的面试和校园面试时间，准备推荐信
10 月	集中备考 SSAT。另外申请文书是申请中仅次于面试、参考比重最大的部分。如果能考出理想的 SSAT 成绩，文书可以赶上日程
11 月	强化面试，参加美高招生官来中国的招生面试。补充文书陆续定稿
12 月	填写申请表，提交文书、活动、父母文书、推荐信和成绩单，缴申请费，提交托福和 SSAT 成绩。另外最重要的是赴美面试
1~2 月	提交所有学校的申请，美高申请大部分截止时间在 1 月 15 日。跟踪申请状态，递交标化分数。保持与学校和招生官的良好沟通，确认材料是否提交完全
3~4 月	3 月 10 日美高放榜。获得录取通知或者 waitlist（候补名单），实时掌握学校的录取情况并积极应对，跟进候补学校
5~6 月	签证、选校、体检、缴纳学费、行前辅导
7~8 月	入学准备，桥梁课程，暑期项目

* 维立克面试（Vericant）是美高留学生较常选择的第三方面试机构。

三、中国国际学校

目前国内存在的主流国际学校大致可以分为三类：外籍人员子女学校、公立学校国际班和民办国际学校。国际学校开设的课程体系众多，主流的有 A-Level、IB、美高/AP、BC/安省、VCE 课程。近 10 年来，中国国际学校发展迅猛，从 2010 年的 384 所增长到 2020 年的 907 所，其中 A-Level 课程占到近一半，其次是 AP 课程和 IB 课程。

来源：公开资料整理

2010~2020 年获认证中国国际学校数量分布图

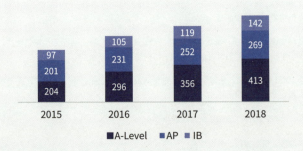

来源：公开资料整理

2015~2018 年三大课程在中国的国际学校数量

主流的三个课程体系的对比见下表。总体来说，三个课程体系的学生几乎可以申请所有英语授课的大学，但 A-Level 偏向于英联邦大学，AP 偏向于美国和加拿大大学，IB 适用于全球。选择课程体系除了考虑留学的国家以外，更重要的要看学生能力的匹配度。A-Level 和 AP 可以自由选择学科，对于体制内偏理工科的学生相对友好，比如许多中国学生就读 A-Level 时会选择数学、物理、化学、高等数学，这和体制内高中理科选课几乎无异。而 IB 课程需要文理兼顾，从母语、第二外语、人文社科、自然科学、数学、艺术中选择科目学习，并对论文学术写作有更高的要求，对学生的时间管理和英语能力要求都很高。

三大国际课程体系对比			
对比维度	AP 课程	A-Level 课程	IB 课程
起源	美国大学理事会	英国	国际文凭组织（瑞士）
2019 年授权中国的学校数量	326	342	129
学习阶段	高中	高中	K-12
普通学制	三年（搭配美高或英国高中课程）	两年	小学：五年 初中：五年 高中：两年
学费	居中	相对便宜	最贵
单科难度	最难	不易	最易
综合难度	较大	较大	最大
课程内容	包括微积分、美国历史、物理、经济学、计算机科学、汉语言与文学等在内的 38 门课程	共有 60 多门课程，涵盖数理化、艺术、体育、语言、历史、文学等各个领域	包括母语、第二外语、人文社科、实验科学、数学、艺术 6 组基础科学领域课程
修读要求	可以选择任意数量课程修读	一般要求学生第一年从中选择 4 门进行 AS 课程学习，通过后第二年再从中选择 3 门进行 A2 课程学习	每组领域中的课程分为标准难度和高级难度，学生从每组课程选一门修读，高级难度数量大于等于 3
成绩评价	标准化考试	可以分阶段测试或一次报考全部所学课程	约 20% 内部测试 + 约 80% 外部测试
考试安排	每年 5 月	5 月，10 月，1 月	5 月：主要面向北半球，11 月：主要面向南半球，有的课程分 2~3 次考完
能否单独报考	可以	可以	不可
考次限制	无限制，成绩单会显示所有成绩	可重考，最终成绩以最好的一次记入	可以重考 2 次

(续)

三大国际课程体系对比			
对比维度	AP 课程	A-Level 课程	IB 课程
分数体系	满分 5 分	分为 A*、A、B、C、D、E、U 七个等级	总分 45 分
及格要求	3 分	E（百分制 40 分）	24 分
高阶要求	常春藤学校一般要求学 6 门课程，最好都满分	世界一流大学基本要求达到 3A	36 分具备进入牛剑等一流大学的条件
认可程度	主要面向北美，美国、加拿大、英国、澳大利亚大部分院校均认可	几乎所有英语授课大学	自成体系，美国、加拿大、澳大利亚、英国大部分院校均认可
学分转化	部分院校认可学分转化	英国和部分美国大学认可学分转化	一些大学为优秀 IB 毕业生奖励学分，允许跳级
优点	可以增加 GPA	受认可范围广	平衡发展学生能力
缺点	换学分后必须直接读高级别课程	受限于成绩公布时间，较难申请美国大学	选课缺乏灵活性

来源：新学说、网络公开资料、国金证券研究所资料整理

潘潘在帮助学生准备牛津剑桥的面试

四、如何合理选择英国高中、美国高中和中国国际学校？

先从学费角度来看，目前上海 K-12 国际学校各学段学费及其平均学费（超 22 万元 / 年），位居全国首位；北京 K-12 国际学校平均学费近 19 万元 / 年，位居全国第二；广东、浙江、江苏三地 K-12 国际学校平均学费均在 13 万 ~14 万元 / 年。帮大家算一笔账，如果从幼儿园开始到高中均在一线城市的国际学校就读，预计 K-12 学费为 300 万元左右。再加上本科和硕士留学费用约 200 万元，这对于任何一个家庭都是一笔不小的开销。因此，为了确保这笔教育投资的回报，选择一个合适的时间进入国际教育至关重要。

来源：新学说、公开资料整理

单看高中阶段，英高和美高的学费和生活费会比中国国际学校平均一年贵 20 万元左右，3 年就是 60 万元的差距。那么问题就在于，英高和美高的优势相比于国际高中是否值 60 万元呢？

在上一节中提到的，高中阶段出国留学的优劣势里，独立性、英语能力是英高和美高带给学生的重要优势。其实这一点在大学的学习中也尤为重要。早些年前我们的一位学生只有3科A-Level的成绩，雅思6.5也不算高，但她还是成功考入了UCL数学系。众所周知，英国大学是以"宽进严出"著名，她进入大学后没有针对性地提升英语，也没有融入英国社会的生活中，每天只和中国同学玩，学习和生活独立性更无从谈起，最后考试挂科过多导致重读一年大一。据我了解，像她这样经历的中国学生不是个例。有不少就读于英国前10大学的学生，由于高中阶段没有养成足够的独立性，英语能力偏弱又无法融入社交圈，最终影响到学业的完成度，甚至还要找人代写论文来获取毕业证书。其实他们在国际学校里只是学会了如何刷题拿分，虽然考试成绩达到了大学入读的条件，但和真正的国际教育还差之千里。但所幸这个形势在近5年得到了好转，中国更多的头部国际学校推崇"全人教育"——在关注学生名校录取率的同时，更看重学生综合能力的发展。特别是IB体系国际学校毕业的学生，他们拥有的领导力、沟通能力、思辨能力、学术写作能力等都不输于英高美高的学生。

最后从名校录取的角度来看，中国国际学校在经历这10年的高速发展后，教学水平也趋向成熟，中国头部的国际学校的升学率和名校录取率非常亮眼。

2021年牛剑全国录取十强高中					
排名	学校	剑桥	牛津	总计	课程体系
1	深圳国际交流学院	19	12	31	A-Level/AP
2	武外英中	12	4	16	A-Level/AP/IB
3	领科教育（上海）	4	10	14	A-Level/IB
4	光华剑桥	3	10	13	A-Level
4	北师大实验	3	10	13	AP
6	人大附中（含ICC）	8	3	11	A-Level/AP/IB
7	南京外国语	4	5	9	A-Level/IB
7	广东碧桂园	4	5	9	A-Level/AP/IB
9	上海平和	3	4	7	IB
9	光华启迪	6	1	7	A-Level/AP/IB

可以发现，美高在美国 TOP 20 录取中有绝对的优势，英国九大公学拥有极高的牛剑录取比例。但值得注意的是，中国的国际学校近几年来接连突破牛津剑桥和美国常春藤的录取纪录，让成绩优秀的同学不必过于担心高中本身的光环在申请环节中起到的作用。顶尖美高和英高的光环必然有用，但一定不是决定性的。

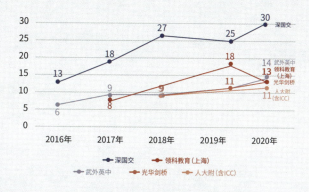

2016~2020 年牛剑录取五强高中

藤校 &TOP 10 早录取来源分布		
来源	2019	2020
公立学校（中籍）	154	140
双语学校（中籍）	39	41
国内高中（外籍）	21	27
美高	96	130
其他海外高中	7	19
其他	1	

总而言之，中国优质的国际学校在教学质量和录取成绩上已经在靠近英美顶尖的私立中学，甚至领先于一些中等的高中了。除了学费便宜的优势外，国际学校作为出国前的衔接可以大大提升容错率。学生能够先在国内养成独立学习和自我驱动的能力，进入海外大学后才能更加大放异彩。

第三章 申请英国名校该如何准备？

名校，意味着顶级的师资力量、国家超额投入带来的教学环境、可以相互学习的同学、更多的学历提升计划、有力的就业敲门砖……但凡有一丝希望，我们都值得向名校冲击，不负青春。

本章我们将介绍牛津剑桥的文化、学院制度，详细解析两所大学主流专业的课程设置、录取数据与申请要求及就业前景。除牛津剑桥之外，我们还将介绍其他八所名校的特点、申请流程等，邀请了这些名校的优秀毕业生，也是我们唯寻的老师们，分享他们进入大学后才了解到的一些信息。

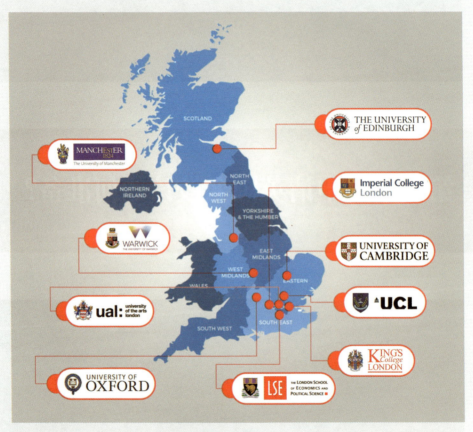

英国10所名校分布图

第一节
牛津与剑桥

牛津大学和剑桥大学分别建于 1167 年、1209 年，有着 800 多年的历史。牛津坐落在英格兰南部的牛津市，而剑桥位于伦敦北侧的剑桥市。牛津被称作"大学中有城市"，剑桥则是"城市中有大学"。这两所学校有很多共同点，都是英语世界中古老的大学，都是世界顶尖的公立研究型大学，又都实行着独特的学院管理制，它们常被并称为"牛剑"。

牛津是埃德蒙·哈雷、亚当·斯密和安德鲁·怀尔斯的母校，剑桥培养了艾萨克·牛顿、约翰·梅纳德·凯恩斯和查尔斯·罗伯特·达尔文，更不用说英国历史上还有 40 多

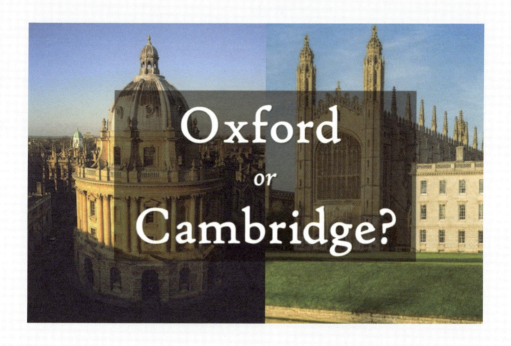

牛津的街道

剑桥的街道

位首相毕业于这两所学校。"相爱相杀"800多年的两所大学吸引了世界上智慧、自信、拥有社会责任感的学生和学者：具有同样聪明才智的学生汇聚到一起，在这里互相学习，形成激烈的思想碰撞，爆发出惊人的创造力；那些学识渊博、经验丰富的教授也不会高高在上，而是和学生进行理性的批评和辩论。牛津大学和剑桥大学是治学的最佳殿堂，在这里，人们只崇尚知识和科学，探究世界的真理。

一、牛剑的文化底蕴

追本溯源,美国的八所常春藤大学或多或少继承了牛津大学的传统,今天在普林斯顿大学和耶鲁大学身上依然能够看到剑桥大学的影子。作为牛剑的毕业生,我们今天重点来介绍牛津和剑桥这两所拥有 800 多年历史的名校究竟有哪些不同以及值得我们付出努力去追寻的地方。

在大学城学习

吴军博士在他的著作《大学之路》中提到:学校虽然没有一面墙,却是一个与世隔绝的象牙塔(比喻与世隔绝的梦幻境地,世外桃源的隐居之地)。我想,牛津大学和剑桥大学的学生对于这点一定非常认同。在牛津剑桥如果你想要学习,那真的是没有一件事情能

牛津大学

够打扰到你。如果你想做学术，它们的环境特别舒适。以牛津为例，牛津城有 12 间博物馆、500 多种动植物、7 间画廊、700 多万件藏品，超过 120 间图书馆拥有 1000 多万册图书。所有的这些资源对牛津大学的学生都是开放的，任何一本在英文世界正式出版的图书都能在牛津找到首发版。

大学城是名副其实的大学城。牛津的常住人口大约在 15 万人，其中牛津大学的在读学生近 25 000 人，教职员工 30 000 多人，所以在牛津城中每 3 人中就有 1 人来自牛津大学。剑桥城市规模小，单单剑桥的在读学生数量就能占到全市常住人口的近 1/3，而在市中心居住的人口中这个比例还可能更高。在假期的时候，街上的人特别少，像个空城。特别是圣诞夜，基本上一个人都没有。复活节那个假期，正是一个考试的复习季。街上会经常出现穿着拖鞋和连体睡衣的学生，一看就是通宵了好几天。他们刚从图书馆出来又匆忙赶去超市购买干粮，为了在下一轮的闭关学习中可以在自己的世界里潜心学术。

尊重传统

制服和等级

牛津大学和剑桥大学作为世界上最古老的两所大学，拥有许多古老的仪式和习俗，其中最为显著的是等级体系直接体现在我们的着装当中。

我们在牛剑经常会看到穿着黑色长袍的身影（如下图所示），第一套长袍叫作

Commoners gown，是每一位入学新生都穿的长袍；第二套叫作 Scholars gown，是获得荣誉称号的本科生的长袍，是对成绩优异的本科生的嘉许；第三套是 Advanced students gown，也被称作 Graduate gown，是硕士生和博士生穿着的长袍。

除了学生的长袍之外，我们还经常会看到有彩色丝带装饰或是不同颜色的长袍，那些则是大学的教授们、院长们和校长们的着装，代表的是最崇高的学术地位。

总之，每一位教授和学生都有自己的院袍，虽然有时候会觉得很古板甚至令人费解，但是我们还是会欣然遵守的。

毕业的仪式和习俗

牛津大学和剑桥大学的毕业典礼充满着仪式感，每一个毕业生都会双膝跪地，跪在学院最崇高的院长面前，在所有亲友的见证下接受最真挚的祝福。这其实也是对于牛剑学子们三年本科学业最崇高的认可，只有通过这个仪式才代表你真的毕业了，而这个仪式已经持续了 800 多年。

吴昊老师在牛津大学毕业典礼上等待接受校长的祝福

牛津大学即将参加考试的学生们

考试的仪式和习俗

牛津大学和剑桥大学的学术难度是公认的全球最高,每年的考试季我们必须穿上正装、皮鞋、长袍(gown),戴上学士帽去参加考试,以示对考试的尊重。而自己学院的长辈,或是学长学姐,或是导师会在考试季即将开始的时刻为你送上三朵康乃馨。白色的康乃馨在考试第一天佩戴,红色的康乃馨在最后一天的考试中佩戴,期间则是佩戴粉色的康乃馨。在考试季如果看到穿着黑色长袍的牛剑学子,通过他们佩戴的康乃馨颜色就能知道他们处于哪一个考试阶段了。

尊重传统:正餐的仪式感

formal dinner(正餐)是英国人绅士文化的象征,在牛剑更是有着无比寻常的意义。牛剑的正餐有高桌、低桌的区别,高桌只有教授级别的才能坐,低桌是学生坐的。学生在特殊情况下也会被邀请到高桌就餐。我的第一次机会是在大二荣获"Keble College(牛津大学基布尔学院)年度最佳本科生"荣誉的时候。我被邀请与院长、副院长、主任以及我的导师共进晚餐,这是本科生在校期间能够接受到的最高荣誉。

英式正餐还有许多礼仪。比如我们会有三副刀叉,在享用头盘、主餐和甜品的时候从外向内使用,每当吃完一道菜的时候要把刀叉合并,刀叉从头到尾呈45°放置,以表示已经吃完这道菜,希望侍者收走餐具和餐盘。

重视长期和稳定的进步

对于整个大学的学制和课程发展,吴军博士在书中评论道:"从整个学院的建设过程

牛津大学 Keble College 食堂

可以体会到牛津剑桥乃至英国社会发展的秘诀——不断地通过缓慢的改良而进步,很少搞跳跃式或颠覆式革命。"因此,在牛津大学和剑桥大学读书,尊重传统常常比火烧火燎地抓住机会更为重要。这一点,我们在校期间的经历也能体现,英国的扎实稳重也从中略见一斑。

二、牛津、剑桥学院制

学院制度

我们一直在说牛津与剑桥实行"学院制",这个"学院"其实与国内的"学院"不同。国内的学院隶属于大学,而在"学院制"中,"系"属于大学,"学院"相对独立。"系"在功能上负责教学和科研,是读书学习的地方;而"学院"更像一个独立的社区,负责学生的生活起居和社交之类的活动。在普通大学通过你的系和专业就能知道你的所属,但是在学院制大学里,需要"系/专业"和"学院"的双重界定。

所以在说"牛津大学""剑桥大学"的时候,我们指的是所有专业、研究中心、实验室等教学和科研机构,以及图书馆、体育馆等综合性基础服务的总和。大学的权力在于负责教师的聘用、决定授课内容、安排复习考试、评估学习成绩等,国家的教育经费也是由大学支配。而学院是完全独立的法人组织,有自己的财产和财源——学生缴纳的学院费、住宿费、伙食费以及外界捐赠所得。学费也分为大学学费(university fee)和学院费(college fee)两部分,这也是牛剑的费用要高于其他大学的原因之一。在本科招生时,学院是独立招生并且面试的。一般各学院高度自治,但是都遵守统一的大学章程。

牛剑里的学院有自己的规章、传统和文化,建筑风格也是各有特色。学院除了有大量的学生宿舍,还有自己的办公室、餐厅、图书馆、运动设施、娱乐设施等,非常方便。同时,不同财力水平的学院设施也有区别。学院的名字一般是用创始人的名字、称谓或者宗教名词来命名的,比如剑桥的丘吉尔学院、国王学院、王后学院、耶稣学院、三一学院、圣体学院等。每个学院建于不同的时代,所以建筑风格各异,在财力、学风和传统上也各不相同,但是组织结构却大同小异。各学院之间有时会定期举办竞赛,如划船、水球、舞蹈、剑道、象棋和辩论等来促进交流和联系。

I~IV 分别为剑桥的丘吉尔学院、王后学院、国王学院和三一学院

大学里的老师一般身兼两职，一方面在某个系当老师，另一方面在某个学院当院士享受学院的福利，不过也同时需要作为学院的 tutor（导师）或者 mentor（导师）承担辅导和帮助学生的义务。学院会聘请老师或者博士生给本科生提供类似于功课辅导的教学服务，解决学生的学习问题。在剑桥这种形式为 supervision（小班授课），而牛津称为 tutorial（个别辅导课）。

整体来说，相对于大学，学生对于自己的学院更有归属感和认同感。在牛剑读过书的学生，在外介绍自己的时候会说我们是牛津或者剑桥的学生，但是与同是牛津或者剑桥毕业的学生之间，我们会说自己来自哪个学院。学院对于我们来说就是家和社会，我们吃住在学院，导师也住在学院里，亦师亦友很亲近。如果将来参加职场面试，面试官是同学院的人，可能聊聊学院里的事情就可以有很多的共鸣，就会有很多情感优势。学院制的牛剑使得学生与教授的关系要比在美国学生和教授的关系亲近得多。

牛剑学院简介

牛津大学由 39 所学院和 6 所永久私人学堂（permanent private halls）组合而成，剑桥大学由 31 所学院构成。每一所学院都由院长和几位院士管理，永久私人学堂是由不同的宗教团体创建并管理的。

牛津大学

牛津大学 39 所学院 & 6 所永久私人学堂一览表		
英文名称	中文名称	建立年份
Blackfriars[1]	黑修士	1221
University College	大学学院	1249
Balliol College	贝利奥尔学院	1263
Merton College	默顿学院	1264
St Edmund Hall	圣埃德蒙学堂	1278
Hertford College	赫特福德学院	1282
Exeter College	埃克塞特学院	1314
Oriel College	奥里尔学院	1326
The Queen's College	女王学院	1341
New College	新学院	1379
Lincoln College	林肯学院	1427
All Souls College[2]	万灵学院	1438
Magdalen College	莫德林学院	1458
Brasenose College	布雷齐诺斯学院	1509
Corpus Christi College	基督圣体学院	1517
Christ Church	基督教堂学院	1546
Trinity College	三一学院	1555
St John's College	圣约翰学院	1555
Jesus College	耶稣学院	1571
Wadham College	瓦德汉学院	1610
Pembroke College	彭布洛克学院	1624
Worcester College	伍斯特学院	1714

(续)

牛津大学 39 所学院 & 6 所永久私人学堂一览表		
英文名称	中文名称	建立年份
Harris Manchester College[3]	哈里斯·曼彻斯特学院	1786
Regent's Park College[1]	摄政公园学堂	1810
Keble College	基布尔学院	1870
St Stephen's House[1]	圣斯蒂芬学堂	1876
Wycliffe Hall	威克利夫学院	1877
Lady Margaret Hall	玛格丽特夫人学堂	1878
St Anne's College	圣安妮学院	1879
Somerville College	萨默维尔学院	1879
Mansfield College[1]	曼斯菲尔德学堂	1886
St Hugh's College	圣休学院	1886
St Hilda's College	圣希尔达学院	1893
Campion Hall[1]	坎皮恩学堂	1896
St Benet's Hall[1]	圣贝内特学堂	1897
St Peter's College	圣彼得学院	1929
Nuffield College[2]	纳菲尔德学院	1937
St Antony's College[2]	圣安东尼学院	1950
St Catherine's College	圣凯瑟琳学院	1962
Linacre College[2]	李纳克尔学院	1962
St Cross College[2]	圣十字学院	1965
Wolfson College[2]	沃尔弗森学院	1966
Kellogg College[2]	凯洛格学院	1990
Green Templeton College[4]	格林坦普顿学院	2008
Reuben College[2]	鲁本学院	2019

1 表示牛津大学的 6 所永久私人学堂（它们与学院相似，只是往往规模较小，是由特定的基督教教派建立的）。
2 表示只接受研究生的学院。
3 表示只接受成熟学生（mature student）的学院。
4 Green Templeton College 是由 Green College（1919 年建立）和 Templeton College（1965 年建立）于 2008 年合并而成。

每个学院都有自己的特点和风格，对牛津大学和剑桥大学我们各选择一些学院进行分享，如果想要了解更多，可到两所大学官网上了解。

- 基督教堂学院（Christ Church）是牛津最著名的学院之一，培养出过好几位国王和主教，在近 200 年内还产生了 16 位英国首相。1850 年，Charles Lutwidge Dodgson（查尔斯·路特维奇·道奇森）在这里创作了《爱丽丝梦游仙境》。电影《哈利·波特》也有多处场景是在这所学院拍摄的。

《哈利·波特》和《爱丽丝梦游仙境》海报

- 贝利奥尔学院（Balliol College）是牛津最古老、尊贵的学院之一。学术一流，尤其是社会科学特别强。1740 年，经济学的鼻祖亚当·斯密（Adam Smith）到贝利奥尔学院学习。该学院的 PPE，即哲学、政治与经济学三合一专业（Philosophy, Politics & Economics）闻名天下，入学竞争十分激烈。

- 默顿学院（Merton College）在中世纪时就以科学研究著称，在机械、几何、物理等方面有很大成就。它和贝利奥尔学院一样是牛津最古老、尊贵的学院之一，也是牛津学术最强的学院之一。

- 万灵学院（All Souls College）创建于 1438 年，得名于万灵节，是亨利六世为了纪念百年战争战死者的英灵而建立。这是牛津大学几十个学院中十分独特的一个，因为它不招收本科生，只是每年在牛津本科毕业生中录取一两名成为其成员到万灵学院继续深造，从事研究，所以它的考试也被称作世界上最难的考试。

- 大学学院（University College）建于 1249 年，是牛津最古老的学院之一，其物理、数学和 PPE 专业出色。学院生活比较单调安静，学生不太参与大学的各种政治和社会活动，专注于学习。在这里就读过的名人包括美国前总统克林顿等。

布雷齐诺斯学院　　　　　　　　　　　　　　　　　　英国前首相戴维·卡梅伦

- 布雷齐诺斯学院（Brasenose College）有着悠久的划船历史和世界上最古老的划船俱乐部。PPE 与法律专业名气很大，入学竞争激烈。英国前首相戴维·卡梅伦于 1985 年进入牛津该学院，且就读于最著名的 PPE 专业。1988 年，卡梅伦获得一等荣誉学位毕业。

- 基督圣体学院（Corpus Christi College）建于 1517 年，是牛津最小的学院之一，学术很强，医学、PPE 和英语尤其出色。学院小，氛围友好亲密。图书馆设备一流，24 小时开放。

- 哈里斯·曼彻斯特学院（Harris Manchester College）只接受成熟学生（mature student）。所谓成熟学生，一般指 21 岁以上的学生。实际该学院学生的年龄大多为 25 岁以上，大多攻读人文学科。

- 基布尔学院（Keble College）建于 1870 年，位于牛津城的市中心，是牛津最大的学院之一，维多利亚风格的红砖建筑使该学院外观与众不同，也非常漂亮。该学院综合学术排名中等，但是在工程学和统计学方面非常出色，且距离几个主要的科学院系非常近，因而申请的竞争非常激烈。住宿条件很好，但是价格略高。

吴昊老师在 Keble 小教堂的留影

剑桥大学

剑桥大学 31 所学院一览表		
英文名称	中文名称	建立年份
Peterhouse	彼得学院	1284
Clare College	克莱尔学院	1326
Pembroke College	彭布罗克学院	1347
Gonville & Caius College	冈维尔与基斯学院	1348
Trinity Hall	三一学堂	1350
Corpus Christi College	基督圣体学院	1352
Magdalene College	茂德林学院	1428
King's College	国王学院	1441
Queens' College	王后学院	1448
St Catharine's College	圣凯瑟琳学院	1473
Jesus College	耶稣学院	1496
Christ's College	基督学院	1505
St John's College	圣约翰学院	1511
Trinity College	三一学院	1546
Emmanuel College	伊曼纽尔学院	1584
Sidney Sussex College	悉尼·萨塞克斯学院	1596
Homerton College	霍默顿学院	1768
Downing College	唐宁学院	1800
Girton College	格顿学院	1869
Fitzwilliam College	菲茨威廉学院	1869
Newnham College	纽纳姆学院	1871
Selwyn College	塞尔文学院	1882
Hughes Hall[1]	休斯学堂	1885
St Edmund's College[1]	圣埃德蒙学院	1896
Murray Edwards College	莫瑞·爱德华兹学院	1954
Churchill College	丘吉尔学院	1960
Darwin College[2]	达尔文学院	1964
Clare Hall[2]	克莱尔学堂	1965
Lucy Cavendish College	露西·卡文迪什学院	1965
Wolfson College[1]	沃尔夫森学院	1965
Robinson College	罗宾森学院	1979

1 表示只接受成熟学生的学院。
2 表示只接受研究生的学院。

- 剑桥大部分的学院都有上百年历史，但是自 1954 年以来，也至少有 7 所新建学院或不同机构组合而成的学院，比如莫瑞·爱德华兹学院、丘吉尔学院、达尔文学院、沃尔夫森学院、罗宾森学院等。
- 有两所学院只招收女生：莫瑞·爱德华兹学院和纽纳姆学院。
- 彼得学院是伊黎主教（Bishop of Ely）雨果·鲍尔舍姆在 1284 年建立的，是剑桥大学最早、也是最小的学院。财力雄厚，按本科学院人均投入算，彼得学院仅次于三一学院和圣约翰学院，有丰厚的研究、外出补助和奖励。
- 有两所学院只招收研究生：克莱尔学堂和达尔文学院。

彼得学院

克莱尔学堂

- 有 3 所学院只招收 21 岁及以上的成熟本科学生，它们是沃尔夫森学院、圣埃德蒙学院和休斯学堂。
- 基督学院是剑桥大学学术能力最强的学院之一，在每年的 Tompkins and Baxter Tables（剑桥大学各本科学院间的成绩排名）评比中，Christ's College（基督学院）在过去 20 年的平均名次是第 3 名。Charles Darwin（查尔斯·达尔文）和 Sacha Baron Cohen（萨莎·拜伦·科恩，英国著名男演员）都曾在这个学院就读。
- 剑桥最适合学自然科学特别是化学的学院之一是圣凯瑟琳学院，它曾获得过剑桥药学成绩第一、经济学成绩第二。
- 国王学院的气氛非常多元化，非常友好。公立学校学生比例较高，学生比较谦虚，不张扬。剑桥最标志性的礼拜堂隶属于国王学院，这里还有最棒的唱诗班，它也是剑桥大学最吸引游客的地方之一。
- 三一学院是剑桥学术最强的学院，从 2011 年开始连续 7 年位列 Tompkins Table 第一名，是在牛剑各学院中培养诺贝尔获奖者最多的学院，且远远领先其他学院。

基督圣体学院

在科学和数学领域的杰出校友众多，如牛顿、罗素、维特根斯坦等。

- 圣约翰学院是全校第二富有的学院（仅次于三一学院），补助和奖励非常多。
- 三一学堂，剑桥最小、最漂亮、最友好的学院之一，也是剑桥第5古老的学院。

另外还有一些关于学院的传说，例如 Corpus Christi College 的鬼故事等，很有意思，感兴趣的同学可以扫码了解。

学院选择

既然牛津大学有39个学院，剑桥大学有31个学院，每个学院又特色各异，那是不是同样考牛剑但学院的选择不同会对后面的学习生活产生很大的影响呢？如果不考虑吃、住、社交，只考虑教学质量的话，本科方面进哪个学院差距并不会很大，能进入世界顶级大学已经足够证明你的实力。

但是，既然学院是需要选择的，那一定有可以考量的维度。我们在帮助学生选择的时候，一般从第六感、学院设施与环境、学院性质和所学专业特点在该学院的录取率几个维度来看。这几个维度也是越来越客观，建议在选择的时候参考的权重也逐项递增。

第六感

有些同学见到学院名字的第一眼就深深爱上了这个学院，冥冥之中觉得"就是它了，我一定要选它"，可能他们也不知道为什么，这大概就是所谓的缘分？关于第六感这个因素，剑桥的官网也有提到："Personal instinct—many students can't explain why they were drawn to their College other than it just 'felt right' for them."（个人直觉——除了"感觉很对味"之外，许多学生无法解释为什么他们会被他们的学院吸引。）也说明了大多数人在选学院的时候并没有想太多，全随眼缘就选了。

学院环境与设施

各个学院的条件各不相同，学院的财富资产、建筑颜值、食堂伙食、宿舍房型、地理位置、图书馆大小和娱乐设施这些都可以列入我们的考虑范围！以剑桥为例，剑桥各学院的地理分布一共有三种：市中心、山上和郊区。

市中心的学院

下图最中心的蓝色区域 New Museum Site（新博物馆区）就是剑桥的学术市中心，图正中的灰色区域 Grand Arcade（大拱廊区）则是商业市中心。图中展示出的学院基本都算是剑桥市中心的，除了西侧的一些学院比如 Robinson College（罗宾森学院）、Clare Hall（克莱尔学堂）、Selwyn College（塞尔文学院）、Newnham College（纽纳姆学院）、Wolfson College（沃尔夫森学院）会稍微偏远一些。学习法律、社会科学等专业的同学可以考虑一下这些西侧的学院，如 Selwyn College（塞尔文学院）和社科的上课地点 Sidgwick Site 仅一墙之隔。一些位于市中心且比较出名的学院，如 King's College（国王学院）经常会有游客探访，所以不喜欢热闹的同学可以选择外围的学院。

剑桥官方明信片中曝光度最高的学院：King's College

剑桥市地图

山上的学院

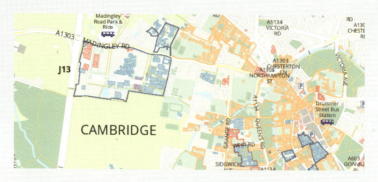

剑桥在山上的学院分布

这是 West Cambridge（剑桥西区）的学院分布，因为途经一个小坡，也被称为"山上的学院"。处于右侧的 Magdalene College（茂德林学院）算是处于"城乡接合部"的位置，再往西就需要上坡。其中 Churchill College（丘吉尔学院）是最典型的山上的学院。住在山上的学生除了去超市或者市中心购物吃饭不太方便以外，风景和环境还都是相当好的。当然，骑车或公交也非常方便。

随着剑桥各大专业的学术研究所（即学生上课的地方）向 West Cambridge（剑桥西区）搬迁，例如 Chemical Engineering, Mathematics（CMS，化学工程及数学）、Material Sciences（材料科学）、CAPE（复合材料和聚合物工程），山上学院的地理位置逐渐变得优越起来。

郊区的学院

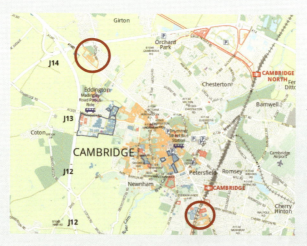

剑桥在郊区的学院分布

郊区学院有两个，一个是Girton College（格顿学院），一个是Homerton College（霍默顿学院）。这两个学院风格独特，自给自足。从Girton进城骑车大概要20~30分钟，坐公交车需要15分钟。Girton有自己的游泳池、大草原，周边还有小超市，形成一个完整的生态圈。从Homerton骑车进城大概10分钟，周边还有一个大商场和电影院。特别需要说明的是Homerton离Department of Education（教育系）很近，步行即可，所以学教育的同学可以优先考虑这里。另外，Homerton曾是*Harry Porter*的取景点，每年还会有独一无二的Harry Porter's Formal（哈利·波特正餐）。

住宿设施

说完地理位置，再来聊聊住宿。首先，剑桥所有学院都能保证学生本科至少3年的住宿。而在伦敦念书的同学，学校只能保证国际生第一年的入住。所以当伦敦的同学为高昂的房价、找不到合适的房子发愁的时候，你却可以无忧无虑地拎包入住。其次，对于住宿条件有要求的同学一定要看好各个学院的房型，比如是否想要带有en-suite（套间）的房间。

一般来说，比较财力雄厚的学院的住宿总体上会好一些，如剑桥的Trinity College（三一学院）、St John's College（圣约翰学院）等。

伙食和娱乐设施

每个学院的厨房和formal（正餐）运营都有专门的团队，这也就出现了伙食参差不齐的情况。公认的比较好吃的学院有Downing College（唐宁学院）、Pembroke College（彭布罗克学院）、St John's College（圣约翰学院）、Corpus Christi College（基督圣体学院）和Emmanuel College（伊曼纽尔学院）等。当然这里说的是各个学院的伙食，也就是平时吃饭的地方，每个学院的formal都各有特色，吃的也都上一个档次。但伙食也并非是决定性因素，一部分同学会选择自己做菜，而且还可以去别的学院吃formal。

每个学院都有自己的图书馆和健身房，只不过大小不一。而大型学院比如剑桥的Trinity College和St John's College会有自己的大型室外运动场地（足球场、篮球场等）。

学院性质

前面也介绍过，在剑桥大学，学院分普通学院、女子学院、成人学院，且不同性质的学院在录取率上也会有所不同。顾名思义，后两者是只有女生和成年学生可以申请。两所女子学院是Newnham College（纽纳姆学院）和Murry Edwards College（莫瑞·爱德华兹学院）；三所成人学院是（满21周岁以上才能申请）St Edmund's College（圣埃德蒙学院）、Wolfson College（沃尔夫森学院）和 Hughes Hall（休斯学堂）。

如果是女生，想清楚是否要申请女院；如果是21周岁以上的申请者，建议申请成人学院，录取率会相对较高。

关于选择学院，肯定还是学院教学排名和所学专业在该学院的录取率最重要。我们在本章第四部分会系统介绍专业特点，可供参考。

三、申请流程

吴昊老师在讲座上介绍申请事项

升学详细时间轴

英国本科的申请通常是在高中毕业季的 1 月 15 日之前完成的，而牛津大学和剑桥大学的申请以及医学等特殊专业的申请，都需要在每年的 10 月 15 日之前提交。有统一前置笔试的大学如牛津大学、剑桥大学和帝国理工等大学，笔试在每年的 10 月底或 11 月初举行。通常牛剑的面试集中在 11 月底到 12 月中旬的三周时间内完成，有少部分海外面试会提前到 11 月举行。帝国理工学院的面试时间则是根据申请提交的时间从 11 月到来年 2 月都有安排。UCAS 官方要求大学在 3 月底之前给出所有常规阶段提交的大学申请是否发放预录取通知书的决定，而在这之后就会发生学校和学生的权力反转，由学生在 5 月 1 日之前回复大学，从已经收到的录取通知书中选择出 firm choice（第一选项）和 insurance choice（保底选项）的两个学校。从 7 月到 8 月中旬是全球各大考试体系出成绩的时间，而大学给出的语言成绩通常要求在 7 月底之前提交，该两项成绩如果都满足了预录取通知书中的成绩要求，即可将预录取通知书（conditional offer）转变为无条件录取（unconditional offer）。如果不幸没有达到条件，可以从 8 月中旬开始参加 clearing 补录申请。而如果出分超过了录取通知书中的条件，部分大学也接受向上调剂，即拿着比预估成绩更好的实考成绩去申请更好的大学。出成绩后的一个月时间里，申请者会拿到最终的大学录取和签证信函，用于申请 T4 学生签证。最终，英国大学的入学时间在 9 月中旬到 10 月初，与其他国家的大学相比，开学时间较晚。

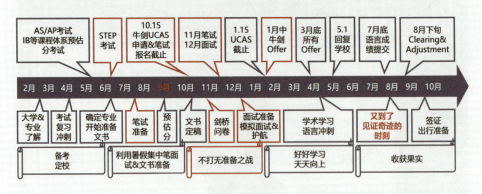

升学规划时间轴

基于申请冲刺季的时间节奏，我们也不难推断出其他时间的规划。首先，提交申请前的成绩是最重要的成绩基础，尤其是 10 年级和 11 年级的成绩。然而，11 年级毕业的时候并没有完整的成绩，所以各个学校都需要给自己的学生"预估成绩"（predicted grades），预测学生在毕业后的成绩表现。因此，说 11 年级 5 月份的大考是最重要的备考季一点儿不为过。其次，由于 12 年级开学后即将提交申请，因此，所有的竞赛、背景提升和课外活动都应该在 12 年级之前完成才对升学有帮助。考虑到 11 年级的学术和非学术能力达到巅峰，申请前的这个暑假的活动往往是含金量最高的。再次，文书写作一般在 9 月份完成（10 月 15 日早申请）或是 11~12 月完成（1 月 15 日常规申请），笔试和面试的准备由于其学术难度和学习需要的时间，通常是在暑假就提前完成。最后，关于语言成绩考试的准备，虽然提交的时间是在毕业季的 7 月份，但是语言成绩的提高往往需要较长时间，除了拿到预录取通知书（conditional offer）后的冲刺学习之外，也要提前多年学习准备。

英国升学规划清单

英国的本科录取考查的是学生在五大维度的表现，分别是课程成绩、语言成绩、竞赛成绩和背景提升、课外活动和前置笔试、面试表现。从关系上来说，课程成绩是基础，语言成绩是后置需要达到的条件，竞赛和背景提升是名校申请的加分项，其他课外活动是辅助材料，而对于那些有笔试和面试的学校而言，笔试和面试会是录取至关重要的因素。如果把这五大维度加入到我们的时间表中，就会得到一张规划大表（见下页），如何在保证课程成绩和语言成绩都能顺利达标的前提下，选择适合自己的竞赛/背景提升和课外活动就变得相当重要。

课程规划

从结果来说，预估成绩的高低直接影响了最终可以被什么等级的大学录取，而成绩的高低又要分为科目数量、科目等级和选课相关性这三大维度。接下来我们针对 A-Level、IB 和美高 / AP 三大体系分别展开。

A-Level

从科目数量来说，学生冲击英国 G5 大学一般有 4 门成绩，从牛剑录取的官方结果来看，平均每个学生有约 5 门成绩，因此核心课程占 4 门属于合理范畴。往年也有许多 3 门录取 G5 的案例，因此这个数量并不绝对，要结合科目成绩和其他升学维度。一般不建议学生修习 5 门以上，因为每增加一个科目，相应的学习强度就会上升很多，并因此挤压其他升学维度的准备时间。

从科目等级来说，英国大学有成文或不成文的描述，传统学科的含金量大于非传统学

英国升学规划表

	Spring Term			Summer Break				Fall Term			Winter Break	
Feb	March	April	May	Jun	Jul	Aug	Sept	Oct	Nov	Dec	Jan
	5月:录取			6月-9月		IG/G9					
	择校辅导			了解学生性格、确定大概方向							
				初定学生情况和要求		暑假:达到语言要求					
				衔接读		TOEFL/IELTS培训					
	5月:录取			6月-9月		IG2/G10				11月底	1月底
	择校辅导			了解学生性格、确定大概方向			10月:定校		China Think Big	AMC截止
							指导学生了解热门院校及专业		截止	ASDAN商赛截止
				暑假	七月至赛前		9月	9月-次年6月		12月-次年3月	
				IB先修课开课	RSC/AMC&AIME开课		FBLA开始报名	ASDAN区域赛		BPho AS/PhBowl开课	
				6月-8月	7月-8月	暑假:达到语言要求			12月	12月-次年6月	
				夏校/实习	G5背景提升营	TOEFL/IELTS培训			RSC预赛	STEP开课	
2月底	3月底-4月	3月底	5月初	6月-9月		AS/G11	9月	10月中		12月初/次年11月底 12月底	UKCHO
BPhO AS截止	Essay in Econ/人文	PhyBowl/AEA/	STEP截止	确定院校专业			FBLA开始报名	HMMT(H)截止		HMMT(M)截止	RSC截止
	题目放出	Euclid截止						SMC&BMO截止		RSC截止	
2月-4月/寒假	3月初		3月初-5月/6月	7月-文书开始	7月-赛前		9月初-次年1月	10月中		12月-赛前	
ASDAN商赛	BPhO AS	PhyBowl	经济论文比赛开课	人文社科类导课	BPhO/RSC/AMC&		UKCHO/BMO开课	TOK开始准备		BBO/BPh AS/PhBowl开课	
FBLA					AIME/NEC开课					MAT/PAT/TSA&ECCA开课	
China Thinking Big										STEP II开课	
2月/3月-4月	3月底	4月中/5月底	Eulid	6月中旬	7月-9月	8月		11月-11月底	11月-11月底	12月初/次年3月	1月中/月底/2月
AMC	RSC决赛	Essay in		STEP II	ASDAN决赛	Essay in Econ 截止 人文Essay截止		UKM TSMC	BPhO	RSC预赛	UKChO
AIME		Law/Philosophy		AEA	G5背景提升营			HMMT	BMO1	NEC-China预赛	F=MA
		截止							HiMCM		BMO2
2月底	3月中	4月中	5月初	6月底:提交网申		A2/G12	9月:申请截止	10月15日	11月	12月-次年2月	1月15日
PhyBowl截止	PhyBowl截止	BBO截止	STEP截止	文书指导			UCAS网申	牛剑截止	中国香港部分补交	中国香港Early App	UCAS截止
											1月10日-15日
4月中	3月底	4月中			7月中		9月-开始网申	10月-11月	12月-次年5月	美国RD/RO	加拿大申请截止
Olevel初截	John Locke放题	Olevel终截			O-Level初截		美国ED/EA			12月	
2月-6月	3月		5月-6月		牛剑预备营	暑假:达到理想分数		11月-12月	牛剑护航计划		
STEPII开课	EE开始准备		PTE冲刺班		7月31日暑假	A2/IBDP学科学习		面试认证	12月-次年2月		
2月/2月中	3月中/月底	2月-4月	5月中					10月-11月	11月-次年1月	中国香港面试辅导	
AMC FBLA	NEC-China决赛	USAD	Olevel		John Locke截止		10月	O-Level	TOK/EE提交		
HMMT	RSC决赛						A-Level	10月底-11月初			
3月初	3月底/3月-4月	4月初/月中	4月底		6月中			MAT/PAT/TSA&ECCA			1月
BPhO AS	PhyBowl	USNCO	USABO		STEPIII			(10.15截止)			A-Level
	USAPO	Euclid	USAMO								
	AIME	BBO截止									
2月	1月-8月		4月-8月	5月-6月		8月	9月				
加拿大文材料	整理Offer,提供入读建议		中国香港(奥加签证) UCAS/中国香港提交语言及课后成绩			英国学生签证	入读大学				
2月-6月			5月-6月								
A-Level高数开课		A-Level/SAT/AP/IB/BC/O-Level									

科。传统学科一般指数学、高等数学、物理、化学、生物、经济、历史、地理和文学等较为成熟的基础性学科，往往学习难度也较大。而非传统学科包括ICT（信息与通信技术）、会计、商科和社会学等较新或是偏应用领域的学科，认可度相对较低。我们在冲击G5大学的时候需要尽量保证至少3门传统学科的学习以保证竞争力。

从选课相关性来说，最终申请的专业往往有强制或建议的学科要求，哪怕没有明文提出也有隐藏的倾向性。以数学系为例，数学、高等数学和物理是强烈建议的学科。再比如经济系，必修的是数学，强烈建议的是经济和高等数学，并建议修一门科学传统学科（理化生）。专业繁多，需要掌握的核心是大学专业对基础知识和基础能力的要求，比如数学、物理和经济等专业对于数学能力的要求极高，因此会希望看到学生选修高等数学这样的科目。

IBDP

从科目数量来说，对于IB学生六大科目是一定要选齐的，往往学生会纠结是否选择四门HL课程，从数据来看四门HL对申请的帮助非常小，但是相应的学习难度却会上升，同样占用其他维度的时间。

从科目等级和选课相关性来说，选课的逻辑和A-Level一致，大学会希望看到学生选择传统学科，尤其是HL选择传统学科。当然，更重要的是HL科目要符合选课相关性，比如数学系要求必修HL数学AA，建议物理HL；再比如经济系要求必修HL数学，强烈建议经济HL；而申请人文社科的同学，则是应该HL选择相对应的高中人文科目。

AP

对于AP和美高学生，申请英国主要的依据是已经取得AP成绩的数量和预估会取得的AP数量。G5大学一般要求3~5门的AP成绩，但是由于AP科目的含金量差距较大，且AP科目相对于A-Level和IBDP而言单一科目难度更低，所以实际录取的案例中学生往往有大于5门的AP成绩。根据近两年的趋势，我们发现大部分录取G5的学生在提交申请的阶段已经获得了3门以上AP成绩，而申请牛剑的同学许多已经取得了5门以上AP成绩。最终预估的总AP门数一般会比申请提交时（毕业前暑假）多得3~4门AP成绩。

就AP科目等级和选课相关性而言，原则同A-Level和IBDP，即选择的科目应该和大学专业保持一致。例如申请数学系的学生必修微积分BC，强烈建议统计、计算机和物理C；而申请经济系的同学，必修微积分BC和两门经济，建议选修一些科学类科目。

语言规划

英国大学申请认可度最高的依然是雅思成绩，也是最主流的语言考试。G5 大学的雅思成绩要求较高：

- 剑桥大学所有专业均要求总分 7.5 分、小分 7 分。
- 牛津大学部分专业如数学和计算机专业要求总分 7 分、小分 6.5 分，而绝大多数专业要求总分 7.5 分、小分 7 分。
- 帝国理工学院作为一所理工科院校，对英文要求相对较低，许多理工科专业的要求是总分 6.5 分、小分 6 分。但是帝国理工学院从 2019 年开始大范围提高了语言要求，包括数学、物理和化学专业均提到了总分 7 分、小分 6.5 分。
- 伦敦政治经济学院作为一所文科大牛校，所有专业均要求小分 7 分。
- 伦敦大学学院作为一所综合性大学，雅思要求分为三个档次：总分 7.5 分、小分 7 分，总分 7 分、小分 6.5 分和总分 6.5 分、小分 6 分。一般文科和医学等专业要求最高，商科其次，理工科要求最低。

除此之外，英国名校的雅思要求基本与 UCL 一致，排名稍后的大学会低 0.5~1 分，但是最低雅思要求都在 5.5 分以上。

以下为目前英国 G5 大学官网上的语言要求：

牛津大学（University of Oxford）				
Test	Standard level scores		Higher level scores	
IELTS*	7.0	Minimum 6.5 per component	7.5	Minimum 7.0 per component
TOEFL	100	Minimum component scores: • Listening: 22 • Reading: 24 • Speaking: 25 • Writing: 24	110	Minimum component scores: • Listening: 22 • Reading: 24 • Speaking: 25 • Writing: 24
Cambridge Certificate of Advanced English (CAE)	185	Minimum 176 per component	191	Minimum 185 per component
Cambridge Certificate of Proficiency in English (CPE)	185	Minimum 176 per component	191	Minimum 185 per component
English Language GCSE	grade B or grade 6 (We do not accept IGCSE in either First Language English or English as a Second Language as proof of English proficiency.)			
English Language O-Level	grade B			

(续)

牛津大学（University of Oxford）		
Test	Standard level scores	Higher level scores
International Baccalaureate Standard Level (SL)	score of 5 in English (as Language A or B)	
European Baccalaureate	score of 70% in English	

* 牛津大学根据学科分为 standard level (SL) 和 higher level (HL) 两个 level
以下课程只需要 SL：Computer Science, Mathematics, Mathematics and Computer Science, Mathematics and Statistics；所有其他课程都要求 higher level

剑桥大学（University of Cambridge）	
Test	University minimum level (most courses will require a higher level, see below)
International English Language Testing Service (IELTS)	normally a minimum overall grade of 7.5, usually with 7.0 or above in each element
Test of English as a Foreign Language (TOEFL) Internet Based Test (IBT)	normally a minimum overall score of 110, with 25 or above in each element
Cambridge C1 Advanced (CAE)	accepted with a minimum overall score of 193, with no element lower than 185, plus an assessment by the Language Centre. Following assessment the University Language Centre may advise further action from the applicant (eg enrolment at one of the Language Centre courses, or completion of an IELTS test)
Cambridge C2 Proficiency (CPE)	accepted with a minimum overall score of 200, with no element lower than 185
Singapore Integrated Programme (SIP)	may be considered an acceptable English language qualification

* 不分学科，统一要求

帝国理工学院（Imperial College London）				
Test		Standard level scores		Higher level scores
IELTS*	6.5	Minimum 6.0 per component	7.0	Minimum 6.5 per component
TOEFL	92	Minimum component scores: • Listening: 20 • Reading: 20 • Speaking: 20 • Writing: 20	100	Minimum component scores: • Listening: 22 • Reading: 22 • Speaking: 22 • Writing: 22

(续)

帝国理工学院（Imperial College London）				
Test	Standard level scores		Higher level scores	
Cambridge Certificate of Advanced English (CAE)	176	Minimum 169 per component	185	Minimum 176 per component
Cambridge Certificate of Proficiency in English (CPE)		Any pass grade with a pass in each element	185	Minimum 176 per component
GCSE or O-Level	Grade B or grade 6 in English Language			
PTE	62	Minimum 56 in all elements	69	Minimum 62 in all elements
A-Level/AS	Grade C in English Language			

大部分工程和理科要求 standard；少数与管理相关以及含有交换及实习项目的要求 higher

伦敦政治经济学院（The London School of Econornics and Political Science）	
Qualification	Requirement
Cambridge C1 Advanced (CAE)	185 points overall and a minimum of 185 points in each component (in one exam sitting only)
Cambridge C2 Proficiency (CPE)	185 points overall and a minimum of 185 points in each component (in one exam sitting only)
European Baccalaureate (L1 and L2 only)	No less than a score of 8.0
GCSE English Language	Grade B/6 or better
International Baccalaureate (English A + Literature/English A + Language & Literature/English A + Literature & Performance)	Any grade at Higher Level or at least 6 at Standard Level
International Baccalaureate (English B)	No less than 7 at Higher Level
International English Language Testing Service (IELTS) Academic	7.0 overall and 7.0 in all four components (in one exam sitting only)
IGCSE English Language (First Language)	Grade B/6 or better, plus CIE: First Language English with Merit (Grade 2) in the Speaking and Listening test or five years education in English AQA: English Language with Merit in Speaking and Listening or five years education in English
O-Level English	Grade B or above plus proof of education in the medium of English during five most recent years of study (prior to year of entry)

（续）

伦敦政治经济学院（The London School of Econornics and Political Science）	
Qualification	Requirement
TOEFL iBT (Internet based test)	At least 100 overall, with a minimum of: 27 in Writing 25 in Reading 24 in Listening 24 in Speaking (in one exam sitting only)

伦敦大学学院（University College London）						
	\multicolumn{2}{c}{Standard}	\multicolumn{2}{c}{Good}	\multicolumn{2}{c}{Advanced}
IELTS*	6.5	Minimum 6.0 per component	7.0	Minimum 6.5 per component	7.5	Minimum 6.5 per component
TOEFL	92	Minimum component scores: • Listening: 20 • Reading: 24 • Speaking: 20 • Writing: 24	100	Minimum component scores: • Listening: 20 • Reading: 24 • Speaking: 20 • Writing: 24	109	Minimum component scores: • Listening: 20 • Reading: 24 • Speaking: 20 • Writing: 24
Cambridge Certificate of Advanced English (CAE)	176	Minimum 169 per component	185	Minimum 176 per component	191	Minimum 176 per component
PTE (Academic)	62	Minimum 59 in each component	69	Minimum 62 in each component	75	Minimum 62 in each component
Cambridge Certificate of Proficiency in English (CPE)	176	Minimum 169 per component	185	Minimum 176 per component	191	Minimum 176 per component
International Baccalaureate (IB)	\multicolumn{2}{l}{IB English Language B at higher level — grade 4 IB English Language B at standard level — grade 6}	\multicolumn{2}{l}{IB English Language B at higher level — grade 4 IB English Language B at standard level — grade 6}	\multicolumn{2}{l}{IB English Language B at higher level — grade 5 IB English Language B at standard level — grade 7}
O-Level	\multicolumn{2}{c}{Pass at grade C}	\multicolumn{2}{c}{Pass at grade C}	\multicolumn{2}{c}{Pass at grade B}

Standard: 艺术与人文系、建筑环境系、工程学大多数项目、数学和物理科学系大多数项目要求
Good: 大脑科学系、工程学（信息管理、管理科学项目）、生命科学、数学和物理科学系（经济与统计、历史与哲学科学、科学与社会、统计和商业管理、统计、经济和金融等）、斯拉夫与东欧研究学院、社会和历史科学大多数项目要求较高等级
Advanced: 文理学士项目、法学、医学院、社会和历史科学（古代史、古代史和埃及学、历史和欧洲语言）要求优秀等级

课外活动

英国大学的招生逻辑是根据学生已经取得的成就和过去发生的活动，来判断学生是否具备对所选择专业的热情、理解和匹配的能力可以学好这个专业。这个逻辑的根本和英国的专业教育是分不开的，毕竟英国虽然只有三年的本科时间，但是从大一开始就会学习大量的专业基础课。因此，英国方向的竞赛、科研和其他课外活动都需要围绕专业方向展开，辅以个人能力的培养。

英国的课外活动往往在预习、竞赛、实习和课题研究上有较强的学科相关性。以一位数学系申请者的课外活动为例，该同学通过自学提前完成了校内数学的学习，为参加数学竞赛打下了基础，在 10 年级参加了美国的 AMC 12、加拿大的 EUCLID 和英国的 UKMT Maths Challenge，并于 11 年级参加了英国的 BMO 数学奥林匹克竞赛取得银牌的好成绩，再次参加 AMC 12 并顺利晋级 AIME。而在 11 年级暑假，该同学参加了一次关于期货和数据分析的实习，完成了一个自主实践报告，通过 SPSS 完成了对目标商品之间关联性的分析，辅助期货价格分析。当然，并不是所有学生都有这样的完整经历，竞赛也是一个以赛带练的过程，需要一步步尝试和提高，从初级竞赛打到高级竞赛，过程中也要去判断自己是否适合走竞赛路线，还是走科研路线或是实习路线。

由于本书篇幅有限，以下仅罗列了一部分在英国申请中常见的竞赛或是类似竞赛的笔试。且关于考试信息，建议查询官网。

数学和计算机竞赛

STEP

STEP (Sixth Term Examination Paper) 是大学测试申请者数学能力的笔试，剑桥大学与华威大学的部分专业需要 STEP 成绩作为录取的先决条件。STEP 的难度系数远远大于 A-Level/IBDP 数学和进阶数学，也就自然成了令学生兴奋而又头疼的笔试。但同时因为 STEP 出成绩的时间在 7 月左右，比正常的牛津剑桥笔试都要早许多，是申请英国数学、物理、工程和金融经济等对数学能力有要求的专业时很好的补充竞赛素材。

STEP 考试分为 3 个难度段位，STEP 1 和 STEP 2 需要 A-Level 数学基础，STEP 3 需要 A-Level 高等数学基础，难度依次递增。考试则是在每年 6 月的第一周到第二周依次进行，并于同年 8 月出分。STEP 适合的考生有三类：

第一类学生：STEP 作为剑桥大学（数学、工程和计算机）和华威大学（所有数学相关专业）有条件录取（conditional offer）的一个基本参考标准，在申请者面试完成后进行。

第二类学生：布里斯托大学、巴斯大学、牛津大学和伦敦帝国学院也鼓励申请入学者参加这项考试，计算机科学和工程学方面的专业有时也需要 STEP 的成绩帮助申请。不同的大学会指定应试者选取特定的项目（STEP 2 或 STEP 3）完成考试。

第三类学生：大量优秀的应试者参加 STEP 是为了挑战自己的数学能力。这个人群的总数是拿到剑桥录取要求的学生数量的 3 倍。

官网最新发布，2021 年将取消 STEP 1，但 STEP 2、3 保持不变。

AMC

AMC 是 American Mathematics Competitions 的简称。1950 年美国数学协会 Mathematical Association of America（简称 MAA）开始举办美国高中数学考试（AHSME）。1985 年，MAA 又增加了初中数学考试（AJHSME），2000 年以后这些考试统一被称为 AMC，是目前世界上信度和效度最高的数学学科测试。AMC 试题由简至难，使任何程度的学生都能感受到挑战，还可以筛选出特有天赋者。这项竞赛就是为所有喜爱数学的学生所开发的。每年仅在北美地区正式登记参加比赛的学生就超过 30 万人次。此项测试已被美国中学校长们推介为各学校每年的主要活动。在全球与美国一起进行同步测试的还有中国、加拿大、英国、法国、新加坡、韩国、印度、印度尼西亚、马来西亚、比利时、芬兰、希腊、智利、瑞典、土耳其、匈牙利、罗马尼亚、日本、菲律宾、阿联酋等几十个国家近 3 000 所学校。AMC 10 和 AMC 12 得分达到要求后（全球前 2.5% 和 5%），可参加美国数学邀请赛 AIME。美国学生中的 AIME 优胜者可以参加 USAMO（USA Mathematical Olympiad）和 USAJMO（USA Junior Mathematical Olympiad）。

AMC 官网提供的参考资料

AMC 分为 AMC 12、AMC 10 与 AMC 8 三个段位，参加者分别为 12 年级、10 年级与 8 年级的中学生，但也有许多学生会提前参加高一个段位的比赛以证明自己的实力。就考试时间而言，AMC 8 于每年 11 月份中旬举行，AMC 10/12 于每年 2 月份举行（分 A/B 卷，知识点一致但没有重题，中国赛区属于 B 卷），而 AIME 于每年 3 月中下旬举行。AMC 系列竞赛本身没有限制条件，不涉及微积分，更看重对数的性质以及规律的探究。由于 AMC 10/12 考试对接国际数学奥林匹克竞赛，因此数论一直是考试的一个重点。而这方面目前没有任何课程体系有系统覆盖。

UKMT BMO/SMC

BMO（British Mathematical Olympiad，英国数学奥林匹克竞赛）是由成立于 1996 年的 United Kingdom Mathematics Trust（UKMT，英国数学基金会）组织旗下的针对高年级中学生的竞赛项目。BMO 作为 UKMT 旗下难度最大的竞赛项目，每年邀请近 1 000 位拥有数学天赋的学生参加竞赛，并为 International Mathematical Olympiad（IMO，国际数学奥林匹克竞赛）选拔英国国家代表队。

而 Senior Mathematical Challenge（SMC，高年级数学个人挑战赛）是 BMO 的前置比赛。

UKMT 系列比赛：

- Junior Mathematical Challenge 适合 8~9 年级学生。
- Intermediate Mathematical Challenge 适合 10~11 年级学生。
- Senior Mathematical Challenge 适合 11~12 年级学生。
- Senior Kangaroo: SMC 的前大约 6 000 名有资格参赛。
- BMO: IMO 的选拔比赛。

吴昊老师收到英国数学竞赛协会的赠书

吴昊老师收到英国数学竞赛协会的赠书内页

SMC 的考试时间为 11 月初，BMO ROUND 1 则通常在 11 月底举行，晋级 BMO ROUND 2 的学员将于次年 1 月底进行复赛，获胜者会进入剑桥大学参与奥赛集训。该系列赛相对适合英国本地学生：SMC 难度较低，BMO 含金量高，但是均未在中国设立考点，仅有少数国际学校有资格参与。

UKMT 官网提供的各式各样的参考资料

USACO

USACO（美国信息学奥林匹克竞赛）初次举办于 1992 年，是美国中学生的官方竞赛网站，是美国著名在线题库，旨在为每年 夏季举办的国际信息学奥林匹克竞赛（IOI）选拔美国队队员。该比赛适合计算机和数学方向的学生，需要有一定的编程基础，至少掌握一门编程语言和编程的理论知识。比赛采取积分赛制，分为月赛和公开赛。月赛举办于每年 12 月、次年 1 月与 2 月，公开赛举办于次年 3 月。参赛者可以在月赛指定的时间范围（通常是 4 天，覆盖一个周末）内的任何一个时间打开题目，并在规定的时间内完成比赛并提交。

USACO 每场比赛 4 个小时。可以在比赛规定时间开始后登录 USACO 账号，在线打开试题后开始计时。选手需要在时间结束前通过网络将写好的程序提交。程序提交后官网会给出用 test case 检测程序的结果，并根据结果给出这一题的得分。可以使用 C++、

Java、Python、Pascal 和 C 语言中的任意一种编程。比赛对于程序的大小、运行需要的内存以及运行的时间都有一些具体规定。每次比赛，实力强的选手可以连续升级。在比赛窗口开放的三天时间内，选手可以选择任意时间开始比赛。开始的 4 小时内，如果拿到了高分 (接近满分或满分)，系统会提示直接晋级，可以在这三天内继续挑战下一级。只要实力足够强，一场考试可以升到满级白金级。没能拿到满分的选手需要等到三天的赛程结束后，等待晋级分数线，才能决定是否晋级。如果成功晋级，可以在一个月后的第二场继续参赛晋级。

USACO 竞赛等级：

	参赛资格	难度等级
青铜	进入 USACO 注册账号即为青铜级	青铜级考试只要基本编程常识，至少会一种编程语言。青铜级的编程限制时间还是够用的，大部分初次参赛的选手都能在第一次考试中晋级白银级
白银	通过青铜级比赛的选手	需要解决基本问题的能力和掌握简单算法（例如贪心算法、递归搜索等），还需要了解基础数据结构。从白银级开始，选手需要寻找更好的算法才能使程序在规定时间内完成
黄金	通过白银级比赛的选手	需要有一定的算法基础，理解一些抽象的方法（例如最短路径、动态规划），并且对数据结构有比较深的了解
白金	通过黄金级比赛的选手	需要有很高的编程基础，对算法有深入的了解。部分比赛问题最后的优化方案可能不止一个，得出的答案也不止一个

USACO 竞赛难度

月赛的题目与 IOI 试题类型大致相同，绝大多数为传统试题，但也在极少数情况下出现过提交答案类型试题。

物理竞赛

BPhO

英国物理奥赛始于 1979 年，1983 年正式为英国选拔国家代表队参与国际物理竞赛。英国物理奥赛组委会主要由牛津大学、英国物理学会和 Odgen 基金会组成，办公室设在牛津大学物理系。英国物理奥赛非常注重物理知识的灵活运用，全部的试题为证明题。学生需要运用自己所学的物理知识完成挑战，其涉及的知识点非常广泛，考试不要求学生完成所有试题，而是鼓励学生根据自己兴趣和学习范围选择自己擅长的部分。英国国籍的优秀选手将组成国家队代表英国参加国际物理奥赛。

从 2016 年起，ASDAN 中国办公室与英国物理奥赛组委会正式合作，成为英国物理

奥赛在中国的承办单位。通过该赛事，中国与英国学生将有机会同台竞技，统一考试，试卷送往英国物理奥赛总部统一评分，同等争取英国物理奥赛全球金银铜牌。中英选手唯一的区别在于非英国国籍学生不能入选英国物理竞赛国家队。此外，英国物理奥赛（中国赛区）的获奖者将有机会获邀参加英国物理竞赛国家队的英国物理奥赛集训营（中国赛区）的选拔。

英国物理奥林匹克竞赛协会给家长的一封信

BPhO 适合物理方向的学生，具有很高的含金量，但由于考试时间为每年的 11 月份，且考试对前置知识储备有要求，所以申请加分的 AS 学生参赛要先完成较多的物理知识预习。适合 BPhO 三个段位的学生为：

BPhO 正赛——A2 & 优秀 AS 年级学生。

BPhO-AS challenge——AS & 优秀 IG 年级学生。

BPhO-IG challenge——IG 年级学生。

BPhO 正赛包括超级金奖、金奖、银奖、铜奖。奖项将首先按照英国国籍学生的成绩分别以总分排名前 2%、8%、15%、25%、35% 的比例划出得奖分数线，然后其他国家的学生成绩不按照总分排名比例，而是直接参照获奖分数线来决定是否得奖。这种原则的优势是一方面全球其他国家优秀选手的参加不影响英国本土学生的获奖比例和竞赛教学秩序，另一方面理论上中国学生如果普遍成绩优秀，获奖比例可能更高。

AS&IG 年级物理。该赛事全球奖项评分规则如下：金奖、银奖、铜奖 I、铜奖 II，奖项将首先按照英国学生的成绩分别以总分排名前 5%、15%、30%、45% 的比例划出得奖分数线，然后其他国家的学生成绩直接参照获奖分数线来决定是否得奖。

PhysicsBowl Exam 物理碗

"美国物理教师协会"（AAPT）成立于 1930 年，是美国唯一专注于普及与提升物理教育的学术机构。"物理碗"高中物理竞赛由"美国物理教师协会"主办，由协会注册的大学物理教授和教学经验丰富的高中物理老师组成理事会进行出题和评审。该项赛事是美国具有非凡影响力的高中物理竞赛，每年全球有 11 个国家超过 500 所著名高中参加。在比赛中获得高分者备受美国名校欢迎，过去 9 年仅 1 名高中生在该竞赛中得到满分。考试分为两个段位，Division 1 适合 10 年级学生，Division 2 适合 11 年级学生。Division 2 难度介于 BPhO 正赛和 BPhO AS 之间，不过比 BPhO 的考查范围更广，难度小，考试时间比 BPhO 晚，学生有更充足时间可以准备。

该比赛有四个奖项：全球个人奖为全球排名前 100 位，全球金奖为前 10%，全球银奖为前 20%，而全球铜奖为前 30%。

PhysicsBowl Exam 官网提供的题目资料

生化竞赛

UKChO

英国化学奥林匹克竞赛（UK Chemistry Olympiad, UKChO）由英国皇家化学学会（Royal Society of Chemistry, RSC）主办。英国皇家化学学会总部位于伦敦和剑桥，拥有 54 000 多名会员，是在全球具有非凡影响力的化学学术组织之一。英国化学奥林匹克竞赛中的试题会激发并

提高学生对化学的认识，旨在为优秀高中生提供一个校内化学课程的延伸，培养他们的化学思维与能力，为以后的大学学术性学习和研究做好准备。英国的 UKChO 优秀学生经过英国奥赛团队培训可以参加 IChO 化学国际竞赛。

UKChO 是英国方向最具含金量的化学竞赛，难度较大，需要具备 A-Level 或者等同的化学知识储备，再拓展到大学级别的知识和应用能力，并考查创新应用所学知识去解决问题。该比赛的考试时间，英国本土为 1 月份，中国地区为 3~4 月，建议 11 年级（英国 12 年级）想要申请牛剑化学或生物方向的学生参加。由于竞赛中包含大量深度有机知识，

所以如果是 AP、IB 体系的学生，建议先预习 A-Level 有机的内容。

Avogadro Contest

阿伏伽德罗化学竞赛是由加拿大滑铁卢大学主办的一年一度的全球性竞赛，在加拿大、美国都有比较高的知名度，每年会有超过 6 000 名学生、超过 300 所学校报名参赛。每年 5 月份统一考试，赛后成绩将进行全球公布，提供国内省市学生成绩数据分析。阿伏伽德罗竞赛已经成功举办 31 届，适合高一年级学生参加，会有 top 20%、top 5% 和 top 100（具体名次）的奖项证书，还会收到限量版的元素奖牌。

BBO

英国皇家生物学会主办的英国中学生物奥林匹克竞赛（British Biology Olympiad，简称 BBO），设立于 1995 年，是英国中学历史悠久、影响非凡的理科竞赛之一，英国每年有近万名高中生参加。英国每年通过这个比赛选拔优秀的高中生组成英国生物奥赛国家队，参加国际生物学奥林匹克竞赛（IBO）。

近些年 BBO 正式进入中国，优胜者将有机会与英国考生统一排名，共同角逐英国国家生物奥赛金银铜牌，为申请全球顶级大学提供有力的学术证据，同时获得国际顶级科学类活动的邀请。建议申请生物和医药类方向的学生参加，该竞赛的含金量极高，考试内容也是远超高中大纲，需要较多的课外学习和技能储备。

BBO 建议 11 年级（英国 12 年级）参考，英国本土考试时间为 1 月底到 2 月初，中国区的比赛则是在每年的 4 月份举行。

BBO 教学大纲

商科竞赛

John Locke Essay Competition

约翰·洛克研究所鼓励年轻人培养能使自己成为伟大作家的特质，这些特质包括独立思考的能力、深度的知识储备、清晰的推理能力、批判性的分析能力和有说服力的写作风格。此项论文竞赛邀请学生探索学校课程之外的各种富有挑战性和有趣的问题。

在约翰·洛克研究所的论文竞赛中写一篇论文可以让学生建立丰富的知识体系并提高论证技巧。它还使学生有机会由专家评估他们的作品。所有的论文都需要在7月底之前提交，然后由牛津大学的资深学者作为评委，从每个学科类别中选择他们最喜欢的论文，并从哲学、政治、经济、历史、心理学、神学和法律这七个学科中选出一篇综合写作第一名，也就是"最佳论文"。每个类别中最优秀的参赛者将在颁奖典礼当天被邀请到牛津大学，在研究所一位资深导师的领导下学习一系列规则。这些邀请将在评委一审后，在宣布入围名单的同一天发布，而评审过程仍在进行中。

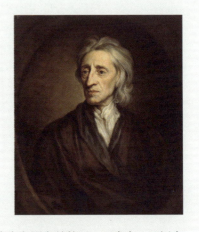

每个学科类别的最佳论文都有一个奖项。每个学科奖价值£100，论文将刊登在研究所网站上（经作者许可）。颁奖仪式将在牛津大学举行，冠军和亚军可与约翰·洛克研究所的评委和其他教员见面。在接待能力允许的情况下，也欢迎家属、朋友和老师参加。总体最佳论文的参赛者将被授予荣誉及约翰·洛克研究所初级奖学金，价值500英镑。

2021年经济学题目：

> 1. 如果政府不再参与，教育部门将如何变化？
> 2. 牛津大学对本科生的需求相当大。招生过程中，以牺牲其他人为代价，偏爱更聪明的学生，这样公平吗？会加剧不平等吗？大学对这种稀缺性的最佳反应是什么？
> 3. 我们应该废除最低工资吗？

Marshall

马歇尔学会是剑桥大学的经济学会,该学会成立于 1927 年,是为了纪念阿尔弗雷德·马歇尔(Alfred Marshall)而建立,因此该学会在推动经济学讨论方面坚持了其杰出创始人的传统。马歇尔学会发起的论文竞赛对于目前正在攻读 A-Level、IB 或同等学力的所有学生来说,是一个展示他们所撰写的令人信服且结构良好的论文的机会。论文写作重点应放在借鉴相关的现实证据,对经济理论进行合理解释和充分论证上。竞赛鼓励学生自己命题,但如果学生愿意,他们也可以使用学会官方给出的题目,统一在 7 月底完成论文提交。

2021 年官方论文题目参考:

1. 气候活动家认为,必须优先考虑环境问题。决策者认为,经济增长绝不能受到损害。那二者是互补的,还是经济和环境是相互竞争的优先考虑?
2. "比特币对银行的影响就像电子邮件对邮政业的影响一样。"你认为这是真的,还是当前的繁荣只是投机泡沫?
3. 欧元实验失败了吗?
4. 新冠流行病对发展中国家的妇女权利产生了什么影响?
5. 最低工资者做了决策者要求他们做的事了吗?
6. 非洲经常被描述为"被束缚的大陆"。非洲的经济发展还有希望吗?
7. 全民基本收入(UBI)是高度发达国家的有效减贫战略吗?

英国文书

什么是个人陈述

Personal Statement 简称 PS,是一篇 4 000 字符以内的申请文书,也是 UCAS 申请系统中唯一的一篇文书。对于那些没有面试的大学而言,这篇文书就是对你的真实个人印象,而对于那些有面试的大学,文书也是非常重要的第一印象。许多大学就是通过这篇文书来判断申请者除硬指标之外,是否符合自己的录取学生偏好。除此之外,无论是考试成绩,还是老师的推荐信,或是笔试和面试有临场发挥的问题,很多重要的因素都不能 100% 掌控,唯独个人陈述是 100% 可以做到完全准备的项目,其重要性可想而知。

个人陈述的专业性

英国文书要围绕专业而不是大学展开。同一篇文书同时提交给 UCAS 中的全部五个学校，虽然系统并不会阻止我们填写同一个大学多个专业，或是不同大学多个不同专业，但是由于文书是同一份，所以在实操中非常难用一份文书去覆盖不同专业的要求。举个极端的例子，学生想要申请伦敦政经学院的历史系和帝国理工的物理系，就必须在文书里同时写为什么喜欢历史和物理，那逻辑一定会变得非常混乱，导致的结果就是任一大学都不会录取。因此，英国文书基本上完全专注在专业本身，绝不能在个人陈述里对大学抛橄榄枝。我曾经见过学生在文书中把自己申请的五个大学都给提了一遍，这是一个绝对不可取的操作。

那是不是同时申请不同专业就完全不可以呢？也不是，有两种情况可以。

第一种情况，选择的是同专业方向下的不同细分领域。比如同时申请剑桥大学的数学系和伦敦大学学院的统计专业，由于统计就是数学的一个分支，那么我们就可以很好地同时关照好两个专业方向。再举个例子，比如想要申请牛津大学的工程专业（牛津大学的工程专业是不做细分的，只有在学习过程中的选修会决定未来发展的细分方向）和帝国理工的电子电气工程，依然是非常普遍的正确申请组合。

第二种情况，两个专业有交叉内容。我们知道现代科学发展越来越依赖于跨学科领域的合作，非常多的素材和课题会同时涉及多个专业的。比如数学和经济、物理和工程、经济和金融、心理和教育。这种情况下我们可以选择合适的交叉素材放入文书当中，就可以同时满足两个专业的要求。当然，一般这类申请需要做的准备工作会更多，往往需要一些巧思，对写作的要求就更高了。

个人陈述的纲要

英国方向的文书如果只有一个关键词，那就是"学术"；如果有两个关键词，那就是"学术热情"和"学术能力"。在奉行专才教育的英国，顶尖名校希望学生对自己的未来专业方向有一个清晰的意识和合理的规划，因此我们必须在文书中体现出自己对专业方向深度的思考和实践。

那么究竟达到什么样的深度才是合格的文书呢？一般来说，越是顶尖的大学越是希望看到超出高中知识范畴的内容，但也不是非要搞一个科研论文级别的研究，更多的是希望看到学生的课外学习已经能够和大学学习相接轨。我们会建议学生适当做一些预习，去参考一些大学推荐给申请者或是准大一新生的书单，做一些大一或以下级别的课题研究。然后把这个经历写成一个自我探索的故事，描述自己是如何一步步解决问题最终取得了喜人的收获，从而既证明了自己对学科的热情，也证明了自己在学科方面的能力。

而至于非学术的内容是否要写？答案是可以写，但是一定要能够体现出自己个人品质的亮点，且不要占据太多篇幅。由于英国文书的字数限制是 4 000 个字符（包括标点符号和空格），可以发挥的篇幅非常有限，我们只能给非核心的内容留下少量的空间作为补充。

个人陈述 Q&A

Q1：如何开始写一份文书？

启动文书可以先提一些头脑风暴的问题：如果你要给一个朋友或者家人解释自己为什么想要去大学读某个专业，你会怎么说呢？可能是学校里的某件事情，可能是看了一个节目或是一本书，可能是在博物馆里发现了什么有趣的事情。你为什么觉得你所描述的这个经历是有趣的？你做了什么？你还想知道什么？

Q2：文书有没有标准格式？

没有。千人千面，每个人都有自己独特的经历和亮点，最重要的是我们根据自己的实际情况尽可能把最有亮点的经历给凸显出来，并在这个过程中不断比照大学招生简章，去迎合那些大学的专业要求。

但也有推荐的写法，毕竟文书的考核方向是确定的。我们需要在头两段阐述为什么选择这个专业，再利用 2~3 个段落讲述自己在专业方向上做过什么事情和体现了什么品质，最后描述一下课外活动，收尾。

Q3：我是否应该写很多课外活动？

严格来说，学术方向上的课外活动也叫课外活动，比如课题研究、课外阅读和竞赛经历，所以我们把这部分称为学术内容。这些内容往往是构成文书的核心内容。通常我们指的课外活动是实习、志愿者、兴趣爱好等，这一部分通常不建议占用太多篇幅，控制在一段以内，挑选最能体现目标大学希望看到的品质的内容。

英国笔试

英国早年是很少有笔试的，哪怕牛津、剑桥开设笔试的专业也是少数，但是在英国正式启动本土 A-Level 改革后，趋势发生了巨大的改变。由于英国在改革中要求 AS 和 A2 内容必须在同一考试季中完成方可合并，导致大学在收到申请的时候仅剩下预估成绩可以做参考。为了让申请者的能力更加"标化"而不是半主观的预估，牛津大学和剑桥大学的各个专业纷纷增设笔试环节。

那么笔试有哪些呢？首先，笔试有三大类，分别是 pre-interview assessment（面试前笔试），at-interview assessment（面试时笔试）和 after-interview assessment（面试后笔试）。第一类是最主流的笔试，大学在决定是否让申请者面试之前，就通过笔试筛除不合格的候选人，最典型的代表包括牛津大学数学和计算机相关专业的 MAT 考试，牛津大学工程系、材料系和物理系设置的 PAT 考试，剑桥大学自然科学系设置的 NSAA，剑桥大学工程系的 ENGAA，剑桥大学经济系的 ECAA，牛津大学经管等专业和剑桥大学土地经济等专业的 TSA 考试，各类医学专业要求的 BMAT 考试等。第二类笔试是部分牛津大学和剑桥大学的学院保留的传统，通常会安排在学生正式参加面试的当天或是前后一天时间内进行，由各个学院自己定制而非各大专业统一出题。第三类笔试最著名的是剑桥大学的 STEP 考试，这个考试是剑桥大学在面试完学生后决定录取了才会在 conditional offer（预录取通知书）中的条件进行要求，通常对数学系的学生要求是 STEP 2 和 STEP 3 分别取得等级 1~SS，学生最终通过 STEP 考试就可以正式进入剑桥大学了。

那么笔试要如何准备呢？总的来说，笔试难度参差不齐，准备的复杂程度也不一致。以下面四个关注度较高且有代表性的笔试为例进行介绍：

（1）PAT 考试是相对简单的笔试，考查的是较高中稍难但是更灵活的数学和物理知识，题型也较好归类，有充足的往年样卷可以参考和刷题。

（2）MAT 考试的知识点非常少，考查范围很窄，所以前置要求非常低。虽然 MAT 的考点集中，且有充分的往年真题，但是近年来 MAT 的考查方式越来越灵活。如果只是冲击 70~80 分的高分段，完成基础学习、备考课程和刷题过程即可。但是如果要冲击 90 分以上的高分，则必须实实在在提高自身的思维能力。

（3）TSA 考试不依赖于学科知识本身，更多考查的是学生的理解和推理能力，且内容较多，所以大部分学生在阅读速度上很难达到考试要求。哪怕学生天资聪颖，英文水平也足够好，还要面临思维方式的考验。由于东方人和西方人在思维方式和从小的教育培养方式上的巨大区别，中国学生往往很难跳出自己的固有思维，导致无法在 TSA 考试中取得优秀的成绩。这类笔试就需要进行大量的思维指导。

（4）ECAA 考试是近年来新增的笔试，可供参考的往年真题较少，所以学生往往不知道如何准备。如果准备 ECAA 的考试，那么就需要专业指导老师帮助学生准备额外的备考材料。

最后，笔试究竟有多重要呢？

答案是明确的——很重要。我们以牛津大学 2019 年 MAT 的分数分布为例:

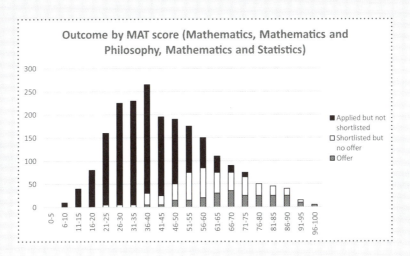

图中灰色的是最终被录取的学生,白色的是被邀请面试而未被录取的学生,黑色的是没有拿到面试邀请的学生。MAT 考试分数在 60 分以下的学生有较大概率拿不到面试,最终更是只有少数学生获得录取。而在 70 分以上的学生,大部分是可以获得面试资格。如果在 80 分以上则是有超过一半的概率会拿到最终录取。

英国面试

面试基本介绍

面试这个环节出现在牛津大学和剑桥大学的全部专业,帝国理工的部分专业包括航天工程、化学工程、土木工程、电子电器工程、机械工程、化学和物理等(每年略有不同),以及其他大学的一些特殊专业比如建筑和医学。注意,帝国理工的数学系目前依然不要求面试,并且帝国理工学院的面试相对牛剑的面试形式更为灵活,难度略低,但容错率也较低。

在面试上,英国和美国很大的一个区别是英国的面试是学术面试,顾名思义围绕的都是申请的专业本身。的确也会出现一些我们称之为 general question(一般性问题)的问题,比如"Why school?""Why major?"等常规问题,但这些问题更多只是一个暖场,重头戏都是后面的学术问题。

面试设置的逻辑和考查重点

面试一定是现场做题或现场讨论。设置的根本逻辑是牛津、剑桥的导师制授课

（tutorial/supervision）。以我在牛津就读数学系的学习为例，我们每年有3个学期，每个学期上8周课，每周上10小时的讲座和5小时的导师课。由此可以算出，一个牛津大学数学系的学生一年只有360小时在上课，换算成8小时工作制就是45天。但是我可以毫不谦虚地说，我们学校的学习难度是远远高于大部分其他世界名校的，原因就在于导师课的体系是一种极其高效和强压的学习方式，对学生的学习能力和适应能力都有极高的要求。

事实上，我们在讲座内得到的知识只有最终考试要求的50%，另外50%需要我们在课外通过查阅文献资料、小组学习和探究的形式去自主学习，但是这种自主学习有很大走偏的风险，于是就有了导师课——这些世界上最优秀的一线学者们会以1V1~1V6的形式给我们开小灶，帮助检查我们的学习成果，解答我们的疑惑，以及帮助我们查漏补缺，然后我们才能继续下一个阶段的学习。

而面试的根本逻辑就在于现场考查申请者：

（1）基本功底——该会的是否都会。

（2）学习能力——能否在短时间内学会一种方法，举一反三。

（3）沟通表达——是否能和面试官良好地交流自己的想法和听取教授的意见。

而这位面试官，很有可能是未来指导申请者本科三年学习的导师或是其中某一门课的指导老师。因此，面试会有一定的不确定性，但是如果学生以上三个方面的能力都具备了，那么就会有非常高的录取概率。事实上，在过去几年的时间里，我们内部评级的S级学生，出现落榜的现象非常罕见。而每一位成功进入牛津、剑桥的学生，不是因为他们申请做得

潘潘在公开讲座中

好，而是他们真的通过我们的帮助变成了更好的自己。

部分面试题举例

数学：

> 1. 如何使用两个骰子估算 π 的值？
> 2. 如何证明根号二是一个无理数？

物理：

> 1. 如果把一个均匀的柱子从上往下平均切成 n 份，当所有的部分都落到地面上，它损失了多少能量？
> 2. 解释一下空间站里的失重现象是如何产生的。

工程：

> 1. 如果一个圆柱的表面积是固定的，如何制作一个体积最小的圆柱？
> 2. 如何推导一个长方形围绕一个轴水平旋转时的动能？

化学：

> 1. 水分子之间的距离是多少？
> 2. 为什么磷的结构是 P_4 不是 P_2？

经济管理：

> 1. 行为经济学对于国家政策有什么影响？
> 2. 什么是公共商品（Public Goods）？路灯是吗？有线电视是吗？

四、主流专业解析

数学、统计学

为什么学数学？

数学专业能锻炼学生的思维和逻辑能力，如果你注重逻辑，乐于思考和解决问题，那么你通常适合学习数学。剑桥大学的数学系被称为"女神"专业，地位最高，难度最大，在剑桥学数学的人被称为"Mathmo"（Math Monster），他们就像学习魔鬼一样每周上6天的课，考最难的 Tripos（剑桥大学年度考试）。剑桥数学系的学生甚至可以在大一读完后转入其他专业的学科继续大二的学习，例如转入经济、工程、自然科学，但其他专业想要跨学科转系就不容易了。牛津大学的数学系名气也不小，而且有一个颇具特色的专业——数学与统计，该专业把纯数学和统计的理论内容做结合，在学习理论知识的同时，又可以学到怎么做数据分析，适应大数据时代对该类人才的需求，所以现在牛津大学的数学与统计专业是一个非常热门的专业。

数学的三大分支

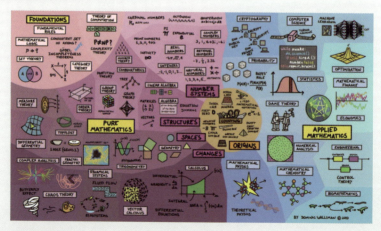

数学有三大分支：纯数学、应用数学、统计学。纯数学主要包含代数、群论、微分几何、拓扑、组合、逻辑学、解析数论、分析学等。应用数学包含流体力学、量子力学、数值分析、控制论、天体物理、偏微分方程等。统计学包含随机金融模型、测度论与统计、多维统计学分析等。

纯数学

Pure math is a study of mathematics itself. 纯数学是单纯地由人类的好奇心所驱动的，研究纯数学的时候其实并没有设想理论可能会在其他什么地方用到，人们只是单纯地去发现这些有趣的逻辑与结构，由此衍生出万事万物发展规律最抽象最本质的东西到底是什么。

> **Fermat's Last Theorem 费马大定理**
> 1621 年由法国数学家费马（Fermat）提出：
> "方程 $x^n + y^n = z^n$ 在 $n = 2$ 时有无穷多组整数解；在 $n > 2$ 时永远没有整数解。"
> Fermat 临终前声称自己进行了绝妙的证明，但直到 1994 年才被牛津大学数学系教授 Andrew Wiles 成功证明，1995 年获得数学界的广泛认可。该证明在广义相对论和量子物理里都有重要的应用。

一个很著名的例子就是上面方框里的费马大定理，这是费马在 1621 年写下来的，$n = 2$ 其实就是勾股定理，但是如果我们把 3 次方、4 次方也放进来了，那会有多少呢？其实这个定理涉及的数学是非常难的，人们为了研究这个问题所发展出来的理论可以垒上四五本书，一直到 1994 年才被牛津大学数学系教授 Andrew Wiles 成功证明。当时 Andrew Wiles 证明费马大定理并没有为了某个其他领域的发展而去证明，而是单纯地代表了人类的好奇心去探索知识的边界，然而包括他和其他前辈科学家们在证明这个定理的过程中所使用到的数学结论在后来很多其他的物理理论中反而用到了。所以在实际的生活中，我们同样会有需要用到这些知识的时刻。

应用数学

应用数学是为了解决跨学科领域的难题。

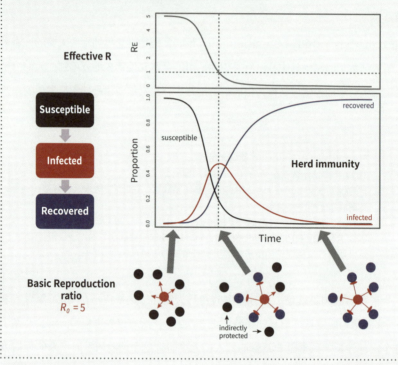

SIR Model & Herd Immunity
数学与其他学科的结合可以让我们更了解事物发展背后的规律，从而更科学地制定策略，例如研究疾病传播模型就属于数学与生物的交叉结合：
无论是之前帝国理工学院以 SIR 模型设计的传染病模型还是后来提到的"群体免疫"的概念，都来应用数学中的微分方程在生物中的应用。

这里举一个数学与生物结合的例子：研究新冠疫情的 SIR model。这个模型把人群分为了易感者、感染者、康复者三类，再研究他们互相之间的数学关系。这就是数学里建模与微分方程领域的内容。研究的成果结合流行病学的知识就能让我们科学地采取应对策略。比如疫苗投放策略，隔离等级策略都属于应用数学的范畴。当然这是最简单的模型，数学家还可以根据不同年龄层、不同地区，加入更多的变量来研究这个问题。

除了生物外，数学也可以应用在其他不同的领域当中，比如物理、化学、经济甚至一些人文学科。这些领域中出现的问题如果能被还原成一个数学问题，那么相应地数学家就会去研究如何解决这些问题。

统计学

在大数据时代下，统计学告诉我们数据积累到一定量的时候就会发生质变，然后带来无穷的价值。而当下我们碰到的难点是什么？就是在面对数据量过大时，如何有效地分析数据。统计学到底是如何落地的呢？其实总结下来可以分成三个阶段，第一个阶段就是收集数据、选择数据、修复数据。第二个阶段是数据分析，分析过程会应用水平分析和垂直分析等不同的方法，建立起更详尽的模型。第三个阶段是如何应用数据，转化为实际的生产力，得出结论。

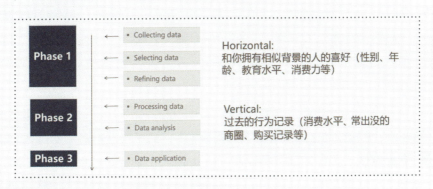

高中数学和大学数学的联系与区别

高中数学和大学数学的区别

高中阶段的数学是一门最重要的基础学科，为未来学数学、工程、物理、化学、经济这些科目打下坚实的数学基础，掌握数学工具，这也就是高中我们常做各种应用题的原因，我们要在这个阶段逐渐学会如何把数学技巧应用到其他领域里，与现实产生联系。为了让学生能更熟练地运用数学工具，A-Level、IB、AP 这些考试被更多地设计成考查能否使用数学工具而非理解数学本质，这也就是数学卷套路比较单一的原因。比如统计里的一些题目，就要求大家严格按照格式一板一眼地写出结论，又或者是一些积分的题目，把做题的方法已经提示在题目里了，学生只需要跟着例题的方法就能做出题目，了解了套路就能得分。高中数学的另一个特点是逻辑比较简单，学生无须做复杂的推导，一道题基本只考一个相关的知识点，可能唯一例外的是简单的几何，可能会用到其他题目中，比如力学、三角函数。相较于大学，高中阶段数学学习的最大特点是努力就能有回报，刷题占比达到了50%，学习方法与天赋各占20%，个人兴趣占到最后的10%。学生对数学不需要理解那么深刻，只要掌握了核心的公式与做法，熟悉考题出题方式，就能学好高中数学。个人天赋与学习方法更多地影响的是水平的起点和学习的效率，而兴趣保证了大家可以完成枯燥的刷题训练。绝大部分同学把同一个类型的题目做了20次以后，都能得到完美的分数。但是好的学习方法却可以让大家在做了5次后就达到同样的水平，这也是为什么我们强调学高中数学要讲究方法。

大学数学就完全不同了，天赋和兴趣占比上升了很多，学习方法基本不变，但刷题的比例却下降了很多。最根本的原因是大学学习数学并不是把它当工具在学，我们不会去回答像"我能算什么""有没有更快的解法"这一类的问题，而是要学习数学理论的本质，回答的是"为什么是这样""这个理论如何从最基础的定理推导"这一类的问题，这就要求学生对数学的理解需要达到与高中完全不同的标准。同时，大学数学对学生的逻辑推理能力提出了更高的要求，既然要讨论本质，许多不同的领域会被一一归类，找到共同的核心本质，这个过程中，结论也会更加抽象，尤其是纯数学领域，可能需要几个月甚至整个学期的知识储备才可以证明某一个关键的定理。

综合起来的结论就是高中那些靠不断刷题才能学好数学的学习方法势必会被淘汰，学生的数学天赋与钻研热情会起到非常大的作用。所以，当一个学生想报数学系的时候，需要考虑一下自己是否适合数学系，深入了解大学数学的内容后再慎重地做出决定。

课程设置

牛津数学系和统计系大一的课程是一致的，且都是必修课，因为这些是在数学各个领域都必须掌握的基础课程，分为纯数学、应用数学、概率与统计三部分。

Michaelmas Term （秋季学期）	Introduction to University Mathematics Introduction to Complex Numbers Linear Algebra I Analysis I Introductory Calculus Probability Geometry Computational Mathematics
Hilary Term （春季学期）	Linear Algebra II Groups and Group Actions Analysis II Dynamics Fourier Series and Partial Equations Multivariable Calculus Computational Mathematics
Trinity Term （夏季学期）	Groups and Group Actions Analysis III Statistics and Data Analysis Constructive Mathematics

来源：University of Oxford

牛津大学大一数学系课程设置（2020~2021学年）

剑桥没有单独的统计系，数学系的课程设置也与牛津非常类似。

MICHAELMAS 2020（秋季学期）	LENT 2021（第二学期）	EASTER 2021（第三学期）
Groups Vectors and Matrices Numbers and Sets Differential Equations	Vector Calculus Analysis I Dynamics and Relativity Probability	Computational Projects* Variational Principles* Optimisation*

来源：University of Cambridge

剑桥大学大一数学系课程设置（2020~2021学年）

无论牛津还是剑桥都有着上述数学三大领域的课程，比如大家很熟悉的数论、研究对称性的群论、比微积分更严谨的数学分析，这些课程属于纯数学的部分。而矩阵、微分方程、线性代数等课程则是为后面的应用数学部分打基础。在大一阶段统计的内容还比较少，主要集中在概率论，等大家学了一些前置课程，就会在大二大三学习更多的相关内容。学生在学习数学的过程中还会学习使用 Matlab 软件，会时常用它来画图，做一些计算，到最后还要完成第一年的两个 Matlab 作业。对于一个统计学的学生来说，Matlab 也是非常重要的，并且在之后还会进一步学习叫作 R 的软件，用它来做一些数据分析，这是在第二年的时候需要完成的事情。

牛津大学特有的数学与统计专业

Michaelmas	Hilary	Trinity
A0: Linear Algebra A1: Differential Equations 1 A2: Metric Spaces and Complex Analysis A8: Probability A11: Quantum Theory	A3: Rings and Modules A4: Integration A5: Topology A6: Differential Equations 2 A7: Numerical Analysis A9: Statistics A10: Fluids and Waves ASO: Integral Transforms	ASO: Number Theory ASO: Group Theory ASO: Projective Geometry ASO: Introduction to Manifolds ASO: Calculus of Variations ASO: Graph Theory ASO: Special Relativity ASO: Mathematical Modelling in Biology

1.1 Applied Statistics
1.2 Computational Statistics

2.1 Foundations of Statistical Inference ⎫
2.2 Statistical Machine Learning ⎬ 统计相关科目
3.1 Applied Probability ⎪
3.2 Statistical Lifetime Models ⎪
4 Actuarial Science ⎭

牛津大学数学与统计专业和数学专业在第一年的课程设置是完全没有区别的，到了第二和第三年，数学系会提供很多选修课，而数学与统计的学生可以从上图中统计相关科目中选2门学习，剩余其他6门也可从数学系选课中选择。由于数学与数统系第一年课程设置完全一致，我们会发现许多想学统计的学生申请的是数学专业，因为数学专业录取的人数和录取率都会比统计专业高。

申请要求与录取数据解析

申请要求

	牛津数学 / 数学与统计	剑桥数学
A-Level	A*A*A with the A*s in Mathematics and Further Mathematics	A*A*A with the A*s in Mathematics and Further Mathematics STEP (S11-SSS)
IB	39 (including core points) with 766 at HL (the 7 must be in Higher Level Mathematics)	40-42 points, with 776 at Higher Level (Mathematics HL) STEP (S11-SSS)
SAT/ACT/AP	SAT (>1 480) plus 3 APs at grade 5 ACT (>33) plus 3 APs at grade 5 4 APs at grade 5	SAT (>1 500) above 750 in each component plus 5 APs at grade 5 ACT (>33) plus 5 APs at grade 5
笔试	MAT	STEP

来源：University of Oxford, University of Cambridge

录取数据解析

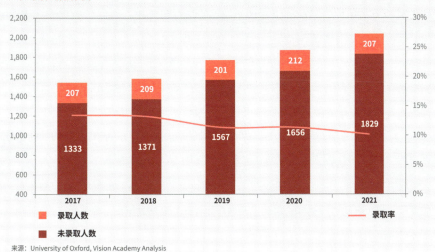

牛津大学数学系录取情况概览（2017~2021 年）

牛津大学数学系的申请人数近五年高速增长，在 2021 年（注：本部分年份指入学年份）达到历史新高，与 2017 年相比，申请人数增加了 65%，但录取人数近 5 年大约为 207 人，这使得牛津数学系录取率持续走低，大致保持在 10%。这和我们近几年观察到的结论是一致的：就数学系而言，中国学生相比剑桥更倾向于申请牛津，因为剑桥数学系有 STEP 成绩的强制要求，再加上 MAT 难度相对比 STEP 低一些，这使得申请数学专业的学生都挤到牛津，反而加剧了竞争。

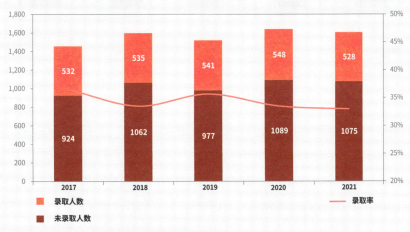

剑桥大学数学系录取情况概览（2017~2021 年）

反观剑桥大学数学系的数据就漂亮很多，作为剑桥的大系之一，数学系近 5 年平均申请人数约为 1 561 人，在 2019 年的小幅下降后有所回升，2020 年和 2021 年均突破 1 600 人。录取人数 5 年来一直保持稳定，每年平均录取 535 人左右，虽然整体录取率呈下降趋势，但预录取率也在 30% 以上，这比牛津数学高了一倍。你可能会很诧异，我们都知道剑桥大学数学系作为王牌专业名气更大，更难录取，为什么录取率反而高呢？实际上剑桥大学的难度在于最后的 STEP 考试，一般要求是 STEP 2 和 3 考到 S+1 或者 S+S 的成绩，这会让很多拿到预录取的学生与剑桥数学系失之交臂。就 2019 年的数据来看，有近 40% 的学生最终因为成绩问题（主要是 STEP）无法入读剑桥。

所以报考数学系选牛津还是剑桥？我们的建议是如果对自己数学能力有足够信心，勇敢地尝试剑桥，毕竟剑桥更容易拿到预录取。而 STEP 既然是笔试，提前做好规划与准备，一定可以考出满意的成绩。

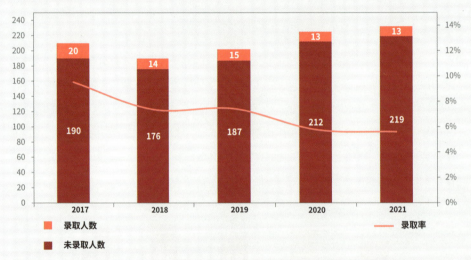

来源：University of Oxford, Vision Academy Analysis

牛津大学数学 & 统计系录取情况概览（2017~2021 年）

牛津大学独有的数学与统计系近几年申请人数逐渐增多，三年复合增长率约为 7%。该专业的录取率一向比较低，因为它的招生人数比较少，2017 年统计系的招生人数有 20 人，到 2021 年的时候只有 13 人，录取率随之降低至 6%，只有牛津大学数学系的一半。如果你对统计没有特别明显的偏好或者擅长的话，优先考虑申请数学系。再退一步说，进了牛津大学之后如果有意向，大概率可以从数学系转到数学与统计系，所以在申请时选择一个高录取率的专业肯定是有利的。

如何做好规划与准备？

高中阶段选课没有太多的限制，只要保障有数学和高等数学这两门必修课即可，除此之外学物理、化学、经济、计算机等课程都对学习数学逻辑有帮助。

关于笔试，牛津的 MAT 是一门历史悠久的考试。从 20 世纪 90 年代开始便作为牛津大学数学专业的前置考试，MAT 一场考试为两个半小时。题目由 10 道单选题（第一题）和 4 道大题组成，其中第二题和第五题为所有考生必答。MAT 考试难度适中，考试内容不多，是 AS 的数学内容外加部分额外知识，但题目变化形式和复杂程度都不低。MAT 是一个很棒的考试，因为考生既不会因为有些知识没有学到而无法作答，同时它又可以通过灵活多变的题型和题目的复杂程度来筛选出那些对专业知识感兴趣且具有一定思维能力的学生。

相对于牛津先考 MAT 筛选学生进入面试，剑桥并没有前置的笔试，而是在面试后发出的预录取中要求 STEP 2 和 3 的成绩。值得一提的是，大部分剑桥大学数学系的申请者都会在申请前考出 STEP 1 的成绩，一方面是增强自己的竞争力，另一方面也为未来学 STEP 2 和 3 打下基础。2021 年起，STEP 1 虽然被取消，但对于数学系申请者来说，STEP 2 和 3 仍然是硬门槛，STEP 1 的真题可以用作基础练习。

在竞赛方面，在 IGCSE 阶段就可以参加一些入门竞赛，比如 UKMT、AMC 10，到了 A-Level/IB 阶段就可以进一步挑战高阶竞赛，比如 AMC 12，强烈建议英国高中的学生参加 BMO，如果能够获得奖牌，将大大增强你的申请竞争力。

扫二维码查看申请本专业的推荐书籍

就业前景

因为数学与统计是分析数据的，上学时还会学习数据分析软件和一些与人工智能相关的学科，所以数学与统计专业会有比较好的三个发展方向：一个是精算，一个是人工智能的研究，一个是数据的研究。如果牛津数学与统计毕业的学生全部完成了学业，并且所有的考试成绩都在 60% 以上的话，去考精算师时数学部分很多都是免考的。

有些同学毕业后会从事医药、生物、化学、物理方面的工作，因为这几个方向也经常用到统计知识，比如我们可以用统计的知识来做测试，去判断一个药物是否有效，化学分子运动其实也跟统计有关系。

因为我们学数学与统计不仅要处理数据，还要学数学，所以像银行会计也是非常多毕业生的选择。学习数学与统计可以培养逻辑的缜密性、数学数字分析能力和搜索能力，所以也有一部分毕业生去了咨询管理行业。学习统计的人每天要处理数字，也有一部分毕业生去金融投行领域。所以，作为一个数学与统计系的毕业生，可以发展的方向是非常多的。

物理、工程

为什么学物理？

物理专业入门

物理学四大分支	
	凝聚态物理：Condensed Matter Physics 研究物体的物理性质：高温超导体、石墨烯、超流体等
	高能物理：High Energy Physics 标准模型（Standard Model），物体之间相互作用力，希格斯玻色子（Higgs Boson）
	天文物理：Astrophysics 研究天体的形成和进化，宇宙的过去和未来，相对论
	应用物理：Applied Physics Fluid Dynamics, Medical Physics, Quantum Information, Laser Physics, Geophysics...

物理学主要的分支有 4 个大方向：

（1）凝聚态物理：主要研究物体的一些性质，是理论跟实验物理结合的一门学科，可以有很多的商业用途，也可以作为一个纯理论来研究。

（2）高能物理：主要针对物体之间相互作用力的研究学科，基本上不用做实验，通常是用电脑做模拟计算。

（3）天文物理：主要研究天体的形成与进化。例如相对论里的很多理论就是应用在天文物理里面。由于涉及很多数学理论知识，许多本科学数学的学生也会在读研究生时学习天体物理。

（4）应用物理：很多物理学的学生到大四的时候，就开始具体地学习某些分支了。

其实应用物理跟工程非常相似，包括研究流体力学，研究激光物理、地质物理等。

理论物理与实验物理的区别

理论物理与实验物理一般是大三到大四之后才要考虑的一个方向，大一大二还是以打基础为主。首先，理论物理就是从草稿纸上提炼自然法则，在学习的过程中主要还是推导公式，最后可能会得到一个非常简单、优雅的式子，但是整个过程并不简单，比如像牛顿、爱因斯坦、霍金，他们基本上都是每天以做推导为主。实验物理一般会花很多时间在实验室，在一些比较特殊的环境下，高压高温或者是超低温的状态下，比如说去低温灼烧一些金属，去测它们的一些性质。实验物理一定程度上跟材料、化学都非常接近，整个过程中也会出现很多的试错，所以需要对做实验有很高的热情。比较著名的实验物理学家有法拉第、居里夫人、卢瑟福等。

为什么学工程？

工程的范围非常广，主流的工程专业分以下四大类：

（1）土木工程与材料工程：土木工程简单来说就是造桥、造楼，他们跟建筑师最大的区别就是他们更多地关注结构本身的稳定性，做受力和承重分析，同时要考虑建筑的材料、环境因素等。材料工程研究不同材料的分子结构、受力特性，在现实生活中不同材料的表现和运用，与土木工程有许多相结合的地方。

（2）电子电气工程：分为软件和硬件，软件更多的是编程，和计算机科学比较类似，许多软件工程师和"码农"其实学的是电子电气工程。偏硬件更多的是学集成电路、信息通讯，有的大学称为 Information Engineering（信息工程）。

（3）机械工程：有人想到机械工程师就想到变形金刚、钢铁侠，这些确实就是机械工程师做的事情。机械工程研究机械运动、流体力学、热力学、材料学等，机械工程与电工程有许多相结合的地方，很多大学设置机电工程专业，其实是将机械与电子电气工程结合在一起。

（4）化学工程与生物工程：有人会觉得化学工程和化学差不多，这其实是一个很大的误区，化学工程的主修科目有热力学、反应动力学、流体力学等。化学工程是将一个化学反应从实验室的试管里放大百倍千倍应用至实际的反应炉里。比如著名的 Haber process（哈伯斯合成氨反应）在实验室和合成氨工厂里需要的温度、气压、催化剂都是完全不同的，这些因素都会影响反应速率以及产物纯度，化学工程师的工作就是优化反应的条件以取得最优的产物。也有很多化学工程师去石油钻井提炼更好的石油，还有一些化学工程师去做化妆品、日化品、医药行业等。生物工程是分子遗传学、微生物学、细胞生物学、生物化学、化学工程等各学科的结合，运用于医药、食品、化工、冶金等领域，是一门新兴的学科。剑桥大学化学工程系的全称是 Department of Chemical Engineering and Biotechnology。

高中物理与大学物理和工程的联系与区别

AS 知识点	**A2 知识点**
Physical quantities and units	Motion in a circle
Measurement techniques	Gravitational fields
Kinematics	Ideal gases
Dynamics	Temperature
Forces, density and pressure	Thermal properties of materials
Work, energy and power	Oscillations
Deformation of solids	Communication
Waves	Capacitance
Superposition	Electronics
Electric fields	Magnetic fields
Current of electricity	Electromagnetic induction
D.C. circuits	Alternating currents
Particle and nuclear physics	Quantum physics

来源：CAIE 官网

A-Level CAIE 物理大纲（2019~2021 年）

参考 A-Level（CAIE）的考纲，来看一下高中物理跟大学物理和工程的联系是什么。A-Level 主要还是帮助大家把物理的知识基础打好。AS 知识点包含了经典物理学里面的运动学、力学、功与能、材料学、光学、波、基础电学、粒子与核物理入门；A2 的知识点在 AS 知识点的基础上做了延伸，包括圆周与简谐运动、重力场、热力学、电磁学、量子力学等。这些都是学习物理的基础，相对来说与工程更相关的内容（未来大学物理涉及较少）是电路分析、信息通讯、材料学，而对于工程来说未来涉及少的有波与粒子、核物理、光学，工程会更偏向于实际运用，比如剑桥大学工程系会有单独一门叫 Product Design 的学科，教学生如何结合工程学知识设计出实用性强的产品。剑桥大二也有一个有趣的 Design Project，让学生五人一组完成一个机器人项目。对于究竟是学物理还是学工程，相信很多人都会有疑惑。牛剑的物理主要还是以学术研究为主，剑桥是很多物理学理论的发源地，培养了多位著名的物理学家，比如牛顿、卢瑟福、麦克斯韦，所以物理系的核心教学目标还是把学生培养成专业的物理学家。而工程是比较综合的一门学科，它更着重于动手能力和实际应用方面。如果你的数学、物理、化学都挺好，但你对物理也没有突出的兴趣，而你对解决生活中的问题感兴趣，也乐于动手实践，那么工程更加合适。

课程设置

物理

剑桥大学自然科学大一物理学科大纲

如果申请剑桥的自然科学物理方向，那么大一必修的两门课是物理和数学。大一的物理主要是把大学前各种学术背景的学生在大二前拉到同一个起跑线，提升学生对物理的兴趣，以及培养优秀的物理解题技巧和素养。除了两门必修课外，学生可以任意选择其他两门科学，这也是剑桥自然科学的一个特点，可以在大一让学生充分体验感兴趣的学科，更加明确未来专业的选择方向。物理课主要涵盖力学、波、转动力学、场、相对论和振动等知识。总体来说比高中物理更加紧贴数学，严谨性也提升了很多。

到了剑桥大二，学生需要选三门学科。如果走的是纯物理路线，那么一般搭配 Physics A 和 Physics B，加上一门数学方法。Physics A 主要涵盖偏近代物理的内容，比如实验技巧、量子力学入门、波和凝聚态物理，这些内容是全新的，考试难度相对小。Physics B 学习的内容是经典物理，涵盖经典力学、热力学、流体力学、电磁学等。整体来说 Physics B 学习的课题都是学生们熟悉的内容，但是加入了大量的数学模型，所以对数学功底的要求比 Physics A 相对高一些，也会用到数学方法里的内容。如果学生除了 Physics A 和 B 之外不选数学，想要学一门别的科学比如化学或者生物也可以，不过建议课外多花时间自行把数学基础打好。因为剑桥自然科学大二之后就基本不会单独开提高数学技巧的课程了。这里默认一个成熟的物理学家的数学基础是必备的。

到了大三，物理学生就正式和其他自然科学学科分家了，专攻物理。覆盖的课程内容更加细致，而且还出现了很多选修模块。比如对理论物理感兴趣就可以选两门额外的纯理论物理课程（Theoretical Physics）。如果想走实验路线，也可以选修实验的模块，灵活性很大。第一个学期所有同学上的课都一样，为四门核心课程：进阶量子物理、相对论、热力学和统计力学、光学和电动力学。第二个学期可以选修核物理、天文流体力学、量子凝聚态学、软凝聚态学等。总体来说，第二个学期的内容涵盖一些学科的入门基础，学生可以根据兴趣选择。

工程

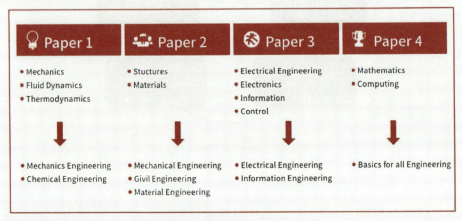

来源：University of Cambridge

剑桥大学大一工程系课程设置

剑桥和牛津的工程都是 General Engineering（通用工程），所有工程分支都得学，以剑桥大学工程需要考试的四个科目为例，Paper 1 以力学为主，与高中有联系的是物理和高数里的 Mechanics，而流体力学和空气动力学是新学的内容，对应的是机械与化学工程的分支；Paper 2 以 Structures（结构学）为主，高中我们学了简单的受力分析，这门课会学到复杂的结构和受力情况，以及不同材料的受力表现，对应的是土木与材料工程的内容；Paper 3 是与电子电气工程相关的内容，包含非线性电路分析、复杂电子元件、编程以及控制系统等；Paper 4 是高等数学，这就是为什么鼓励很多学工程的学生去考 STEP，因为大一时工程四分之一的内容是数学，大二时也还是有两门关于数学方法的科目。根据高中物理学的内容，如果你电学学得特别好，受力分析好，或者运动学特别好，那么选工程没有问题，这都是工程未来会学的东西。大二时工程的模块和大一时类似但难度增大很多，为学生大三选择深入研究其中一门工程学科做准备。

这里需要特别说明下，化学工程是特殊的，在大一学完就需要转系到化学工程系，同时一部分大一学习自然科学的学生也转入，在第一学期工程的学生会多修一门化学课，自然科学的学生会多修一门物理课，后续进度就统一了。而其他的工程分支会在大三给学生开放 10 个模块供选择，学生一般会选择两个分支，但也有一定的侧重，比如你可以选择 8 个电子电气、2 个机械，那么本科学位就是以电子电气工程为主，研究生也是这个方向。也有一小部分人会选择"64"组合，比如 6 个土木、4 个机械，这样的选择学习内容会更平均。这里就凸显通用工程课程的优势了，所有工程的分支在应用中都紧密相连，在大一大二学过所有分支后再选择自己最喜欢最擅长的模块深入，并且大三和研究生的选择模块也丰富多样。工程师在项目中都需要团队协作，作为通用工程出身的你更容易了解上下游同事的工作内容，这样更容易进行团队协作，未来也更容易成为统筹全局的领导者。

申请要求与录取数据解析

申请要求

	牛津物理	牛津工程	剑桥自然科学（物理）	剑桥工程
A-Level	A*AA to include Mathematics and Physics. The A* must be in Mathematics, Physics or Further Mathematics	A*A*A to include Mathematics and Physics. The A*s must be in Mathematics, Physics or Further Mathematics	A*A*A in at least two science and mathematics, Physics is strongly recommended	A*A*A (Mathematics and Physics are required, Further Math is strongly recommended)
IB	39 (including core points) with 7, 6, 6 at HL (the 7 should be in either Physics or Mathematics)	40 (including core points) with 7, 7, 6 at HL (with 7s in HL Mathematics and Physics)	40~42 points, with 7, 7, 6 at Higher Level	40~42 points, with 7, 7, 6 at Higher Level (Mathematics and Physics HL)
SAT/ACT/AP	SAT (>1 480) plus 3 APs at grade 5 ACT (>33) plus 3 APs at grade 5 4 APs at grade 5		SAT (>1 500) above 750 in each component plus 5 APs at grade 5 ACT (>33) plus 5 APs at grade 5	
笔试	PAT		NSAA	ENGAA

来源：University of Oxford, University of Cambridge

录取数据解析
物理

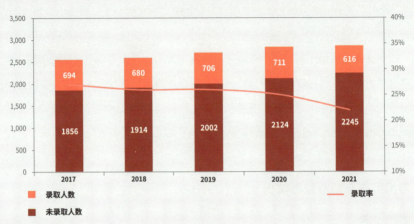

剑桥大学自然科学录取情况概览（2017~2021 年）

剑桥的自然科学包含物理、化学、生物三个方向，是剑桥最大的一个学科。自然科学近 5 年来平均申请人数为 2 710 人，总申请人数每年增加，平均录取 680 人左右，其中物理录取人数大概占三分之一。最近一年在申请人数持续增长的情况下，自然科学的录取人数却未有相应上升，导致录取率降低至 22%。自然科学是剑桥人数最多的专业，也是一个含金量较高、录取率也相对较高的专业。

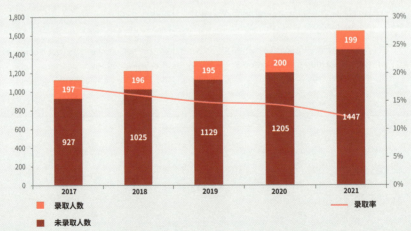

牛津大学物理系录取情况概览（2017~2021 年）

牛津的物理专业每年申请人数整体呈上升趋势，2017~2021年复合增长约9%。每年录取人数总体保持不变，维持在197人左右，所以录取率在不断下降，2021年已降至12%。

工程

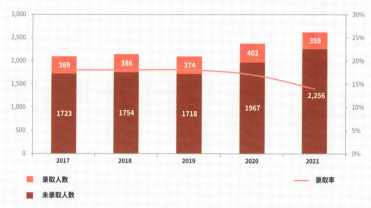

* 数据不包括 Chemical Engineering via Engineering
来源：University of Cambridge, Vision Academy Analysis

剑桥大学工程系录取情况概览（2017~2021年）

剑桥的工程专业每年平均申请人数为2 260人，平均录取人数为374人，近5年录取率在17%左右，2021年下滑到了14%，录取情况有明显下降，比自然科学的录取率要低。最近两年申请人数出现明显上升，都较前一年增加近300人，不排除剑桥工程系未来几年有扩招的计划。

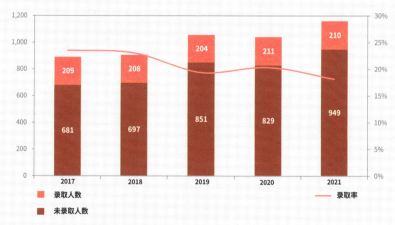

来源：University of Oxford, Vision Academy Analysis

牛津大学工程系录取情况概览（2017~2021年）

牛津工程系的申请人数从 2019 年开始出现了较为明显的回升，总人数再次达到 1 000 多人，而工程的录取人数大致保持不变，所以录取率出现了下滑，2021 年录取率仅为 18%，比前一年降低 2%。结合往年的面试邀请率，我们大胆得出结论：牛津工程将更看重 PAT 以及竞赛相关的成绩来发放笔试，可能会投入更少精力去承办面试，未来 PAT 成绩将会成为牛津工程系的入场券。

如何做好规划与准备？

关于选课，物理、数学是必修，而高数是强烈建议选择的。如果高中不选高数，即使进了牛剑的物理和工程系，大一还是要补上高数的内容。但剑桥自然科学的大一需要选择三门学科，即使你明确申请物理专业，面试中也可能会考到化学的内容，所以如果高中选课里没有化学但又想申请物理系的同学，建议申请牛津的物理系。

在笔试和面试方面，牛津的物理、材料和工程系都需要考 PAT （Physics Aptitude Test），考试分成数学和物理两部分，数学部分非常简单，而物理部分会有一些高中超纲的内容，作答时间也比较紧张。通过右图 2019 年 10 月底的考试数据可以看到 PAT 考试的难度是逐年递增的。2018 年的平均分是 52.7 分，而 2019 年的平均分是 41 分。如果你考了 60 分以上，那么你差不多就是 1 800 人里的前 200 名了。中国学生擅长笔试，如果你可以通过笔试的话，根据上述面试录取率超过 50%，所以通过笔试进入面试相当于成功了一半。

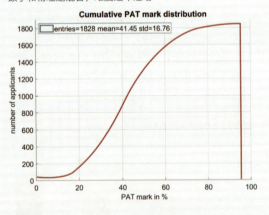

牛津物理 & 工程：PAT
数学和物理题混合，难度逐年递增

剑桥在 2016 年开启了统一的 Pre-interview Assessment，主要是应对英国本地 AS 年级考试的取消，全部改成预估分的机制，需要用前置笔试来过滤掉预估有水分的学生。针对工程系的考试叫作 ENGAA（Engineering Admissions Assessment），针对自然科学的考试叫作 NSAA（Natural Sciences Admissions Assessment），ENGAA 是纯选择题，和美国物理碗（PhysicsBowl）类似，主要是考查学生对物理和数学知识的熟练程度，不需要太长的运算，但需要在短时间内可以用代入法、排除法等各种方法把题做出来，考查的是速度和技巧。

NSAA 由两个部分组成，第一部分是纯选择题，第二部分是简答题。选择题包含 5 个科目，考生选 3 个科目作答，其中数学是必答的，然后再从物理、生物、化学、高等数学与高等物理中选两科。简答题涉及物理、化学、生物三个科目，考生任选两科。简答题经常会出现全新的情景，让考生根据已有的自然科学知识来答题，需要对物理化学知识点深入理解，而不仅仅是运用和计算，这让很多考生不太适应。

扫二维码查看申请本专业的推荐书籍

就业前景

学物理和工程的学生就业方向非常广泛，可以走学术路线，攻读博士、进入研究所做科研。学工程的毕业生半数会进入对口的领域做工程师，比如在 British Petroleum 做化学工程师，在 Roll-Royce 做机械工程师，去 Google 做信息工程师，有 3~5 年的工作经验后获得 Chartered Engineer 执照，后续在行业内会越做越好。当然也有毕业后不做相关行业的，比如金融、投行、咨询行业，投行会偏爱理工科背景的毕业生，因为他们虽然没有过硬的金融知识，但极强的数学分析和逻辑能力，以及对行业的深度理解让他们

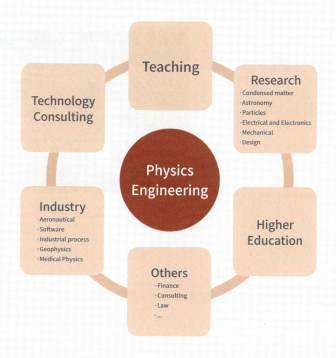

在投行和咨询行业脱颖而出。所以在选专业时，职业并不是首要因素，不要觉得学物理一定会失业，就像学经济的人不一定最有"钱"途，首先要考虑的还是自己对于学科的热情。

化学

为什么学化学？

化学是一门以实验为基础的自然科学。从分子、原子的层面上理解物质的性质与结构以及变化，从而达到创新创造。如果你对微观世界有着强烈的好奇心，有着严谨的逻辑辩证思维和空间想象能力，那化学很适合你。牛津大学的化学系被称为牛津最忙碌的系之一，既包含了大量的实验操作，又涉及大量的理论知识，每周有12小时的实验和不计其数的时间泡在图书馆当中。大三的魔鬼考试周，总共要考7门，每天一门，几乎是不睡觉的一周。

化学作为基础学科，也可以在之后的研究过程中衍生到有机合成、理论化学、生物医药、化学工程、材料工程等领域，相比于本科中直接学习药剂学等实际运用学科的学生，化学的本科生通常对微观层面有着更深刻的理解，对实际运用的问题有更明确的思维方式。

剑桥的自然科学也是非常出名的，与牛津的化学系相比，会更加注重物理、化学、生物的综合理解，跨学科之间的联系，对自然的探讨更加广泛与全面。

化学系的不同分支，按研究方向大致分为5类：
- 物理化学
  热力学 动力学 电光化学 量子化学等
- 无机化学
  金属化学 原子化学 材料化学等
- 有机化学
  生物化学 药物化学 分子生物学 药学等
- 分析化学
  红外光谱分析 核磁共振
- 化学工程

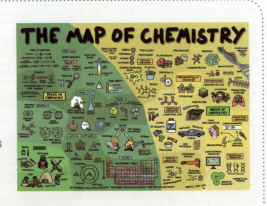

剑桥大一时不单独设化学专业，而是把自然科学作为一个大学科，要求学生至少选择三门学科进行学习。牛津会细分物理、化学、生化等学科。如果你真的喜欢科学，无论是物理、化学还是生物，它的来源肯定是你内心对于真理的渴望。像电影《万物理论》中提到的一样，霍金说他一生都在追求一个完美的公式去解释世界规律。如果你要追求"我想要知道得更多",那么这才是你学习化学的一个根本动力和学好化学的必要因素之一。我们通常对被牛剑录取的学生说得最多寄语是"不忘初心"。在牛津剑桥这样的学校,身边遍布着优秀的人才,甚至天才,对你来说看了十几遍仍旧不明所以的内容,有些天赋异禀的学生可能秒懂,因此不少学生会感受到巨大的压力。这时候你对化学、对世界真理的最初的渴望,也许会成为你继续努力学习下去的强心剂。

化学其实有不少分支,比如物理化学、无机化学、有机化学、分析化学和化学工程。物理化学中的量子力学是化学跟物理的一个交叉点,计算机和量子通讯中都有运用到这个学科。无机化学包括纳米技术,为什么某个原子可以穿过纳米模型通道,某些原子被过滤掉了,这个答案在化学中也是可以找到的。有机化学讨论最多的是药物生成,怎么去合成一个药物或是有机物,怎么把合成做得更加优美,你也许能合成这个药物,但是产率非常低,如何进行优化从而得以量产,这些都是有机化学的范畴。分析化学,其中有一个有意思的专业叫作犯罪化学,可以通过分析血迹去鉴定谁是罪犯。而化学工程跟化学已经有点儿偏离,和工程更加相近,它更加注重的是前面这四种化学知识在实际方面的运用。

高中化学和大学化学的联系与区别

高中化学与大学化学在知识点上有一定联系,比如反应速率、反应平衡、热量计算、有机机理,大学还是会继续学,而高中的学习为大学的学习起了铺垫和启蒙的作用。两者的区别在于大学会把每个知识点仔细展开,这个知识点在高中课本上可能就那么一句话,比如一个直接给出结论的公式,到了大学之后就是多达50页的一个大章节去解释这个公式的由来。高中的时候,很多人会觉得化学是文科,那是因为他们没有真正理解化学是什么。高中时死记硬背化学反应方程式就能够做对题,并且老师更多的是告诉你做什么,然后跟着老师的节奏去做就可以了。到了大学,学化学更多的是看书、查阅文献、动手实验,而少了机械的刷题和考试。

大学的学年考试有很多 past paper 可以刷，但是这些真题并没有详细的解析。如果你不懂这个知识点，单纯靠刷题是刷不出来的，涉及的知识点的复杂程度也不是教授一句话两句话能够解释清楚的。刷卷子只是检测你是不是会了，有没有知识点遗漏，如果发现确实对某个知识点毫无头绪，那么你通常会花上一整天去看书，去钻研，然后才能理解。而不像高中时多看几遍 past paper 就会了，实在不行就背下来。除此以外，大学更加注重对化学反应原理的理解，比如高中的有机化学里面只有三个化学机理，到了大学，只算大一大二就有 300 多个。如果你还只是死记硬背，是没办法学好化学的，所以你需要去理解其中的原理，也就是我们俗称的 chemical sense，才能使得在大学的学习更加得心应手。

课程设置

牛津化学系三门主课为有机化学、物理化学、无机化学，需要从大一一直学到大三，大一时还需要学一些数学基础作为未来的研究工具，从大二开始会有生物化学、理论化学、分析化学、合成化学，以及选修课程，包括晶体化学、化学发展史、进阶量子力学、进阶芳香族化学等。

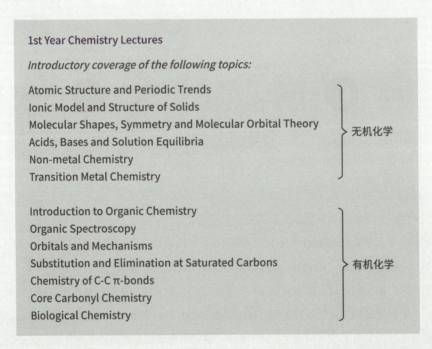

Chemical Thermodynamics Classical Mechanics Properties of Gases The Role of Charge Quantum Theory of Atoms and Molecules Reaction Kinetics Electrochemistry States of Matter	物理化学

plus the Mathematics for Chemistry course, which covers aspects of

Single- and multi-variable calculus
Error analysis
Complex numbers
Differential equations
Linear algebra

来源：University of Oxford

牛津大学化学系大一课程（2020~2021学年）

剑桥自然科学是组合比较复杂的一个专业，在大一的时候需要你从多门学科里面选三门。数学是必修课，然后从物理、化学、细胞生物、材料科学、心理学、行为科学、地质学、进化学等学科中选三门。你可能大一学了物理和化学，然后发现对物理没有很大热情，就可以在大二时选两门化学课，到了大三就可以完全选自己想要学的专业。与单纯化学部分相比，牛津大一的课程确实比剑桥多了许多，毕竟化学仅仅是剑桥自然科学中的一门课。

Michaelmas Term	Shapes and structures of molecules: 18 lectures Reactions and mechanisms in organic chemistry: 14 Lectures
Lent Term	Reactions and mechanisms in organic chemistry: continued Energetics and equilibria: 9 Lectures Kinetics of chemical reactions: 6 Lectures
Easter Term	Chemistry of the elements: 12 Lectures

来源：University of Cambridge

剑桥大学化学系大一课程（2020~2021学年）

申请要求与录取数据解析

申请要求

	剑桥自然科学（化学）	牛津化学
A-Level	A*A*A in at least two science and mathematics, Chemistry is strongly recommended	A*A*A (including Chemistry and Mathematics) with both A*s in science subjects and/or Mathematics
IB	40~42 points, with 776 at Higher Level	40 (including core points). For applicants offering HL Mathematics 766 at HL with 7 in HL Chemistry and 6 in HL Mathematics. For applicants offering SL Mathematics: 776 at HL with 7 in both HL Chemistry and a second HL science subject, and 7 in SL Mathematics: Analysis and Approaches
SAT/ACT/AP	SAT (>1 480) plus 3 APs at grade 5 ACT (>33) plus 3 APs at grade 5 4 APs at grade 5	SAT (>1 500) above 750 in each component plus 5 APs at grade 5 ACT (>33) plus 5 APs at grade 5
笔试	NSAA	无

来源：University of Cambridge, University of Oxford

录取数据解析

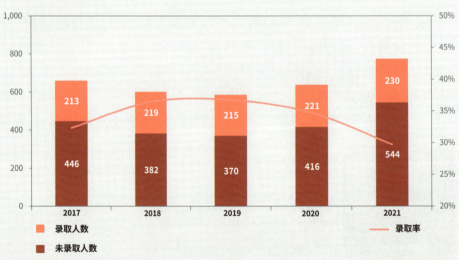

来源：University of Oxford, Vision Academy Analysis

牛津大学化学系录取情况概览（2017~2021 年）

从数据上看，牛津化学算是一个相对容易进的专业，申请人数在连续两年下滑后进入了两年的持续增长期，在 2021 年逼近 800 人，近 5 年平均录取率大概在 34%，录取人数稳定在220人左右,也就是说录取人数有略微增长,录取率随着申请人数的增加却出现了小幅降低。

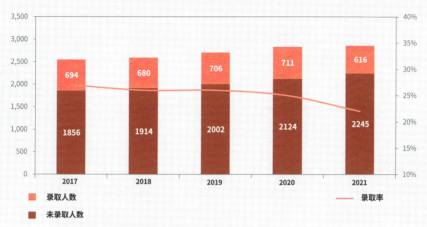

剑桥大学自然科学系录取情况概览（2017~2021年）

我们在前面讲述物理专业时已经做过分析,剑桥自然科学专业招生人数很多,录取率也相对稳定,相比牛津化学录取率略低5%。

如何做好规划与准备？

高中选课与规划

在IGCSE/MYP阶段,有机会多参加学术夏校,以及一些入门级别的竞赛,例如Avogadro Contest（阿伏加特罗化学竞赛）。另外,参照后续提到的书单开始阅读,这些课外书不一定要细化到哪个知识点,只是作为一个知识扩展也是可以的。高二是最重要的一年,除了考出基本的学术成绩外,还需要参加对口的竞赛,最推荐的就是UKChO（英国奥林匹克化学竞赛）和C3L6（Cambridge Chemistry Challenge,剑桥化学挑战赛）。特别是IB、AP体系的学生更需要重视这些竞赛,因为美国体系的高中化学比较缺乏对有机化学的培养,而这部分内容是牛津剑桥面试必考的知识点。

在选课方面,化学确实是有局限性的,像牛津在官网上是这样写的:如果你学了经济、历史,那么在招生官眼里就等于你没有学化学这门学科。所以推荐学习的就是传统的理工学科,即数学、高数、物理、化学、生物。

笔试与面试

剑桥自然科学的笔试是 NSAA，这个考试难度不是很大，A-Level 和 IG 的知识内容就涵盖 NSAA 的所有考试内容，只是一般提问的方式会与 A-Level 略微不同，不常出现在 AS 年级的是电化学以及过渡金属。但是 NSAA 的考试比较有时间压力，第一部分要求 60 分钟做 40 道选择题。2020 年之后的 NSAA 进行了改版，在物理、化学、生物三门学科中只需要选择一门，加上必选项数学，并且第一部分和第二部分全部为选择题，可以说变相降低了 NSAA 的难度。

扫二维码查看申请本专业的推荐书籍

就业前景

化学专业就业广泛，基本上分成以下几个方向：一是做学术研究，读博深造；二是进入石油或是日化消费品行业，比如 BP、宝洁、巴斯夫等；三是做咨询和投行。为什么学化学也可以从事咨询和投行？学习化学形成的逻辑缜密的思考方式，以及在专业领域的 know how 是咨询和投行这些专业服务公司看重的。本科阶段还是建议学一个相对硬核的理论学科，训练自己的实验和逻辑能力，这样即使未来要转金融或是商业，也可以到了研究生阶段再深造。

生物、生物化学、生物医药学

为什么学生物？

生物专业涵盖面非常广。如果用一把尺子去衡量生物所涵盖的大小，那么最小可以到肉眼不可见的层面，例如探究在细胞内的化学反应（生物化学），以及细胞生物、遗传等。这把尺子的另一个极端，例如环境、生态、进化。比如想要学习身边熟悉的动植物，要了解它们就得从 DNA、细胞开始，一直学到它们在生态系统中扮演的角色。由此可见生物的广泛性，只要你热爱科学，就一定可以找到一个喜欢生物的切入点。

高中生物和大学生物的联系与区别

高中生物学习到的章节大体可以分为三大板块：细胞生物、动植物生理学以及进化与生态，每个板块都有相对应的章节。以 Cambridge Assessment International Examination (CAIE) 的课程设置为例：

AS Level	A2 Level
1　Cell structure 2　Biological molecules 3　Enzymes 4　Cell membranes and transport 5　The mitotic cell cycle 6　Nucleic acids and protein synthesis 7　Transport in plants 8　Transport in mammals 9　Gas exchange and smoking 10　Infectious disease 11　Immunity	12　Energy and respiration 13　Photosynthesis 14　Homeostasis 15　Control and co-ordination 16　Inherited change 17　Selection and evolution 18　Biodiversity, classification and 　　conservation 19　Genetic technology

来源：CAIE 官网

在 AS 的课程设置中，第 1~6 章均为细胞生物，第 7~11 章为动植物生理。而在 A2 的课程设置中，第 12、13、16、19 章为细胞生物，第 14~15 章为动物生理，17~18 章为进化与生态。

从章节的分布可以看出，高中生物的重点在于细胞生物和动物生理。而在大学生物中，这三个板块都有可能成为独立的专业。例如去牛津学习生物化学的学生将会深入学习细胞生物这个模块，生理学或者进化生态就不会再进行深度学习。而有些专业会在一开始让学生接触到上述的每个板块，例如牛津的生物系和剑桥的自然科学系，到后期再进行细化方向的选择。

另外，大学对于实验的要求会更高。在高中仅停留在理论层面的实验，到了大学就有了实操的机会，比如说重组 DNA、凝胶电泳等。实验的频率也远远超过高中，每周都会有数次实验。高中的实验往往一节课 40~80 分钟可以做完，有既定的实验步骤可以遵循，但是大学的某些实验（例如果蝇的遗传实验）会持续一个较长的周期，需要学生完全理解实验的目的再进行操作。

大学里面生物的考核方式也与高中有本质区别，除了实验之外，生物作文是大学考试中的一个难点，而高中生物不考核写作能力。以剑桥大学的大一课程为例，细胞生物这门课的期末笔试包括小作文（半页 A4 纸）和大作文（2 页 A4 纸）。小作文类似高中时的 5 分简答题。大作文的题目通常非常发散，如细胞膜为何如此重要，神经系统和内分泌系统的关系是怎样的。对大部分大一新生来说，大作文是一个全新的题型，考核学生对知识点的积累和融会贯通的程度，靠高中那套背答案的应试方法是行不通的。

课程设置

剑桥自然科学（生物）课程设置

剑桥自然科学系大一的课程设置要求学生选择一门数学和三门科学科目。在申请的过程中，学生需要选择申请方向为生物路径还是物理路径。但是当学生成功入学之后，则是可以选择任意三门科学科目。典型的生物科目有四门，分别是 Cell Biology（细胞生物）、Physiology（生理）、Evolution（进化）、Behavioural Sciences（行为学），其中进化和行为学曾经是一门课，现在被拆分成了两门。有趣的是这四门都没有对学生有高中生物背景的硬性要求。也就是说，如果学生想从零开始学习生物，并且在未来进行深入的研习，在剑桥是可以实现的。通常情况下，学习生物的学生会选择一到两门上述所说的典型生物科目，附加另外一门或者两门课，例如 Chemistry（化学）、Physics（物理）、Material Science（材料）、Earth Sciences（地球科学）。由此可见，在大一这个阶段，生物路径和物理路径在有些情况下界限是非常模糊的。

剑桥大学自然科学系大一课程（科学科目选课）	
Options	Subject requirements
Biology of Cells	**Highly desirable** A-Level Chemistry **Useful preparation** A-Level Biology
Chemistry	Essential A-Level Chemistry (A-Level Mathematics is essential to continue to Chemistry A in Part IB) Highly desirable AS/A-Level Mathematics
Earth Sciences	**Essential** A-Levels in at least two science subjects **Note** No previous subject knowledge necessary
Evolution and Behaviour	**Highly desirable** A-Level Biology
Materials Science	**Essential** A-Level Mathematics, and either Chemistry or Physics
Physics	**Essential** A-Level Mathematics and Physics or Mathematics and Further Mathematics, including the section on Mechanics **Useful preparation** AS/A-Level Further Mathematics
Physiology	**Useful preparation** AS/A-Level Biology and/or Physics

来源：University of Cambridge

到了大二大三之后，学生可以根据自身的喜好和特长对专业进行细分。这时就会看到一些非常具体的方向，例如 Biochemistry（生化）、Pharmacology（药理学）、Pathology（病理学）、Zoology（动物学）、Plant Science（植物学）、Physiology（生理学）、Neuroscience（神经学）、Genetics（遗传）、Ecology（生态）等。这就是为什么在申请剑桥时看不到其他大学有的细分专业的原因，其实都隐藏在自然科学这个系中。

有些细分专业只有三年课程，也就是只到 BA 学士学位，例如药理学，而有些专业有第四年的课程，例如生化，第四年读完之后是 MSci 硕士学位。如果要继续进行学习，和国内不同的是，BA 的学士学位毕业可以直接进行博士的学习，无须再读硕士。比如药理学大三的学生可以直接申请药理学博士的项目，大三毕业之后直接进入博士的研究。

牛津生物课程设置

牛津的生物课程内容广泛，申请专业对学生最大的要求就是充满好奇，要有对世界上的植物、动物、微生物深入探索的欲望。"为什么这个植物是这样的？""这个鸟的爪子为什么是这个结构？"类似这样的问题和讨论会常出现在课堂中。这个专业的面试也是非常独特的，考核的就是学生对这个世界的好奇心，比如给一个头骨，分析是哪个动物的。这个专业的学生甚至自己都说，想学这个专业，想法必须得天马行空。

因此，牛津生物的课程设置切入点与剑桥的非常不同，在第一年的时候有三个主题：Diversity of life（生物多样性）、How to build a phenotype（表现型的产生）、Ecology and evolution（生态和进化），并且学生有机会参加为期一周的 field trip，在大自然中学习生物。这些课在夯实高中生物基础的同时，也弥补了高中时学生没有深入学习的分类学的缺口，目前高中内容不会细致介绍每一种动物。

到了大二之后，有机会进行专业细分，学生可以从四个主题中选三个。这四个主题分别是 Genomes and molecular biology（基因组和分子生物）、Cell and developmental biology（细胞和发育生物学）、Behaviour and physiology of organisms（行为学和生理学）、Ecology and evolution（生态和进化）。到了大三，学科的选择又扩大到了八种，学生可以选择四门，仍然是基于大二的这四个主题。大三的另外一个学习重点就是研究能力，对于学术论文的评判也被列入了考试范围。是否继续读大四学生可自主选择，学生可以只读三年毕业，拿到 BA 的学位，也可以选择继续读第四年，进行一个长期研究项目，最后得到的学位是 Master of Biology。

牛津生物化学、生物医药学课程设置

生物化学这门课主要是深度探究生物细胞和分子层面的知识，学生也会学习到很多研究 DNA、蛋白质、细胞等的实验技术。所以学生需要有非常扎实的生物、化学、物理和

数学技巧，否则很难理解细胞内复杂的反应，也无法明白实验操作背后的原理。一个生物化学的学生可能会去思考某个酶在催化化学反应的过程中，到底扮演了什么角色，金属离子在这个反应中的作用是什么，为什么要先把蛋白质结晶后才能用 X 射线去研究它的结构。所以当学生拥有了理解细胞内复杂细节的能力，并且又具有实验装备去研究这些细胞分子时，到了大四就可以根据自己的兴趣去选择一个最喜欢的研究项目，甚至可以去其他的系做这个研究项目，例如 Chemistry（化学系）、Pathology（病理系）、Pharmacology（药理系）。读完四年之后的学位是 M.Biochem。

生物医药学着重学习与人体相关的知识，如果学生对人体生理、神经学、疾病、免疫感兴趣却又不想学医学，那么这个专业就再合适不过了。和其他专业相似，第一年的课是为这个专业的设置打下一个好基础，所以学生必须学习 Numerical and scientific skills（数学和其他科学）、Body and cells（身体和细胞）、Genes and molecules（基因和分子）、Brain and behaviour（大脑和行为），才能够更好地去学习后面的课程。到第二年学习的后期，学生基本分为两个方向：Cell and system（细胞和系统）和 Neuroscience（神经科学），这基本就决定了大三学习的方向。Cell and system 里面会学习身体的各个系统（包括神经系统）和细胞分子层面的内容（例如药理），而 Neuroscience 这个方向还有一些附加的心理学内容。同时生物医药学也会吸引很多未来想要读医学博士的学生申请，大家都知道英国本科医学要求很高，没有太多医学背景的高中生很难申请，所以本科就读生物医学，研究生和博士读医也是一个非常不错的选择。

生物类课程设置的比较

生物这个专业更注重对大自然的探索，学习自然界中不同动植物存在的意义、进化的方式，生物化学则是研究与细胞相关的一切，生物医药学是研究和人体、疾病等相关的知识。因此，从课程设置上，每个专业在大一大二期间都选择了最重要的基础知识进行授课，学生在大三大四时可以深入学习这个领域的某个细分方向，并且做一个研究项目。

申请要求与录取数据解析

申请要求

	剑桥自然科学（生物）	牛津生物	牛津生物化学	牛津生物医药学
A-Level	A*A*A in at least two science and mathematics, Biology is strongly recommended	A*AA Biology is required and the A* must be in a science or Mathematics	A*AA including Chemistry and another Science or Mathematics. The A* must be in Mathematics, Physics, Chemistry or Biology, or a very closely related subject	A*AA excluding Critical Thinking and General Studies
IB	40~42 points, with 776 at Higher Level	39 (including core points) with 7 in HL Mathematics or a science	39 (including core points) with 7 in HL Chemistry and 6 in two other relevant subjects at HL or SL	39 (including core points) with 766 at HL. Must have two subjects from Biology, Chemistry, Physics and Mathematics at HL
SAT/ACT/AP	SAT (>1 500) above 750 in each component plus 5 APs at grade 5 ACT (>33) plus 5 APs at grade 5	SAT (>1 480) plus 3 APs at grade 5 ACT (>33) plus 3 APs at grade 5 4 APs at grade 5		
笔试	NSAA	无	无	BMAT

来源：University of Oxford, University of Cambridge

录取数据解析

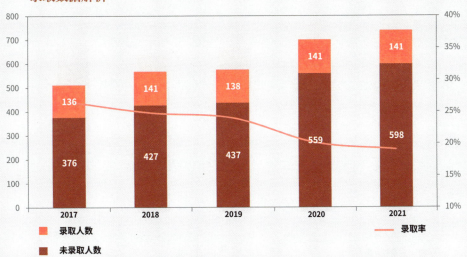

牛津大学生物系录取情况概览（2017~2021 年）

来源：University of Oxford, Vision Academy Analysis

牛津生物系近5年平均录取率约为23%，呈现稳定下跌趋势，平均录取人数139人，每年录取的中国学生是个位数，这与此专业对学生生物常识积累要求高有密不可分的关系。

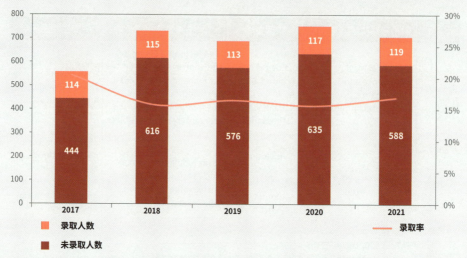

来源：University of Oxford, Vision Academy Analysis

牛津大学生物化学系录取情况概览（2017~2021年）

生物化学专业在经历了2019年的波动之后，申请人数以及录取率都恢复到了两年前的水平。生物化学是近几年的热门专业，申请人数逐年攀升，2021年达到707人，录取率在17%左右。

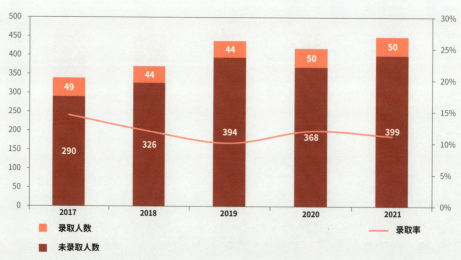

来源：University of Oxford, Vision Academy Analysis

牛津大学生物医学系录取情况概览（2017~2021年）

牛津生物医学每年的申请人数也在增加，导致录取率持续降低，2019 年达到历史新低，录取率降至 10%。2021 年申请人数有少许增加，录取人数与前一年持平，录取率保持在 11%，相比前一年降低了 1 个百分点。

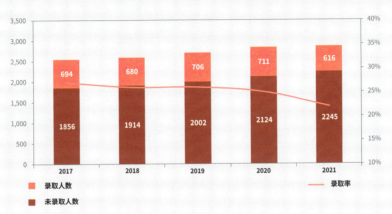

* 数据不包括 Computer Science; Chemical Engineering via Natural Science

来源：University of Cambridge, Vision Academy Analysis

剑桥大学自然科学系录取情况概览（2017~2021 年）

剑桥自然科学与上述物理、化学专业一样，没有细分到生物路径，但整体申请和录取人数都相对稳定。

如何做好规划与准备？

选课与规划

对于未来想要学生物的同学来说，最好能在 GCSE 和 A-Level/IB/AP 阶段学习物理、化学、生物这三门学科，因为学习生物离不开其他两门理论基础的帮助。另外，数学也是一门必须学习的学科。如有能力，建议可以在 A2 阶段学习进阶数学，进一步锻炼自己的数学思维。

笔试和面试

自然科学（生物）

自然科学生物路径的学生面试最有可能会被问到生物和化学知识，如果没有选化学这门学科，那就可能被问到物理，极端情况下会被问到地球科学。

生物的专业面试没有特别的考试范围，考官会从以下三个方面考查学生的能力：一是对知识的掌握和融会贯通的程度，剑桥大学通过 NSAA 笔试已经筛选出了学科最强的考生，但在面试的半小时内，考官可以更加快速、准确地了解考生掌握的基础知识的深度。二是学新知识的速度，这是唯有面试才能体现出来的。考题会从考生现有的知识储备出发，让考生有一个思考的落脚点，但是会挖到一个前所未有的深度。比如考生都学过蛋白质二级结构，alpha helix and beta sheet，但也许考官会从化学键旋转的角度去切入考查这个问题。通过考生一边思考一边说出思路（think out aloud）的这个过程，考官就会考查第三个方面：解决问题的思路，筛选出思路最清晰，最擅长学习和分析的学生。

从过往的面试回忆来看，生物最常考的范围包括细胞生物、生物化学、人体生理学、植物、生态，偶尔也考过进化、遗传药理等，大多是考生在 AS 阶段接触过的范围，这也体现出剑桥大学大部分问的都是学生够得着的题目，不会有太多天马行空的题目。化学常考的是有机化学、反应速率、酸和碱、化学键等章节相关内容，一般生物路径的考生不会被问到太多无机化学和物理化学的内容，所以考生也可以更有针对性地进行准备。另外，值得注意的一点是剑桥自然科学系对数学有比较高的要求，物理路径的考生一定会被问到与数学相关的题目，生物路径的学生也同样如此。生物路径的学生需要有一定 A-Level 统计学的基础，并且熟练掌握基础画图和计算。

牛津生物系

牛津生物系在面试时常会伴随 pre-reading，考生在面试前会花 15 分钟阅读一篇科学小论文或者科学新闻，面试时会就这个话题进行内容拓展。

牛津生物系的面试不考核学生的生物理论基础，他们官方的意见是学生在面试前是不需要特别复习的，这点和剑桥有比较大的区别。牛津考核学生思维的活跃性，以及对生物常识的了解。比如说，考生需要谈一谈白蚁的社会体系，拿着一个鸟的模型分析一下它身体各个部位可能有什么作用，讲一讲热带雨林与珊瑚礁的特点。所以很多考生高中生物学得很好，甚至一些剑桥的生物面试难题都可以攻克，唯独在课外没什么常识，那么很有可能就不太适合牛津生物系的面试。另外，非母语的中国学生也需要在面试前练习用英文谈论大自然、动物和植物的各个不同部位，了解各种各样的动植物的分类和特点。除此之外，牛津生物系还考核考生读图的能力，例如给考生一个完全没见过的论文中的图像，让考生分析它可能在讲什么。所以考生在准备面试前也可以多留意竞赛教科书 *Campbell Biology*（《坎贝尔生物学》），或者学术论文中的图表，并且试着去描述它。

NSAA 生物部分

NSAA 笔试是 2016 年新开设的，2020 年笔试卷又有了新的改革，去掉了以往的卷二简答题，卷一和卷二均改成选择题的形式，都需要考生选择科目答题。卷一数学必选，附加一门科学，卷二则是从物化生中选择一个模块作答。生物考生可以两卷均选生物，也可以在卷一或卷二中把生物替代成化学。生物的考纲从 2016 年到现在的最新版改了不少，改版后的笔试对于中国学生来说是有利的。之前生物考生最头疼的就是简答题中 10~12 分的小作文，生物题是必考的，很多考生局限在高中的思维模式下，很难展开去写简答题的答案。现在统一改为选择题之后，更多的是技术题，纯粹考核知识运用。

总体来说，为了顺应考生不同的考试局背景，考纲选取了大部分考试局在考生申请阶段学过的内容，范围没有超过 GCSE 生物和 AS 生物的难度。有一部分学生群体是在 AS 阶段才接触生物，没有学过 GCSE，那么考纲中有很大一部分内容是没有接触过的，比如动物生理部分各个系统，以及遗传和生态等，那么这部分的知识内容是需要补一下的，补到 GCSE 的深度即可。不管考生是否有 GCSE 生物的背景，备战 NSAA 的技巧很简单，就是彻底掌握考纲所对应的 GCSE/AS 知识点，并且刷完历年真题。虽说笔试设置的目的是筛选出最佳的申请者，但是根据过往的经验，平时基础扎实的学生都能够顺利通过笔试，从而拿到面试机会。

牛津 BMAT

BMAT（Biomedical Admissions Test）是一个非常成熟的考试，它的设置是为了帮助大学在众多成绩优异的申请者中挑选出最有可能胜任医疗相关科目的学生。有研究表明，BMAT 分数高的学生在医药相关专业大一大二的成绩也同样在前列。BMAT 考试考查学生三个方面的能力：逻辑思维和解决问题的能力、科学数学基础，以及沟通交流的能力。这分别在 Section 1、Section 2、Section 3 中得以体现。Section 1 为选择题，题目类似于小时候做的智商测试题，有些题是考阅读能力、总结重点的能力、数据归纳分析的能力。Section 2 也是选择题，与 NSAA 不同的是它同时考查数学、化学、生物、物理的知识。Section 3 考查写作能力，考查学生是否能通过文字清晰地表达、归纳自己的想法。这三个部分的共同点是考试时间非常紧张，考生需要在极短的时间内思考作答，这也是 BMAT 可以区分出成绩优秀的考生的原因。从考试设置可以看出，BMAT 比 NSAA 复杂一些。学生不光要夯实学科基础，还需要有极强的英语阅读和写作能力，才能胜任 Section 1 和 Section 3。

竞赛与背景提升

在 GCSE G2 / Year 11 阶段，学生要确保成绩达到 A*/A。建议阅读一些学科类兴趣书（这些在剑桥和牛津的阅读书单里都可以找到），例如 *The Selfish Gene*, *How We Live and Why We Die*。在这个阶段有能力的学生也可以挑战一下 BBO，因为 GCSE 学的知识虽然不深，但是知识面很广。

在 AS/Year 12 阶段，AS 成绩确保达到 A*AAA，A-Level 预估成绩能拿到 A*A*A 的学生就可以去冲刺牛津剑桥了。在 AS 的学习过程中，非常建议大家通过参加学科竞赛，比如 BBO, USABO, Brain Bee, Toronto Bio，去加深自己对生物的理解。从 CAIE 考试局的课程设置角度来看，学完 AS 只知道生化和部分动植物生理的知识，那如何用这样的知识去应对牛剑面试呢？牛津生物系和剑桥自然科学系，提问范围都非常广，所以通过参加这样的竞赛可以把各个模块的知识多学一点，不仅仅是为了拿奖，更是系统性地为面试打下一个好基础。另外，除了兴趣书籍之外，建议大家读一些教科书，比如前面提到的 Campbell Biology（《坎贝尔生物学》）。学有余力的同学还可以尝试阅览大一的教科书 Molecular Biology of the Cell（《细胞的分子生物学》）的部分章节。

去夏校或者生物实验室实习不是必备的背景提升经历，如果有这样的机会也是很好的，但是没有机会参加的同学也不需要恐慌。对于牛剑面试的准备来讲，关键是学生对课堂学习以外知识的深度思考。夏校、生物研究项目知识提供了深度思考的研究素材，学生也可以通过其他途径达到这个目的。

扫二维码查看申请本专业的推荐书籍

就业前景

生物专业的就业面非常广，几乎所有领域都会涉及。生物专业的学生大部分都进入到了研究领域，比如做药物研究。这些学生在本科后都会继续攻读博士，在一线做科研。博士毕业后也可以去企业实验室工作，很多快消品公司都有自己的研发中心，例如奶粉配方研发中心、日化配方中心等。

还有些学生生物专业毕业之后再学医，也可以进入到医学相关的领域。英国的本科医学非常难考上，并且学制比较长（六年）。所以本科阶段可以先学生物或者其他相关专业，然后本科毕业之后继续申请 Graduate-entry Medicine 医学，学制为 4 年，毕业后有双本科学位，可以留在英国从医。

本科或者研究生毕业也可以直接就业，可以在实验室做一名研究员、技术员，例如进入食品公司的微生物实验室和理化实验室、制药行业实验室等。也可以选择农业、园林业、动物行业等。很多人因为喜欢动物所以学习生物。上海的崇明岛有鸟类研究基地、水族馆、动物园，都需要研究人员。当然还有些学生毕业后从事与生物无关的行业，比如金融、教育、法律等。

经济学、经济与管理、PPE

为什么学经济类专业？

经济专业入门

从高中到大学的过渡来看，高中阶段的经济学其实是为大学经济学打基础的一个阶段，尤其是 A-Level、IB 和 AP 的经济学，它囊括了微观经济学、宏观经济学，包括国际经济学非常笼统的基础知识。而大学经济学的分支非常多，会有具体的领域，比如说 Quantitative Economics（定量经济学）就是比较偏数理的经济分支，以及博弈论、计量经济学、行为经济学等，这些都是到了大学才会细分的经济学分支。

从大学开始，我们正式全面地接触经济学学科。相比于高中的经济学，大学经济学更重视定量的学习和研究方法。想在大学学好经济学，在 A-Level 或者 IB 阶段学习数学是必须的。我们可以看一下在大学细分的学科领域中，Quantitative Economics（定量经济学）、Econometrics（计量经济学）、Game Theory（博弈论）、Labour Economics and Industrial Relations（劳动经济学和劳资关系）、Microeconomic Analysis（微观经济分析），这 5 门都是非常偏理性分析的学科。在学这 5 门课的时候，可能 60% 的时间你都是在学数学和统计的知识。如果在 A-Level 或 IB 阶段你的数学基础没有打好，很可能就算上了不错的学校，读了经济专业，学习也会非常吃力。因为数学作为一个非常重要的工具，没有足够扎实的基础，在大学阶段学习经济是非常辛苦的。所以希望所有的同学可以在初高中阶段就打好这个基础，这样，到了大学以后不仅能够顺利地进入这个专业，还可以把它学得更好。

经济与管理

牛津大学的经管专业，即 Economics and Management，是一个综合性的专业，在牛剑这样比较传统的大学里面其实是比较少见的。剑桥只有 Economics 纯经济专业，还有 Land Economy 这样综合性和应用性都更强的专业。

Economics and Management 是牛津的一个比较新颖的专业，一经推出一直非常受欢迎，连续多年在 *Guardian League Table*《〈卫报〉经济商科方向专业全球排名》中排第一。它的受欢迎程度也决定了它的申请难度，在过去的三年中，申请的成功概率一般在 6% 左右。这里要注意的是 6% 实际是针对全球的申请者，包括英国本地的学生以及国际学生。虽然牛津大学在接受不同国家的学生的时候没有偏好，但是从数据上来看，英国本土学生的录取率要略高于国际学生。也就是说，这里中国学生的录取概率其实是远低于 6% 的。而整个专业面试的邀请概率也只有 25%，也就是无论是从面试邀请率还是最终录取率来看，经管专业都是一个比较难申请的专业。中国大陆地区平均每年录取人数在 2 人左右，所以对中国学生来说，该专业的竞争压力是非常大的。

PPE

PPE 代表的是 Philosophy（哲学）、Politics（政治学）和 Economics（经济学）专业，在英国被誉为"首相的专业"，也是牛津大学最难申请的专业之一。牛津大学 PPE 专业的毕业生遍布英国政坛，没有任何一所大学的任何专业和院系能够与之相比。工党前领袖埃里米利班德、英国前首相卡梅伦、英国前财政大臣菲利普·哈蒙德，都是牛津 PPE 的毕业生。

牛津大学是第一个开设 PPE 专业的大学。在这之后，伦敦政治经济学院、约克大学、伦敦国王学院、华威大学、曼彻斯特大学都按照牛津大学的模式相继开设了 PPE 专业。到现在，美国、加拿大、欧洲、澳大利亚甚至亚洲和非洲的一些大学，也都开设了类似的专业。

PPE 专业最大的特点是其所涉及内容的深度和广度，该专业旨在培养既懂经济又懂政治，思想还深刻的复合型人才。但是，想要在短短 3 年内专精研究横跨 3 个原本就极其艰难的学科，对学生来说无疑是巨大的学习压力。由于这个专业声名在外，影响力巨大，因此申请难度也可想而知。它不仅对学生的各项成绩要求极高，还要通过层层选拔，再加上这个专业十分受欢迎，竞争十分激烈！

这三个专业如何选择？

如果你是一个喜欢写文章，喜欢用自己的观点阐述、分析问题的学生，对经济和其他社科类学科都很感兴趣，那么你可以考虑牛津的经管、PPE 或剑桥比较偏门的土地经济专业。如果你比较喜欢数字，喜欢用数学模型解释社科类问题，喜欢用逻辑推理分析事物，同时数学或科学成绩又很好，建议申请剑桥的纯经济。

PPE 是一个三科合一的综合性专业，那么在面试上和其他几个专业就会有很大的区别。纯经济只需要面试经济，而经济主要面试数学和逻辑推理；PPE 涵盖的三科会有 2~3 位老师来面试不同的学科领域，所以在准备方向上有很大的不同。如果在 A-Level 阶段，你没有学过 Philosophy（哲学）、Politics（政治学），那你怎么证明你对这两个学科有兴趣呢？这就需要学生在平时的课外学习和阅读上做更多的准备，比如参加竞赛，读更多的专业书，并且要归纳总结对这些书的见解。所以 PPE 是一个需要长期积累、准备的学科，考查学生的综合素养和理性思维，同时也考查语言的基本功。

经管也是一个综合性的学科，面试的内容也是经济一半、管理一半。管理科学与普通意义上的商科不同，它是一个社科类学科，有很多具体的分支，比如 Accounting（会计）、Finance（金融）、Marketing（市场营销）、Strategy（策略）等。所以经管的面试也需要学生从两个方面准备。经济面试类似于纯经济面试，而管理面试则更注重考查学生的商业感知度和敏感度，以及对面试前给予的相关阅读材料的分析和理解。大部分学生是学过经济但没学过管理的，那么管理学的面试准备就极为重要。

课程设置

剑桥经济系课程设置

剑桥每周的课程安排为大课（Lecture）、小组讨论和导师小课（Supervision）三种，大一平均每周约 10~15 小时的上课时间。整个学制期间的考试形式只有年终的书面测试以及大三的毕业论文。通常来说，每年会有三门主要测试的科目，其中大一的 British Economic History 这门课的测试为考试和项目制测试结合。大二的计量经济学也有部分项目制学习的内容。

大一课程 Year 1

必修课
- Microeconomics
- Macroeconomics
- Quantitative Methods in Economics
- Political and Social Aspects of Economics
- British Economic History

大一有五门必修课，旨在为未来学习打好基础。通过大一基础课程的学习，学生基本可以掌握经济学基础理论，例如需求与供给、价格与市场机制、就业、通货膨胀、金融体系和货币政策等。

其中计量方法这门课给学生提供了经济学中数学和统计基础，会以书面形式进行测试。

大二课程 Year 2

必修课	选修课
• Microeconomics • Macroeconomics • Theory and Practice of Econometrics I	• International Trade and Development • Modern Societies • Mathematics and Statistics for Economists • Labour • Modern State and its Alternatives • International Conflict, Order and Justice • History and Philosophy of Economics • World Depression in the Interwar Years

大二有三门必修课及一门选修课，选修课可以从上表中"选修课"中选。从以上课程设置可以看出，大二开始剑桥会着重培养学生的分析能力，并注重计量经济学方法的学习，还有相关IT技能的积累，以便于支持后面的项目制学习。

大三课程 Year 3

大三有两门必修课，除此之外学生可以选修两门课并需要完成一篇7 500词的论文。可选课程囊括了经济、政治和公共政策等多方面的内容，每年的学科设置都略有不同，下表右侧中为近几年的选修课。

必修课
- Microeconomic Principles and Problems
- Macroeconomic Principles and Problems

选修课
- Economic Theory and Analysis II
- Political Economies
- Banking and Finance
- Public Economics
- The Economics of Developing Countries
- Industry
- Theory and Practice of Econometrics II
- Global Capitalism
- Social Problems in Modern Britain

牛津经管课程设置

牛津经管专业也为三年制，其中经济和管理的选修课各占一半。作为历史悠久的英国大学，牛津结合了经济系和牛津赛德商学院参与本科阶段的教学。经管的本科生作为唯一可以使用商学院各种资源的本科生，在牛津的课程设置中颇有独特性。大一升大二会设置 preliminary examination，不作为正式成绩记录；大二没有正式的考试，整个大学的成绩由大三的一次 final 考试决定。

经管学生的大一必修课为：Introductory Economics、General Management 和 Financial Management。其中 Introductory Economics 会和 PPE 还有 Economics and History 的学生一起上课。

从大二开始，学生可以根据自己的兴趣和能力选择经济或管理方向的选修课，例如计量经济学、博弈论、发展经济学、市场营销和会计学等。很多经济系的选修课程也有 PPE 和 Engineering Economics and Management (EEM) 的学生一起加入听课。

两所学校的经济类专业各有自己的优势，常有人说牛津经管偏文、剑桥偏理。其实从学科设置来看，英国大学的本科专业在设置上还是有很多相似之处的。最终偏文还是偏理其实很大程度上取决于学生自身选修的课程。但需要注意的是，牛津的经管专业由于加入了管理科学的部分，实用性和就业导向都更强了。

申请要求与录取数据解析

申请经济和经管这两个专业都非常难，特别是经管的录取率是低于 10% 的，经济的录取率差不多也是在 12%~15%。很多学生可能连 TSA 和 ECAA 这样的笔试都过不了，更不用说面试了。

申请要求

	剑桥经济	剑桥土地经济	牛津经管	牛津 PPE
A-Levels	A*A*A (Mathematics required)	A*AA	A*AA (Mathematics A or above)	AAA
IB	40~42, with 776 at Higher Level (Mathematics HL required)	40~42 points, with 776 at Higher Level	39 (including core points) with 766 at HL	39 (including core points) with 766 at HL
SAT/ACT/AP	SAT (>1 500) above 750 in each component plus 5 APs at grade 5 ACT (>33) plus 5 APs at grade 5		SAT (>1 480) plus 3 APs at grade 5 ACT (>33) plus 3 APs at grade 5 4 APs at grade 5	
笔试	ECAA		TSA	

来源：University of Cambridge, University of Oxford

录取数据解析

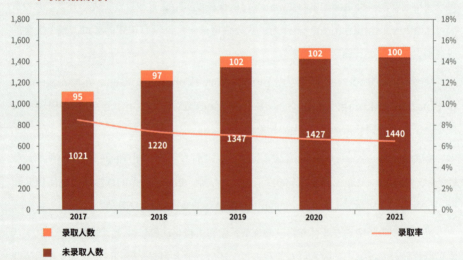

来源：University of Oxford, Vision Academy Analysis

牛津大学经管系录取情况概览（2017~2021 年）

近 5 年来，牛津经管的申请人数逐步攀升，复合增长率为 5.1%。但录取情况比较稳定，录取人数保持在 100 人左右，录取率低得可怜，平均为 7%。

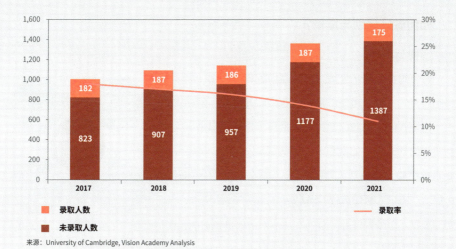

来源：University of Cambridge, Vision Academy Analysis

剑桥大学经济系录取情况概览（2017~2021年）

剑桥大学的经济系近五年平均申请人数为1 234人，申请人数逐年增加，最近一年出现了更为明显的增幅趋势，复合增长率约为2.9%。但录取人数每年保持在180人左右，导致录取率持续走低至11%。尽管剑桥经济系竞争激烈，但就录取率来看比牛津经管高了一倍。

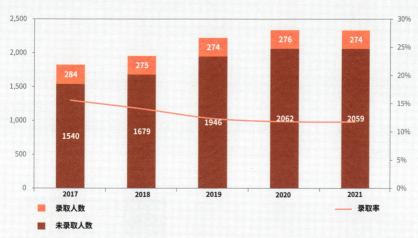

来源：University of Oxford, Vision Academy Analysis

牛津大学PPE录取情况概览（2017~2021年）

作为"首相摇篮"的专业，牛津大学PPE的热度仍然不减，每年吸引2 300多名申请者来争夺270多个名额，录取率约为13%。其中拿到录取的中国学生更是凤毛麟角，每年平均只录取2~3个中国学生。

如何做好规划与准备？

选课与规划

如果想在大学学经济，那么高中阶段应该选什么学科呢？首先，数学和经济是必修的，除此之外强烈建议学习高等数学。第四门学科可以是科学类也可以是人文社科。为什么数学如此重要？因为G5大学的经济专业要求数学必须要达到A*或者7分，或者进阶数学达到A以上，所以大家在IG阶段就要打好数学基础。

除了高中学科以外，对于经济类申请者最重要的是保持高强度的阅读习惯。学术类阅读能在知识储备、阅读能力、理解能力和分析能力等综合方面对学生有所提升，这些能力对于在大学学习经济都是至关重要的。对于大学相关专业的官方推荐书单的一些书，我们不仅要读完，还要从点到面、由浅入深地把它和所学过的知识点结合起来，能够举一反三。除了官方书单以外，大家还可以通过报纸期刊追时事，比如读 Financial Times（《金融时报》）、The Times（《泰晤士报》）、The Economist（《经济学人》），挑一些比较适合自己阅读水平的文章，并且坚持日常练习。比如30分钟之内读完一篇文章，然后对这篇文章做一些总结，对文章中的主要论点有什么看法、有哪些反驳等。这些就是在模拟牛津剑桥面试时会遇到的阅读测试。如果把这种测试作为日常练习，那么到了正式面试的时候，你会觉得非常轻松，甚至觉得这是与面试官的一次愉快的头脑风暴。

除了阅读，勤于思考也是必不可少的。举个例子，关于英国脱欧，有很多的新闻报道、时事评论、学术类的论文，都是围绕这一事件对于英国经济乃至整个欧洲经济的影响做各方面的分析。作为高中生，其实你所学的知识是非常有限的，那么如何在有限的知识之下，尽可能多地去获取信息，并且在这些庞大的信息面前，把它和自己所学的东西结合起来？

1. 书籍 Books and excerpts
- University recommended reading list
- Other academic non-fiction books of interests
- 从点到面，由浅入深，注意与A-Level经济知识的结合

2. 报纸/期刊 Newspapers & magazines
- Personal preference: Financial Times > The Times > The Economist
- 读报纸期刊的时候选择感兴趣的板块，如 Financial Times 里比较热门的 Global Economy, China, Companies 板块等

这就要求学生在平时阅读的时候，可以保持一个开放的、包容的心态去面对不会的内容，并且能够举一反三，提出一些自己想要知道的问题。也就是说，提出对的问题比答案更重要，比如说"什么是金融危机""经济危机和金融危机的区别是什么""每个国家该如何应对新冠疫情对国家经济方面的影响，不同的企业、消费者该如何应对……"这些都是你在平时阅读的时候可以提出的问题。如果大家还在纠结到底要不要学经济，不如先问自己10个经济问题，如果问不出来，则说明你可能不太适合学经济。

笔试与面试

TSA（Thinking Skills Assessment）作为牛津社科类学科主要的笔试考试之一，很大程度上左右了社科类专业的面试邀请甚至录取的最终结果。其难度和深度也是众所周知的。从近几年的成绩分布来看，拿到70分以上才有被面试的可能性，而且这个分数线还有逐年上升的趋势。短短90分钟的客观题和30分钟的主观作文题测试时间，也会刷掉很多答题速度不够快的学生。

TSA的第一部分为思维能力评估，包含了两种题型：Problem Solving 和 Critical Thinking，如下表所示：

Problem Solving	**Critical Thinking**
• Data analysis	• Main conclusions
• Logical deductions	• Assumptions and flaws
• Diagram interpretation	• Strengthening + weakening arguments
• Spatial reasoning	• Parallel reasoning structures
• Estimations and predictions	• Apply principles

在这些题型中，中国学生往往会在 Problem Solving 的部分更占优势，因为我们的逻辑思维和理性推导能力都比较强。而 Critical Thinking 则往往是大家的弱项，由于语言劣势，常常会在这部分题目上花费更多的时间，准确率也不太高。

TSA的第二部分即写作部分为命题作文，主题通常会在经济、哲学、政治、历史、社会人文等领域有涉猎，旨在考查学生的学术写作能力和逻辑分析能力。这部分也是需要平时大量的阅读和写作练习积累。

Section 1 - Overall Score

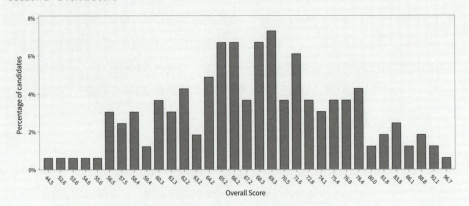

2020 年牛津 TSA Section 1 成绩分布

TSA 到底有多难？我们来看一下 2020 年牛津经管 TSA 成绩分布图（Section 1—Overall Score）。50 道选择题，满分 100 分，最高分是约 97 分，大部分学生处在 55~80 这个分段。

ECAA（Economics Admissions Assessment）作为剑桥大学近几年新加入的笔试项目，与牛津 TSA 的最大不同点在于它对学生数学能力的考查。与 TSA 类似的是 ECAA 也分客观题（选择题）和主观题（作文题）两大部分。

剑桥大学 ECAA 考试形式		
Section	In 2020	In previous years
Section 1	• 60 minutes • Multiple-choice assessment, comprising approximately 20 Mathematics and 20 Advanced Mathematics questions	• 80 minutes • Multiple-choice assessment, comprising approximately 20 problem solving questions and 15 advanced Mathematics questions
Section 2	• 60 minutes • Extended essay	• 40 minutes • Extended essay

从 2020 年的新考纲来看，相比于往年，ECAA 的选择题部分去掉了 Problem Solving Questions，更进一步加大了数学部分的内容，数学的难度已经可以和工程系、自然科学系的 ENGAA 和 NSAA 相提并论了。从主观题部分来看，之前 40 分钟的论文题延长到了 60 分钟，说明对学生写作能力的重视度也增加了。

TSA 和 ECAA 两个考试的侧重点其实也从一定程度上反映了这两所大学经济相关专业对学生能力的不同要求。比如 TSA 一半是 Critical Thinking（文字推理），偏向逻辑测试，一半是 Problem Solving（定性推理），而 ECAA 几乎一半都是数学题，这和剑桥大学经济系课程设置中数学占比非常匹配。从这两个大学的笔试差异上就能看出，牛津更重视学生的思维与逻辑能力，而剑桥更注重的是数学与计算能力。如果你很喜欢数学，理科思维特别强，同时对经济特别感兴趣，建议你申请剑桥。而如果你的数学不是特别强，写作能力以及逻辑分析能力特别强，建议你去尝试牛津。

竞赛与背景提升

经济领域相关竞赛和背景提升主要以论文竞赛为主，例如前文介绍的 John Locke 和 Marshall Society 论文比赛，辅助国际经济奥林匹克竞赛（IEO）和全美经济学挑战赛（NEC）等。

对于 PPE 的申请准备，在高中阶段学习政治、哲学学科都会有所帮助，但也不是必须要选这些学科。根据以往成功申请者的背景，也有很多学生在高中阶段选择数学和历史学科。PPE 申请者应该具备和经管专业学生一样优秀的数学能力，以应对入学后数学相关性内容的学习。比如 PPE 学科中的经济学、哲学逻辑课程、政治学中的大数据课程，都需要较强的数学基础。

根据"牛津大学 2021 年 PPE 专业入学学生背景统计"，在 2020 年约有 1 173 名（51%）申请者是 A-Level 体系，其中 161 名 A-Level 课程背景的学生成功申请 PPE 专业。

牛津大学 2021 年 PPE 专业入学学生		
录取者高中选择学科	数量	占比
数学	149 名	93%
历史	63 名	39%
至少一门哲学、政治或经济	114 名	71%
经济	86 名	53%

土地经济作为剑桥的一门小众综合性学科，结合经济、法律、地理、城市规划、金融等等多学科内容，涵盖专业领域十分广泛。由于综合性很强，在准备专业面试时，需要做到触类旁通，举一反三。这就需要学生不仅要积累大量的专业阅读和时事，还要做到勤学多思。

扫二维码查看申请本专业的推荐书籍

就业前景

经济学的就业前景非常广，这也正是它一直备受追捧成为超热门专业的原因。经济系毕业生从商或从事金融类行业居多。大部分人会先在金融或管理咨询公司工作几年积累经验，然后再转向其他领域。

牛津经管的毕业生在牛津众学科中属于最受雇主青睐的专业之一，毕业起薪也较高。目前毕业生就职的行业遍及跨国传统行业和新兴的高新技术产业。近几年的毕业生遍及金融、咨询、科研、新闻、实业、公务员和教学等各大领域。

经济学毕业的学生可以在银行、证券等领域工作，也可以在政策研究部门和经济管理部门从事经济分析、预测和规划等工作。特别的是，就近年变幻莫测的市场情况来看，研究经济发展规律的学者也属于急需状态。总的来说，经济学的就业还是非常乐观的。

土地经济的学生可以把该学科所提供的广泛并实用的技能应用于求职和工作中。该学科的专业知识由于充分结合了法律、经济和环境研究等领域的理论与实践机会，所以在求职和就业过程中也普遍适用于各大领域，毕业生通常就业于环境保护、城市规划、商业管理、金融地产、国际化商业拓展、金融监管以及其他相关行业。

心理学

为什么学心理？

心理学（Psychology）的名称来源于希腊语，是一门研究人类及动物的行为与心理现象的学科，包括理论心理学与应用心理学两大领域。

理论心理学研究又有很多分支，包括生理心理学、认知心理学、社会心理学、发展心理学、病态心理学等。心理学一方面在尝试用大脑运作来解释个人基本的行为与心理机能的同时，也尝试解释个人心理机能在社会行为与社会动力中的角色；另一方面它也与神经科学、医学、生物学等学科有关，因为这些学科所探讨的生理作用会影响个人的心理活动。牛津和剑桥心理专业的本科阶段，尤其是前两年，会专注于理论心理学各个分支。不管之后学生是想从事科学研究，还是想把心理学知识应用到实际工作和生活中，有一个扎实的理论心理学基础都是非常重要的。

理论心理学的知识大部分是以间接方式指导着人们的各项工作，而应用心理学的各个分支则可以在实际工作中直接起作用，例如临床心理学、教育心理学、健康心理学、工业与组织心理学等。一般在本科阶段的第三年或者完成本科学习之后，学生可以选择自己感兴趣的应用心理学方向继续深造，这在学生的未来职业生涯中是一项重要的技能。了解了人的心理对于工作面试和工作中的人际关系非常有用。

早期的心理学研究属于哲学的范畴。古希腊哲学家苏格拉底把"Know yourself"（认识你自己）作为一生的箴言。学习心理学能够帮助你更好地认识自己，理解别人，不仅能满足对人类心灵奥秘的好奇心，还能运用心理学知识帮助别人，从而实现自己的人生价值。

心理学课程设置

牛津大学的心理学在本科阶段是一门科学学科，涉及大量的实践工作和实验。牛津的课程集中在生物学、认知、人体实验、社会和发展心理学上，牛津大学心理学不教授心理分析及其相关领域。

牛津大学的心理学既可以作为实验心理学的学士学位单独学习（Experimental Psychology），也可以与哲学或语言学相结合，作为心理学、哲学和语言学学士学位的一部分进行研究（Psychology, Philosophy and Linguistics）。

牛津心理系课程设置

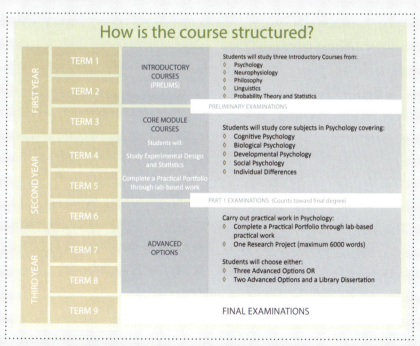

来源：University of Oxford

实验心理学专业第一年的前两个学期需要从心理学导论、神经生理学、哲学、语言学、概率与统计中选择三门入门课程学习。从第一年的第三个学期开始到第二年的前两个学期，学生会学习心理学的主要分支，包括认知心理学、生物心理学、发展心理学、社会心理学。同时也会继续学习实验设计和统计，并完成一个小的研究项目。从第二年的最后一个学期开始到第三年的第二个学期，学生需要完成一个完整的研究项目并写 6 000 词的报告，然后需要额外学习三门课程或者两门课程加一篇长论文。第三年的最后一学期会迎来考试季。

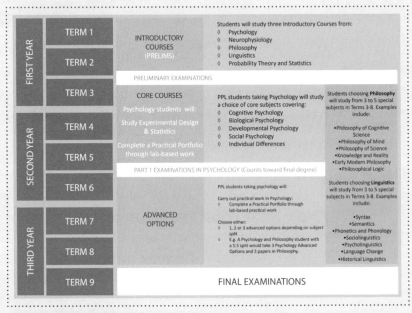

来源：University of Oxford

心理、哲学和语言学专业的学生一般会在这三门中选两门来学习，如果经过 Tutor 批准也可以三门一起学习。第一年的学习跟实验心理学是一样的，需要从心理学导论、神经生理学、哲学、语言学、概率与统计中选择三门入门课程学习。但是在第一年的第三学期到第二年的第二学期，除了心理学之外还需要选三到五门的哲学课程或者语言学课程。心理学部分和实验心理学的学习类似，需要完成生物心理学、认知心理学、发展心理学等核心课程，并在第二年和第三年各完成一个研究项目。

剑桥心理学课程设置

Psychological and Behavioural Sciences (PBS) Overview				
First Year	Introduction to Psychology	Psychological Enquiry & Methods	Optional Paper	Optional Paper
Second Year	Social & Developmental Psychology	Cognitive Neuroscience & Experimental Psychology	Optional Paper	Optional Paper
Third Year	Research Dissertation	Psychology Optional Paper	Optional Paper	Optional Paper

来源:University of Cambridge

剑桥大学的心理学本科阶段设置了心理与行为科学（Psychological and Behavioural Sciences），内容非常丰富，包括了认知心理学、心理疾病、语言、大脑机制、性别、家庭关系、性格和群体社会行为。第一年的学习中，学生需要学习四门课，其中有两门是必修，包括心理学导论和心理学研究方法，剩下两门可以从生物人类学、社会人类学、进化与行为、政治、哲学和社会学中选择。第二年学生也需要学习四门课，社会和发展心理学是一门必修课，另外一门必修课是认知神经科学和实验心理学。学生仍然有机会选择两门选修课。最后一年，学生需要写一篇 7 000 词的研究型论文，同时完成三门课的学习，课程内容一般是第二年课程的拓展深入，或者心理学和其他学科的交叉学科，比如犯罪心理学、教育心理学等。

申请要求与录取数据解析

申请要求

牛津大学和剑桥大学心理学专业的 A-Level 要求为 A*AA，雅思的要求是 7.5 分，单项不低于 7 分。虽然在牛津和剑桥心理学都是作为一个科学专业而存在，但是对英语，尤其是读和写的要求还是比较高的，学生在学习过程中需要大量地阅读文献，并在平时的作业论文中把自己看完后的想法有组织、有逻辑性地表达出来。而且在面试过程中，英语的听和说也很重要。对心理学感兴趣的学生最好尽早保证自己语言过关，后面的学习才能更得心应手。

录取数据解析

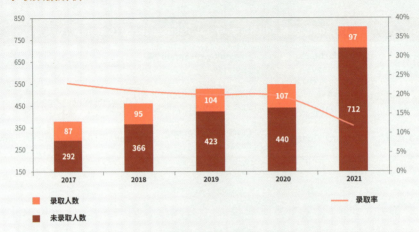

剑桥大学心理与行为科学录取情况概览（2017~2021 年）

我们再来看一下剑桥大学心理与行为科学专业的录取数据。该专业的申请人数近几年持续增加，尤其是 2021 年，申请人数较前一年增加了 32%，超过 800 人。近 5 年平均申请人数为 544 人，平均录取人数为 98 人。录取率近几年都保持在 20% 左右，2021 年跌至 12%。稍微强调一下，这里所有的数据全部是预录取，也就是说最终还会有一些学生因为雅思要求或是学科成绩要求不达标而被筛掉。

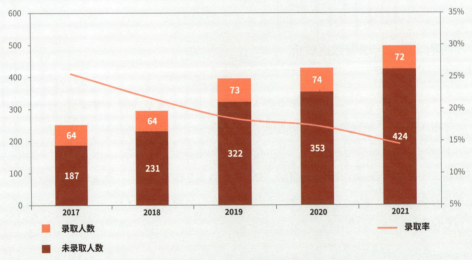

牛津大学实验心理学录取情况概览（2017~2021 年）

牛津大学实验心理学专业的申请人数这几年一直在逐年增加，从 2017 年的 251 人到 2021 年的 496 人。2021 年最终录取 72 人，录取率约为 15%。未来申请人数可能还会继续上升，所以录取率可能还会继续下降。

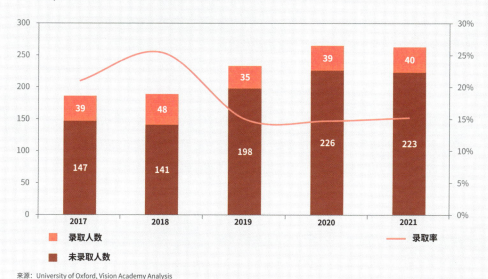

来源：University of Oxford, Vision Academy Analysis

牛津大学心理、哲学与语言学录取情况概览（2017~2021 年）

牛津大学心理、哲学与语言学专业的申请人数每年也在小幅上升，从 2017 年的 186 人到 2021 年的 263 人。2020 年的最终录取率约为 15%。因为该专业招生人数较少，一般在 35~40 人，所以录取率相对会更低一点儿。

如何做好规划与准备？

高中阶段的选课

	Pre-GCSE / Year 9	GCSE G1 / Year 10	GCSE G2 / Year 11	AS / Year 12
学习	着重提高英语各项能力	全面巩固 GCSE 学科基础	确保 GCSE 有 8 科以上 A*/A	确保 AS 成绩 AAAA A-Level 预估 A*AA
阅读	纯英语阅读，兴趣为主	有选择性地阅读学术类短篇	开始学术类书籍阅读	形成良好的阅读习惯 尝试阅读学术期刊文章
活动	积极参加学校活动	参加跟心理学有关的志愿者活动	参加国际心理论文竞赛 / 脑科学竞赛 参加优质夏令营	参加竞赛 参与科研 参加优质夏令营

在 GCSE 阶段，学生最重要的还是学好英语和打好学科基础，尤其是数学和生物，

然后有选择性地阅读社会科学类的短篇文章。因为心理学和很多其他学科都有交叉，所以学生从小多阅读，多思考，拓宽知识面，对以后的学习也是有好处的。

大学的心理系一般对 A-Level 阶段的选课没有硬性要求，如果学校有开设心理科目自然是必选项，没有开设也不必太担心，每年有很多学生虽然没有心理成绩但也被牛剑录取。由于大学和未来的研究会需要较多的统计知识，所以强烈推荐数学。而且也推荐其他科学类学科，比如物理、化学、社会学等，因为通过这些学科可以学到严谨的科学研究方法，以及提升分析复杂社会问题的能力。

AS 阶段可以开始阅读学术类书籍，加深对心理学专业的了解，确认自己对心理学的兴趣。有些同学可能因为大众媒体或者一些影视剧对心理学有一些错误的认识，上了大学之后发现心理学与自己想的不同。如果提前阅读一些心理学的科普书籍，如《这才是心理学》（*How to Think Straight About Psychology*），可能会避免一些对心理学的误解，可以正确地理解心理学的本质和科学的研究方法。学生还可以再读一些入门级别的大学心理学教材，对不同的心理学分支有一个大概的了解。对自己感兴趣的领域可以读一些更深入的学术书籍，读的时候多去思考作者如何组织自己的 argument，作者的逻辑有没有漏洞，来锻炼自己的批判性思维。这些阅读经历对于个人陈述也是很好的素材，能够向招生官展示自己的兴趣和学术热情。

通过阅读对心理学有一定的了解之后，可以选择参加一些优质夏令营和论文竞赛来挑战一下自己，提升自己的能力。心理学夏令营一般会让学生提前接触大学的授课方式和内容，或者通过做一些专题研讨，让学生更加深入地了解一些心理学前沿的科研进展。通过参加夏令营，学生不仅能够提前适应大学的学习节奏，也能够进一步确认自己感兴趣的心理学方向和研究领域。在积累了一定的知识储备之后，可以通过参加论文竞赛来锻炼自己的学术写作能力。比如 John Locke Essay Competition，每年都会有跟心理学相关的题目，学生可以把自己通过阅读积累下的知识在论文中表达出来。写作的过程会激发学生对心理学更深的思考，是一个很难得的锻炼机会。

John Locke 2021 Essay Competition: Psychology
Q1. Do we do everything we do to maximise our own utility?
Q2. 'The function of religions and cults, including the political or ideological ones, is to short-circuit the normal 'common sense' process of doubt, investigation, further doubt, further investigation… a belief system only requires a rule book (sacred scripture, Das Kapital, or whatever) and a good memory.' Is this true? Does it matter?
Q3. Who is responsible for my mental health?

除了专业书籍之外，同学们也可以通过其他渠道多了解心理学，比如名校的公开课、podcast 等。特别推荐订阅 Scientific American: Mind，这是《科学美国人》杂志的子刊，有纸质版也有电子版，是双月刊，专门介绍跟心理学有关的最新研究，专业性和趣味性都不错。

笔试与面试

申请牛津心理学需要参加笔试 TSA（Thinking Skill Assessment）。如前面介绍，TSA 分为 Section 1 and Section 2，Section 1 主要考查学生的批判性思维（critical thinking）和解决问题的能力（problem solving），Section 2 主要考查学生的学术写作能力。

申请剑桥心理学，前几年需要参加笔试 PBSAA，除了批判性思维和解决问题的题目、心理学学术写作之外，还需要在"阅读理解"和"数学＋生物"里二选一。但是 2020 年剑桥取消了这个笔试。虽然取消了统一的笔试，部分学院（Fitzwilliam, Gonville & Caius, Homerton, Hughes Hall, Murray Edwards, Newnham, Selwyn, Wolfson）还是会在面试期间自己组织笔试，比如让学生写一篇短论文。

扫二维码查看申请本专业的推荐书籍

就业前景

心理学专业的学习会训练到很多工作中用到的技能，还会培养独立思考的能力和严谨的学术能力。有许多心理学专业的毕业生会从事用户研究、市场调研、人力资源管理、金融、法律、商务、传媒等工作。比如用户研究和市场调研都需要通过采访、问卷等方法收集用户的消费和使用行为并且进行定量和定量分析，而这些研究方法也会贯穿心理学的学习。

但是将来想要从事心理学的科研工作或其他心理学相关行业的学生，一般都需要经过硕士甚至博士的学术训练进入专业的科研机构或者研究型大学。

如果想要成为临床心理医生，本科生毕业之后需要一些精神健康领域相关的工作经验，然后经过临床心理学博士课程的训练才可以拥有执业资质。

教育学

为什么学教育？

除了商科、传媒类专业以外，在出国留学时教育专业也很热门。

现在有很多去偏远地区支教的志愿活动，尼泊尔就是一个很多人去支教过的地区。尼泊尔整个地区很落后，但其教育普及率很高。尼泊尔太清楚教育对于一个国家的重要性，也知道接受了教育的孩子们才是这个国家的未来。

教育的力量是很强大的，教育不仅很重要还能改变很多东西，比如一个人的命运，乃至一个国家的命运。在剑桥大学的课程设置中，教育学是一个有价值的跨学科学位，允许你将教育学和社会问题的研究与三个专业领域之一相结合：学习心理学、国际发展或英语、戏剧和艺术。

课程设置

剑桥大学从2019年起在本科阶段给申请教育学的学生提供了三个专业方向：教育、心理学和学习方向，教育、政策和国际发展方向，教育、英语、戏剧与艺术方向。学生除了学习自己方向的课程之外，也有机会选修其他方向和相关社科院系的课程。这样的学习体验是真正综合性的、跨领域的。

教育、心理学和学习方向从心理学的角度关注教育议题。这个方向是由英国心理学会（BPS）认证的，意味着成功毕业的学生（至少获得二等荣誉）可以获得从事心理学职业所需的毕业生认可。这一方向的学生将有机会从心理和认知的角度思考学习和教育的过程。同时，教育心理学涉及大量实验的设计和量性数据的分析。学生有机会培养良好的实验室技巧和学习统计学知识。

在教育、政策和国际发展方向中，学生将考虑有关这些领域的历史和当代的社会性、政治性和哲学性的讨论，以及教育在经济和社会变革中的作用。同时这一方向的学生有机会参与剑桥HSPS专业（人类、社会与政治科学专业）的选修课程。在这一方向中，学生需要培养高度思辨和批判的思维能力与胸怀天下的胸襟。高度批判的社会政治与哲学理论，如身份政治和后殖民理论，也对学生的阅读和论文写作能力有较高的要求。

教育、英语、戏剧与艺术方向关注英语文学与教育的交织。在这一方向中的学生将围绕创造力、学习和文化进行辩论和学习。在这一方向中，学生将深入探索诗学、美学和文学批评与教育的关系，感受文学艺术与教育这两个高度关注个体和人类经历的学科是怎样赋能于人的。同时，学生还会接触戏剧的实践和历史理解、文学和文化研究、人类学术研究方法等模块。

牛津大学没有开设教育学相关专业。

> **Year 1 (Part IA)**
> You take four papers, including two compulsory Education papers which have a strong interdisciplinary emphasis, introducing major themes in education:
> - Critical Debates in Education—discussing core questions of education and key transformations that require a reimagining of education for the 21st Century in light of increased inequality, life-long learning, digitalisation, globalisation and climate change
> - Language, Communication and Literacies—exploring the social, psychological and material context within which communication, spoken language and literacy are developed in childhood
>
> Your two remaining papers are determined by the track you are following:
> - Education, Psychology and Learning—Learning and Human Development, and another introductory psychology paper
> - Education, Policy and International Development—Education, Global Inequalities and Social Justice; and a paper chosen from a list of options (topics may include: social theory, the modern state, international conflict)
> - Education, English, Drama and the Arts—Poetics, Aesthetics and Criticism; and another track-specific paper (topics may include: practical and historical understandings of theatre, studies of literature and culture, approaches to human scholarship)

来源：University of Cambridge

剑桥大学教育系大一课程设置

剑桥教育系分成两门必修主课：

（1）教育领域的关键性辩论：讨论教育的核心问题和关键变革。这些问题要求在日益严重的不平等、终身学习、数字化、全球化和气候变化的背景下，重新设想21世纪的教育。

（2）语言、交流和文学：探索儿童的认知发展、社会、心理和物质环境与认知的交融。

除了必修课外，学生可以根据自己的兴趣在三个专业方向里选一个展开：

（1）教育、心理学与学习方向：学习与人类发展，以及另一篇心理学导论论文。

（2）教育、政策与国际发展方向：教育、全球不平等和社会公正，以及从一系列备选方案中选择的论文（主题可能包括社会理论、现代国家、国际冲突）。

（3）教育、英语、戏剧与艺术方向：诗学、美学和批评，以及另一篇专论论文，它的主题可能包括对戏剧的实践和历史理解、文学和文化研究、人类学术研究方法。

申请要求与录取数据解析

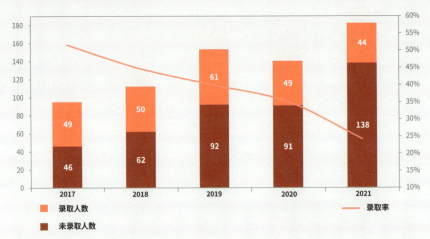

来源：University of Cambridge, Vision Academy Analysis

剑桥大学教育学录取情况概览（2017~2021 年）

申请剑桥大学的教育学专业要求学生 A-Level 预估达到 A*AA，IB 获得 40~42 分，高水平科目在 7，7，6 分。

就选课标准而言，剑桥官方无指定选课。但是从笔试、面试和未来学习内容上来看，建议申请教育心理的学生选择 A-Level 或者 IB、AP 的心理学。申请教育政策与国际发展的学生建议选择社会学。但是在以往的录取结果中，往往没有选修心理或社会学的学生也频繁被这两个方向录取。所以如果从分数或者学校开设科目角度考虑，无法选择上述两门，学生通过导读和论文竞赛来补充自己的背景知识，也可以获得很好的录取结果。

就录取结果而言，每年教育系大约录取 50 名学生，2021 年录取率跌至 24% 左右，近 5 年来申请人数逐年增加，录取率逐年降低，每年给中国国际生的名额是 2~4 人。

如何做好规划与准备？

笔试与面试

大部分教育系申请者不需要参加笔试，但按照 2020 年的要求，Fitzwilliam、Hughes Hall、St John's、Wolfson College 会要求考生在面试当天进行笔试。笔试分为两个部分，第一部分是对考生阅读技能的评估，包括批判性阅读、理解文章大意、分析细节和把握隐含意义的能力。这一部分是选择题形式，时长为一小时。在第二部分，考生被要求写一篇短文，以回应简短的文献选段。这一部分旨在评估考生在时间压力下进行分析性思考、寻找连贯性论据以及写作清晰准确的能力，此部分时长为一小时。

面试通常在申请季同年的 12 月进行。教育学的面试通常会讨论教育学的根基性问题，需要学生对这一领域的重要主题分支有所了解。同时，需要对自己具体申请方向的一些前沿性的理论有一定的深入理解。

在教育学笔、面试的准备过程中，因为学生在基础教育阶段一般并不会接触到这一专业的理论知识，所以理论知识的补充是非常必要的。在往年的申请中，很多申请者会出现只能简单地描述自己所看到的教育问题，而不能结合理论深入地分析和讨论的情况。建议申请者应根据阅读和导读建立起勤观察、勤思考，理论结合实际的学术视角，在申请时可以把自己的日常观察与学术研究结合起来体现在文书和面试中。

在实践方面，学生可以在 EPQ、IB 的 EE 等项目里尝试做和心理、教育有关的研究项目。如有条件，也可以尝试找到身边值得研究的教育问题进行实地考察和调研。比如，往年的录取者中就有人研究过中国贫困地区儿童英语学习动机的不同配比，也有人研究过利他性思维模式与教育的关系。这类的研究项目是面试官非常乐意看到的，也可以让你的文书更丰满。

学生还可以积极参与支教项目、国际经济发展论坛等与教育和社会相关的项目。这类项目可以帮助学生更好地从社会科学的角度理解人类社会，让学生对教育不平等、教育资源稀缺等议题产生深刻的共情。

扫二维码查看申请本专业的推荐书籍

就业前景

教育学是一个跨领域的学科，作为一个本科学位它融合了历史学、人类学、社会学和教育经济学、心理学与人的发展和教学方法，是教学应用的理论基础。很多学生觉得教育学的学生会从事教育教学相关的工作，但其实教育学的就业范围远比我们想象得广泛。学习教育心理学相关专业的学生可以选择在学校或者教育科技研究机构工作，创建和实施能够帮助人们更有效地学习的项目，与教育工作者一起设计帮助学生及其家庭的方法，帮助有学习障碍的学生，有行为或社会问题、有多动症或自闭症的学生。

学习教育、政策与国际发展方向的学生可以选择进入教科文组织、国家发展基金会或教育部等公立机构工作，帮助制定与教育相关的法规，评估各种教育工具和技术，以及处理课堂的多样性和文化问题。

学习教育、英语、戏剧与艺术方向的学生通常在大学里可以掌握一系列重要的软技能，如优秀的口头和书面沟通能力及批判性的思考能力。如果你对创意和传媒产业感兴趣，就业方向还包括电视制作人、儿童作家、摄影师、电影制作人等。

当然，国际教育也是一个很好的赛道，目前中国的国际教育正处于蓬勃发展阶段，需要更多拥有全球视野的国际化人才加入。

计算机

为什么学计算机专业？

近年来，由于英国很多大学的计算机专业的排名逐渐有所提升，比如牛津大学、帝国理工学院、爱丁堡大学，再加上英国在就业等方面有一些开放政策，所以越来越多的学生选择到英国去学习计算机专业。而相对应的是美国计算机专业招生是收缩的政策，所以近几年英国计算机专业的竞争日渐激烈。

计算机专业入门

计算机领域有三大分支，分别为计算机科学理论、计算机工程和计算机应用。

计算机科学理论包含算法、数据结构、逻辑、量子计算、计算的复杂度、图论、密码学等。它有大量与数学重合的内容，比如密码学跟数学的数论有非常大的关联，量子计算是基于数学的量子理论。再比如图论和集合论从本质上来说都是数学中的理论。很多数学家在早期觉得某个方面挺有趣就去研究它，然后逐渐发展成了数学的一个分支。后来计算机行业的专家发现这些数学理论应用在计算机领域也非常合适，图论就是一个典型的例子。

计算机工程包括软件工程、编译器、软件及编程语言、计算机网络、操作系统、硬件等。计算机工程是介于理论和应用之间的学科，比如我们日常生活中用到的电脑软件、编译器、编程语言以及操作系统，其实都是通过软件工程师花费很长的周期来进行开发，成为我们现实生活中使用的工具。

计算机应用覆盖面非常广泛，渗透到各行各业和我们的生活中。比较常见的计算机应用有机器学习、机器视觉、自然语言处理、计算机图形学、人工智能、机器人、AR、VR、互联网等。比如动画电影、P图和美颜都是计算机图形学所涉及的范畴。机器人和无人驾驶其实是工程工业和计算机之间的一种衔接。还有扫地机器人、智能摄像头、智能门锁，这些都属于计算机应用范畴。

所以，计算机专业是一个包罗万象的专业，它既有和数学相关的理论知识，同时也运用在日常生活的每个角落。大学学习计算机专业，不仅会学习数学、物理等方面的课程，还会接触到心理学和社会学这样的非理工科专业的知识，这些都是计算机在发展过程中，或者说计算机的某一些学科可能需要用到或考虑到的内容。

英国顶尖大学计算机专业概况

牛津大学有三个跟计算机相关的专业，分别是 Computer Science、Computer Science and Philosophy 和 Mathematics and Computer Science。在这三个专业当中，第一个和第三个是常见的专业，而 Computer Science and Philosophy 是牛津大学独有的，大家可能会觉得计算机跟哲学没有什么关系，但是计算机理论领域比如人工智能、计算能力方面的话题，如果往深层次去溯源的话，都是哲学层面的问题，所以这就是为什么它是牛津大学比较有意思的一个专业。

剑桥大学有两个计算机相关专业，即 Computer Science 和 Computer Science with Mathematics。帝国理工学院的计算机相关专业有两个，即 Computing 和 Mathematics and Computer Science。后者被誉为帝国理工学院所有理工科专业中最辛苦的专业，因为学习 Computing 本来就很难并且累，理论数学的部分更是雪上加霜。伦敦大学学院有两个跟计算机相关的专业，即 Computer Science 和 Mathematical Computation。华威大学开设的计算机相关专业有 5 个，包括理论的 Computer Science，与数学相关的 Discrete Mathematics，与 engineering 相关的 Computer Systems Engineering，还有目前很流行的 Data Science。华威大学引以为傲的商学院也有一个跟计算机系合作的项目：Computer Science with Business Studies。

课程设置

和绝大多数专业一样，各个大学的计算机专业也均采用必修加选修的模式，在保证学生专业基础的同时最大限度地满足学生的兴趣需要。

牛津大学和剑桥大学的 Computer Science 相关专业都非常理论化，且数学内容都非常多。因此，即便不是 Mathematics and Computer Science，仍然还有很多数学课程或者包含大量数学知识的课程。

First year	Core 1 (100%)			Four exam papers
Second year	Core 2 (50%)	Options (50%)	Group project	Eight exam papers
Third year		Options (67%)	Project (33%)	Six exam papers + project report
Fourth year (optional)		Advanced options (62%)	Project (38%)	Five take-home exams or written papers + project report

牛津大学计算机系课程设置

牛津大学的计算机科学相关专业在大一阶段的所有课程均为必修，其中包括基本的数学内容，如 Discrete Maths、Probability 和 Linear Algebra 等；基本的编程内容，如 Imperative Programming、Design and Analysis of Algorithms 等；入门级别的逻辑学知识 Introduction to Formal Proof。大二阶段，Computer Science 有五门必修课程，以及从 15 门课程中根据自己兴趣和发展方向自由选择的 4 门选修课程，其中不乏前沿分支 Intelligent Systems 及 Machine Learning，以及来自数学系的课程供对数学尤为感兴趣的学生选择；而 Mathematics and Computer Science 在大二阶段有数学和计算机方面的必修课各两门，以及若干来自数学和计算机两个专业的选修课。大三阶段，Computer Science 专业需保证除大二选择的课程之外再选择 6 门选修课程，以保证共有 10 门选修课；Mathematics and Computer Science 可在数学及计算机两个专业内至少各选 2 门选修课，共选择 10 门选修课程（共计 15 门）。由于牛津大学在大二时仅设立必修课程的考试，而所有选修课程的考试均在大三阶段，因此学生可以在大二及大三两年时间内根据自己的学习情况和兴趣爱好灵活调整选修课程。

除上述课程外，牛津大学还为学生准备了相关的实践内容。大一至大三所有偏应用类课程及大多数理论类课程均开设配套的 Practicals，即学生将课内学到的知识应用到具体的编程练习和实践中，同时配有导师进行指导。此外，大二阶段所有学生还需要参加 Group Practical。在 Group Practical 中，学生会被分到六人左右的小组，并在导师的带领下完成一个进行近五个月的合作项目，最后由老师们共同打分，同时计算机系还会邀请校外相关企业的人前来观看每个小组的成果展示。Computer Science 专业在大三阶段除上述课程和实践内容外，还有个人研究项目。学生需要在导师的帮助下选择一个合适的研究课题，在大三一年时间内完成课题的研究，提交一份正式的研究报告。研究报告会占据大三考试分数的 25%。

申请要求与录取数据解析

申请要求

牛津大学的 A-Level 录取条件通常为 A*AA，其中的 A* 对于申请 Computer Science 和 Computer Science and Philosophy 的学生来说应为 Mathematics、Further Mathematics 或 Computing/Computer Science 中任一学科，而对于申请 Mathematics and Computer Science 的学生来说则为 Mathematics 或 Further Mathematics。除此以外，学生还需要参加面试前的 MAT 考试。

剑桥大学的 A-Level 录取条件通常为 A*A*A，所有学院均要求学生学习 Mathematics，部分学院要求学生学习 Further Mathematics。剑桥大学并未明确要求两个 A* 来自哪个学科。除此以外，学生还需要参加面试前的 CTMUA 考试，部分学院还要求学生在面试当天参加一场笔试考试（如 CSAT）。

无论是牛津还是剑桥，面试邀请均会根据学生的高中成绩、个人文书和 MAT/CTMUA 考试成绩来综合考虑。

录取数据解析

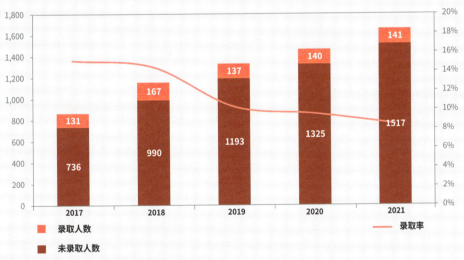

来源：University of Cambridge, Vision Academy Analysis

剑桥大学计算机科学录取情况概览（2017~2021 年）

剑桥计算机科学申请人数逐年上升，现已突破 1 650 人，近 5 年复合增长率为 11.8%，平均录取人数为 143。在申请人数增长而录取人数相对稳定的情况下，该专业 2021 年的录取率已经低至 9%，相较 5 年前录取率下降了 6 个百分点。

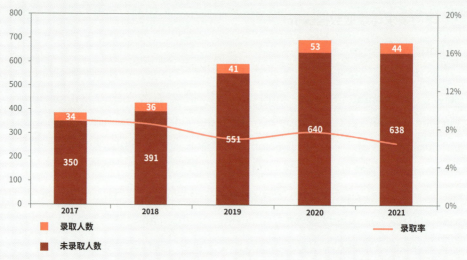

来源：University of Oxford, Vision Academy Analysis

牛津大学计算机科学录取情况概览（2017~2021 年）

牛津计算机科学申请人数逐年稳步上升，近 5 年复合增长 10.5%；2021 年的录取率在前一年有一些提升的情况下继续向下轻微滑落，至 6%。

计算机科学应该是近 5 年来牛剑所有专业中申请人数增长最快的专业。剑桥大学申请者从 2017 年的 867 人到 2021 年的 1 658 人，增长将近一倍。牛津大学也有类似的趋势。

如何做好规划与准备？

高中阶段的选课

计算机专业申请存在一个很现实的问题，计算机教育不像数学、化学、物理这些基础学科我们可以从小学开始学习，而可能是直到大学都不一定能接受系统性的学习。虽然最近几年无论是英国的高中还是国内的国际学校，逐渐开设了 A-Level、IB 和 AP 计算机，但仍然还是少数。所以根据这个情况，以 A-Level 为例来说一下计算机专业的高中选课。

首先，最重要的就是数学，重要指数 5 颗星。细分学科里最主要的是纯数学。如果你对机器学习和数据分析方向的专业比较感兴趣，你的概率和统计也要好好学。其次是进阶数学，重要指数 4 颗星。大学的硬性要求不一定有进阶数学，但进阶数学中的线性代数、矩阵的内容是学习计算机尤其是机器学习的基础。除此之外，统计学里的概率学、统计模型、检测检验，都对机器学习和数据分析有至关重要的作用。第三科推荐的是计算机，重要指数 4 颗星。这个学科为什么只给打了 4 颗星？因为很多学校不开设。如果你的学校开设的话，那自然是必修的，A-Level 计算机中的所有内容都是对大学学习有帮助的。最后就是科学科目，比如物理、化学、生物，这些重要指数低一点，3 颗星。大学对这些科目没有硬性要求，而学习理科主要是培养逻辑思维能力、解题能力、团队协作等，对于计算机学科有锦上添花的作用。

笔试与面试

剑桥 CTMUA 及 CSAT 考试介绍

剑桥大学的 CTMUA（Cambridge Test of Mathematics for University Admission）由两张试卷组成，其内容均为数学或数理逻辑的单选或多选题。两张试卷的考试时长均为 75 分钟，共计两个半小时；题量通常为 20 道题，因此答题时间较宽裕。

试卷一主要考查学生是否能够将高中课本中学到的数学知识应用到高中数学考试之外的一些新式题型中。通常如果学生具有较高的数学能力，便可以轻松应对这些题目。

试卷二主要考查学生是否具有一定的逻辑分析能力和数学推理能力。学生需掌握一定程度的基本逻辑学知识。整体而言，CTMUA 比 CSAT（Computer Science Aptitudes Test）和牛津的 MAT 简单些。大多数的学生在经过系统的训练后均能轻松应对这一考试。

剑桥大学的 CSAT 并不是所有申请者都要参加的考试，只有部分学院会要求学生在面试期间参加。CSAT 考试时长为 100 分钟，考试内容共两个部分，其中第一部分有 8 道题，第二部分有 12 道题。考生需要在两个部分中各选择 5 道题作答。CSAT 无论在题目难度还是考试时间上对学生来说都是个非常高的挑战。但由于学生的选题空间非常大，因此学生可以最大限度发挥自己的优势。与其说 CSAT 是一门笔试考试，倒不如说 CSAT 是一门笔答形式的面试。正如 CSAT 出题组曾在其官网上说的："我们设立这门考试（CSAT）并不是为了折磨学生，我们是为了帮助学生更好地展现自己最擅长的一面。CSAT 并没有所谓的及格分数，它的作用是让招生官看到你的闪光点。"由于申请者可以在剑桥的申请通道关闭之前得知需要进行 CSAT 考试的学院，因此一些学生可以根据自身情况选择利用这个考试多一次展现自己的机会。一些面试、交流能力出众但笔试能力稍有欠缺的学生也可以选择避开这门考试以掩盖一些不足。

牛津 MAT 考试介绍

如前面所介绍，MAT 是一门历史悠久的考试，从 20 世纪 90 年代开始便作为牛津大学数学专业的前置考试，后作为计算机专业的前置考试。在 2007 年的考试改革中加入了计算机专项题目以区分数学和计算机两个不同专业申请人的知识考查范围。在 2013 年时有部分其他学校也在申请流程中加入了 MAT 考试以供筛选申请数学专业的学生。

MAT 考试时间为两个半小时。题目由 10 道单选题（第一题）和 4 道大题组成。其中第二题和第五题为所有考生必答。此外，Computer Science 和 Computer Science and Philosophy 专业的学生需要作答第六题（通常为逻辑类题目）和第七题（通常为偏向计算机算法类的题目）。而 Mathematics and Computer Science 专业的学生需要作答第三题（数学）和第六题。MAT 是一个很棒的考试，因为考生既不会因为有些知识没有学到而无法作答，同时它又可以通过灵活多变的题型和题目的复杂程度来筛选出那些对专业知识感兴趣且具有一定思维能力的学生。

面试准备

牛津大学和剑桥大学的面试大体分为四大类：数学、计算机算法、逻辑和其他。数学部分主要涵盖了画图、微积分、数列、排列组合等，主要考查学生是否有最基本的数学能力。虽然题目难度和深度都不是大多数学生能够轻松应对的，但内容上并不会超纲。计算机算法主要考查学生是否具有一定的解决计算问题的能力，是否了解部分基本算法以及能否通过将基本算法进行一定变化来解决某些特定问题。面试中的逻辑题并不难，属于面试题目中较为简单的部分，主要考查学生是否具有正确、清晰的逻辑分析能力来解决数学和逻辑题目。

除上述三大类型的题目外，牛剑面试中还可能会考查一些"变种"的数学或逻辑问题，这些题目很难被归为传统的数学题或逻辑题，这些题目更加灵活多变，主要考查学生在面试环境下短时间内能否有清晰的解题思路。

竞赛与背景提升

英国大学申请过程中招生官注重学生的专业能力及其对专业的兴趣。竞赛获奖能体现学生在这个领域的深度学习和兴趣，如果你能在一些国际顶尖的竞赛中获得最顶尖的奖项，如入选奥林匹克竞赛国家队，参加国际奥林匹克竞赛且获得不错的奖项，那么申请成功率一定会提高很多。关于 USACO（United States of America Computing Olympiad）可以参考前面竞赛介绍部分，这里我们着重介绍 CCF CSP-J/S 和编程训练。

CCF CSP-J/S

由于 National Olympiad in Informatics in Provinces（全国青少年信息学奥林匹克联赛，是中国五大奥赛项目之一）被取消，CCF CSP 是目前国内青少年参加比较多的竞赛，全称为中国计算机学会计算机软件能力认证（以下简称 CSP）。CSP 非专业级别认证分为两个级别：CSP-J（Junior，入门级）和CSP-S（Senior，提高级）。两个级别考试均面向所有人，内容均涉及算法、编程和其他计算机常识。CSP的国际认可度远不及USACO。

编程训练

计算机专业最重要的背景提升就是编程训练，通过编程练习解决具体问题，在算法、逻辑、数学能力三个方面得到提升。这三方面中最重要的就是算法。因为对于大学尤其是牛津和剑桥，计算机科学最基础的内容就是算法。牛剑的面试经常会把一个算法巧妙地伪装成一道数学题来考查学生。建议学生自学多种编程语言，可以在网上参考其他人做的小程序，效仿去写一写，然后在此基础上可以做一些创新，比如尝试写一个自动调节亮度的灯的程序、自动窗帘的开关程序等。

扫二维码查看申请本专业的推荐书籍

就业前景

近几年来计算机专业申请人数迅速攀升、录取率逐年下降的趋势可以反映出计算机领域就业的热度，甚至有人说未来编程可能会成为像语言一样的基础技能。而计算机的不同分支对应的就业方向非常不同。

Computer Science 是一个科学类的专业，比较注重理论，对数学的基础要求比较多一点儿。大学时学到的应用可能会比较少。如果你未来的就业想偏应用一点，那么你就需要自己去学习应用的知识。一般来说Computer Science的就业方向是IT行业的技术岗位或者是IT行业的科研岗位。

Computing 是一个比较偏工程类的学科，它与机械工程有很多相似之处，会积累大量的编程方面的经验，未来就业也是IT行业的技术岗位。Software Engineering 是应用类学科，比较偏重软件开发方面，同时也会涉及很多跟计算机不直接相关的内容，比如心理学、社会学和统计学，因为只有考虑到用户心理和实际需求，注重用户体验才可以把一个产品做好。Software Engineering的就业主要是IT行业产品经理，当然也不限于IT行业，任何一个需要设计开发软件的公司都有这种岗位。

Data Science 是一个科学类学科，涉及很多数学和统计的内容。学生会学习到应用于各个领域的数据模型，比如金融、传染病学、流行病学、生物方面、医药方面，这些都将是让你成为一位优秀的数据分析师的基础。IT、金融行业大数据方面的岗位都有非常好的发展前景。

　　Data Science 近年来非常火爆，所谓"大数据时代"，不光是学计算机，还有学数学、学工程学、学各种学科的人都想挤进这个行业。除此之外，计算机已经渗透到了各行各业，互联网、科技、游戏、动画、AI、医疗和实验等。不管是生物、化学还是医学，计算机模拟实验方法都非常高效，常用于前期实验试错和后期校对结果，甚至有很多实验就是基于模拟的场景。例如在医疗领域，DNA 分析、核磁共振等都属于计算机跨领域应用的内容。

　　计算机专业之所以能如此火爆，是因为几乎任何一个你感兴趣的学科与计算机结合起来，都可以提升效率，解决实际问题。

　　以上为名校主要专业介绍，还有一些相对小众的专业，可以扫描二维码了解相关信息。

潘潘在"唯寻创立 9 周年庆典"讲座上

第二节
更多英国名校

一、伦敦政治经济学院

学校介绍

伦敦政治经济学院（London School of Economics and Political Science, LSE）于 1895 年由 Fabian Society（费边社）成员发起成立，包括 George Bernard Shaw（乔治·伯纳德·萧伯纳）、Sidney and Beatrice Webb（韦伯夫妇）以及 Graham Wallas（格雷厄姆·沃拉斯）。建立学校的决定是在 1894 年 8 月 4 日的早餐聚会上完成的，最初由 Henry Hunt Hutchinson 庄园的 2 万英镑遗赠资助。学校的宗旨是通过对贫困问题的研究和对不平等现象的分析，在总体上改善社会。学校地处伦敦西区——一个世界青年文化、金融、政治和艺术时尚引领地。

LSE 一直都是诺贝尔经济学奖的摇篮，25%（13/52）的诺贝尔经济学奖被伦敦政治经济学院的学者获得；LSE 的校友及教员之中有 18 名诺贝尔奖得奖者，52 位前任或现任国家元首；学校多年来培养了大量商业及金融人士，校友名录涵盖航空、传媒、银行等各个领域的创始人和主席。

乔治·伯纳德·萧伯纳

特色专业解析

伦敦政治经济学院，如同学校的名字，只有商科及人文社科类专业，且全部专业均全球领先。

特点是跨学科项目开设特别全面，其中"经济＋项目"的丰富程度超乎想象，不仅有"经济＋数学"专业，还有"经济＋地理／政治／哲学"等。

需要特别注意的是 LSE 的跨学科专业基本从属关系是前面一个名称的学院，比如 Mathematics and Economics（数学与经济学）专业就属于数学系，但 LSE 是没有纯数学专业的。

LSE 的 PBS 心理学专业是 2018 年新开设的专业，近两年相对好申请。

2018~2020 年报录比如下图：

2018 年				2019 年				2020 年			
专业名称	报录比	专业名称	报录比	专业名称	报录比	专业名称	报录比	专业名称	报录比	专业名称	报录比
法学 Law	18:1	数学 Mathematics	10:1	哲学 Philosophy	17:1	社会学 Sociology	9:1	哲学、政治和经济 PPE	17:1	社会学 Sociology	8:1
国际关系 International Relations	16:1	统计 Statistics	9:1	政府 Government	16:1	统计学 Statistics	9:1	会计与金融学 Accounting & Finance	12:1	统计学 Statistics	10:1
哲学 Philosophy	16:1	历史 History	9:1	法学 Law	15:1	历史 History	9:1	法学 Law	13:1	历史 History	9:1
政府 Government	14:1	地理 Geography	9:1	经济学 Economics	15:1	人类学 Anthropology	9:1	经济学 Economics	12:1	人类学 Anthropology	14:1
会计与金融学 Accounting & Finance	14:1	社会学 Sociology	7:1	国际关系 International Relations	15:1	心理学 Psychology	8:1	国际关系 International Relations	9:1	心理学 Psychology	15:1

来源：London School of Economics and Political Science

国际关系、法律和哲学一直处于申请难度排名前五的专业；数学类、统计类、环境地理类、社会学和历史类竞争难度相对较小。

申请要求

伦敦政治经济学院有一个相对 general 的申请要求,同时不同专业也会有具体要求,如下所示:

标化考试	成绩要求
A-Level	AAB~A*AA
IB	37 overall (with HL 6 6 6) to 38 overall (with HL 7 6 6)
AP	five APs (5, 5, 5, 4, 4~5, 5, 5, 5, 5)
IELTS	7.0 overall and 7.0 in each component (in one exam sitting only)
TOEFL	100 overall, with a minimum of: 27 in Writing 25 in Reading 24 in Listening 24 in Speaking (in one exam sitting only)

Courses	A-Level	IB	AP	IELTS	TOEFL iBT
BSc Finance	A*AA, with an A* in Mathematics	38 points overall. 766 in higher level subjects, including 7 in Mathematics	Five APs at grade 5, Calculus BC grade 5	7.0 overall and 7.0 in each component (in one exam sitting only)	100 overall, with a minimum of: 27 in Writing 25 in Reading 24 in Listening 24 in Speaking (in one exam sitting only)
BSc Philosophy and Economics	AAA, with an A in Mathematics	38 points overall, with 766 in higher level subjects, including Mathematics	Five APs at grade 5, Calculus BC grade 5	同上	同上
LLB Laws	A*AA	38 points overall, with 766 at higher level	Five APs at grade 5	同上	同上
BSc International relations	AAA	38 points overall, including 766 at higher level	Five APs at grade 5	同上	同上
BSc Economics	A*AA with an A* in Mathematics	38 points overall (and above) including 766 in higher level subjects, with 7 in Mathematics	Five APs at grade 5, Calculus BC grade 5	同上	同上
BSc Mathematics and Economics	A*AA with an A* in Mathematics. A in Further Mathematics	38 points overall, including 766 in higher level subjects, with 7 in Mathematics	Five APs at grade 5, Calculus BC grade 5	同上	同上

来源:London School of Economics and Political Science

就读体验

Ella 刘倚伶老师，伦敦政治经济学院经济系本科荣誉学士，成绩优异，经历丰富，曾获得 PWC YouPlus 特训项目全额奖学金，也曾在耶鲁大学管理学院 Executive Education 培训。深研 GCSE、A-Level 及 IB 课程体系，熟悉 G5 录取标准和牛剑笔面试、国际课程及竞赛辅导。雅思成绩总分 8.0，均分 7.0，现任唯寻资深课程顾问。

有这样一句话，"从 Holborn（LSE 所在地）出来，你可以去任何地方。"作为政商界的女神校，LSE 的一纸文凭是法律、金融经管领域的通行证，其效力可比牛津、剑桥的文凭。我从 LSE 毕业也有数年了，回想起当时的日子，非常怀念。

很多人说 LSE 是玄学录取，有 AAB 被录取的，四个 A* 被拒的，其实这个"玄"字就是在文书上。我在申请 LSE 时，除了语言成绩和 A-Level 成绩，文书也起到了很重要的作用。文书中我写了实习期间了解到的关于扶贫经济政策的内容以及境外投资在发展中起到的作用。文书中还提到了 LSE 推荐书单（《卧底经济学》和《魔鬼经济学》）、我参加的 Young Enterprise（英国商赛）和其他非学术类活动。

在进入 LSE 之前，我听说过它"投行人才市场"的别称，本来还将信将疑，去后发现真的太贴切了。LSE 的学生目的性都很强，大一就开始疯狂地找实习，而且实习类型非常单一，一定是投行。这所学校对投行的疯狂和热爱到了"洗脑"的程度，当你还在想大一要怎么享受伦敦生活的时候，别人已经开始了各个投资银行的申请和笔面试准备，行程里排满了各个银行的校招活动了。有时你甚至会觉得如果寒暑假不能去 UBS（瑞士联

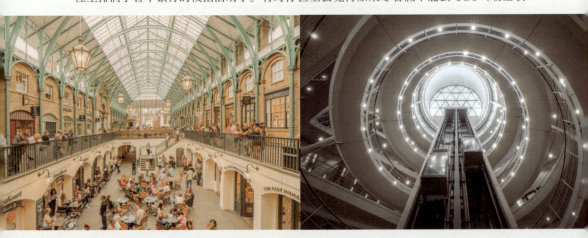

合银行）、高盛等顶级投行实习都不配做LSE的学生。

说回学校体验，LSE不是封闭式校园大学，只有几栋教学楼和办公楼散落在Kingsway。学校是没有大门的，只有一块简简单单的红色牌子，而且对面就是KCL的教学楼，所以学校门口的教授介绍全是KCL的，这也算是一个冷知识。

学校宿舍分布在伦敦各个区域，只提供给大一的学生和研究生，所以大一结束之后学生只能租房子住。在这里上学就需要通勤去学校，感觉很像上班。

我当时住在County Hall（市政厅），每天要走过Waterloo Bridge（滑铁卢大桥）到学校，因此每天都能看到泰晤士河、大本钟和伦敦眼，风景还是很美的。

LSE有食堂，但我不怎么爱在那里吃饭，因为在读A-Level时吃英国食堂吃到生无可恋。英国菜种类就那些，没什么特别的。不过由于学校在市中心，吃饭还是很方便的，韩国菜、日本菜、中餐餐厅等都步行可达。我吃得最多的是韩国菜和日本菜，还有门口的

Pret（一个英国简餐品牌）。

如果说LSE哪个地方最特别？那肯定是图书馆了。LSE的图书馆是全世界最大的社会科学图书馆，藏书超过400万册，期刊超过15万种，而超过90%的藏书都是可以外借的。每年到了3月，图书馆就是24小时开放了。考试期间学校为了缓解学生的压力，还会办一些有趣的活动，例如有一次学校把羊驼和小动物搬进了校园，做成了一个pop-up zoo（快闪动物园）。

很多人会把LSE和UCL做比较，就拿经济系来说，LSE课时的确少很多，但强度很大。据说UCL的经济系一天的课从早9点到晚5点，就跟国内中学一样，安排得满满的，一年要学8门课。而LSE一年只学4门课，一门课的lecture一周2~4个小时，class两个小时，所以加起来一周一共不到24小时的课。

上课的时候，也没有一个固定的班集体，不存在同一个系的学生一直在一起上课，因为课程不是按照专业来分的，是所有需要上这门课的学生（上百人）一起上课，例如数学和统计课，上课的学生就有经济、管理、数学、统计这些专业的人。

学生成绩（部分有项目的学科除外）全部都由每年5~6月的考试成绩组成，平时作业不需要上交，也没有分数。大部分的lecture都有录播，大课一周8小时或以上，我们可以随时在LSE内部网获取，学校不要求学生去校内上大课（我在LSE时是这样的），只需要参加一周四个小时的小课，小课是为了评讲大课布置的作业。所以学校不会强制要求我们打卡，学习节奏自己把控。

其实就我个人而言，LSE最好的地方就是大部分课都有录播，因为如果你上课走神了或者没听懂，可以回去反复看。不好的地方也有，就是老师给予学生的support太少，class teacher都是研究生或者在校博士。课后如果你有很多问题，找不到人解答，全靠自学。可能这就是LSE的学生满意度低的原因吧。

二、帝国理工学院

学校介绍

帝国理工学院（Imperial College London, IC）1907年建立于英国伦敦，由皇家科学学院（Royal College of Science）、城市和行会学校（City & Guilds College）和皇家矿业学校（Royal School of Mines）合并组成，全称为帝国科学、技术与医学学院（Imperial College of Science, Technology and Medicine）。帝国理工学院是英国"常春藤联盟"罗素大学集团成员，在职教授和校友中共有14位诺贝尔奖获得者和3位菲尔兹奖获得者。IC提供本科和研究生教育，共有四个学院：工程学院、医学院、自然科学学院、商学院（本科阶段无），通常被认为是英国最严格的大学之一，它授予一等学位的比例和每年的淘汰率都十分引人瞩目，其淘汰率甚至高于牛剑。

特色专业解析

帝国理工以各工程和理科项目为主，世界排名均在前列。医学也有本科，其中医学王牌专业临床医学世界专业排名第四（本科可以先学基础的医学，之后再学临床医学）。

该学院专业的特点是工程类项目开设特别全面，甚至包括电子信息工程这种很具体的项目。

热门的课程有电子电气工程、工程与技术、航天工程、土木工程、化学工程、机械工程、材料工程、物理、化学、生物化学、生物医学工程、化工、数学（数学与统计）、地质学、计算机等。

需要特别注意的是帝国理工的商学院世界排名也很高，不过本科不提供商科项目，唯一一个 Mathematics with Statistics for Finance（金融统计数学）也是以数学内容为主。

2020 年 UCAS cycle 主要院系录取数据如下：

院系	收到申请人数	预录取人数	确认入学人数
工学院	12 345	3 837	1 688
医学院	4 540	1 239	580
自然科学院	8 895	3 682	1 186

申请要求

帝国理工学院有一个相对 general 的申请要求，同时不同专业也会有具体要求，如下所示：

标化考试	成绩要求
A-Level	AAA~A*A*A
IB	Overall scores of 38-42, with scores of 6-7 in relevant subjects at higher level
AP	Minimum of 3-4 AP tests with Grades of 5
IELTS	Standard 6.5 overall (minimum 6.0 in all elements) Higher 7.0 overall (minimum 6.5 in all elements)
TOEFL (iBT)	Standard 92 overall (minimum 20 in all elements) Higher 100 overall (minimum 22 in all elements)

Courses	A-Level	IB	AP	IELTS	TOEFL iBT
BEng Computing	A*A*A-A*AAA, to include: A* in Mathematics A*, A in two other recommended or useful subjects Recommended subjects: Computer Science, Further Mathematics, Physics Useful subjects: Ancient Language, Biology, Chemistry, Economics, Electronics, English Literature, History, Languages, Law, Philosophy, Politics, Psychology ICT, Business Studies, General Studies and Critical Thinking are not accepted	39 points overall, to include: 7 in Mathematics at higher level 7 in another relevant subject at higher level	grades 5, 5, 5 to include: 5 in Calculus BC 5 in two other subjects	6.5 overall (minimum 6.0 in all elements)	92 overall (minimum 20 in all elements)
BSc Mathematics	A*A*A overall, to include: A* in Mathematics A* in Further Mathematics A in another subject General Studies and Critical Thinking are not accepted	39 points overall, to include: 7 in Mathematics at higher level 6 in another subject at higher level	grades 5, 5, 5 to include: 5 in Calculus BC 5 in Chemistry, Physics C (Electricity and Magnetism, or Mechanics), Statistics or Computer Science 5 in another subject	7.0 overall (minimum 6.5 in all elements)	100 overall (minimum 22 in all elements)
BEng Electrical and Electronic Engineering	A*AA overall, to include: A* in Mathematics A in Physics A in a recommended subject Recommended subjects: Further Mathematics (strongly encouraged but not essential), Chemistry, Computer Science /Computing, Design and Technology, Electronics General Studies and Critical Thinking are not accepted	38 points overall, to include: 6 in Mathematics at higher level 6 in Physics at higher level	grades 5, 5, 5, 5, to include: 5 in Calculus BC 5 Physics C (Electricity and Magnetism) 5 Physics C (Mechanics) 5 in another subject	7.0 overall (minimum 6.5 in all elements)	100 overall (minimum 22 in all elements)
MBBS/BSc Medicine	AAA overall, to include: A in Biology A in Chemistry A in a third subject General Studies and Critical Thinking are not accepted	38 points overall, to include: 6 in Biology at higher level 6 in Chemistry at higher level	grades 5, 5, 5 to include: 5 in Biology 5 in Chemistry 5 in a Mathematics or Science subject	7.0 overall (minimum 6.5 in all elements)	100 overall (minimum 22 in all elements)
BSc Physics	A*A*A overall, to include: A* in Mathematics A*/A in Physics A*/A in a third subject (Further Mathematics is recommended, but not essential) Chemistry, although not essential, is considered to be a useful third subject. General Studies and Critical Thinking are not accepted	40 points overall, to include: 7, 6, 6 at higher level which must include Mathematics and Physics	5, 5, 5, 5 to include: 5 in Calculus BC 5 in Physics C Electricity and Magnetism 5 in Physics C Mechanics 5 in Chemistry, Statistics, Computer Science, Macro or Micro Economics	7.0 overall (minimum 6.5 in all elements)	100 overall (minimum 22 in all elements)
BSc Mathematics with Statistics for Finance	A*A*A overall, to include: A* in Mathematics A* in Further Mathematics A in another subject General Studies and Critical Thinking are not accepted	39 points overall, to include: 7 in Mathematics at higher level 6 in another subject at higher level	grades 5, 5, 5 to include: 5 in Calculus BC 5 in Chemistry, Physics C (Electricity and Magnetism, or Mechanics), Statistics or Computer Science 5 in another subject	7.0 overall (minimum 6.5 in all elements)	100 overall (minimum 22 in all elements)

来源：Imperial College London

就读体验

田晓捷老师，英国帝国理工学院化学本硕荣誉学位毕业，现已累积 2 000 小时的一对一以及小班国际课程教学时间，熟悉各个考试局考纲，结合历年的考试缩小考试范围，根据不同考试局整理相关高频考查点，善于在教学中培养学生的化学思维。现任唯寻化学教学主管。

我的专业是化学，当时是先定了专业，后来在英国化学专业比较好的学校里申请了 IC。A-Level 我考的是数学、化学、高数和物理。现在 IC 的化学专业是会安排面试的，而我当年还没有。只不过不像牛剑那样要现场面试，是可以用 Skype（远程视频软件）的。面试内容主要是考查 A-Level 学得怎么样，不会特别难。

我选择 IC 的原因除了专业排名，还有就是学校的地理位置。IC 附近有很多博物馆，还有皇家音乐厅 Albert Hall，我们的毕业典礼就是在那里举办的，非常高大上。

学校原本是一个挺小的校区，后来又在旁边开了一个校区。不同的专业会在不同的校

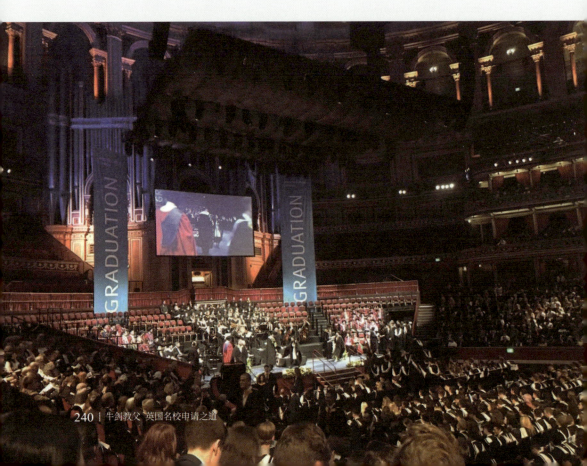

区，中国学生大部分都是数学、化学专业，本科生和研究生都在 South Kensington 校区。

如果用一个字描述 IC，那就是"贵"，两个字描述在 IC 的生活，那就是"辛苦"。"贵"就是贵在学费上，相同专业在其他学校的学费都会比我们便宜。我当时每年差不多 3 万英镑的学费，这个学费就算不是全英第一贵，也可以排到前三了。除了学费，住宿方面因为在伦敦，价格也是可想而知。

学校整体属于"麻雀虽小，五脏俱全"的类型。比如我们有很多设备，如果要做小组讨论，教室里的投屏设备都可以使用。学校图书馆也不错，但我个人不是很喜欢去图书馆学习，因为有点儿吵，没法专心学习。其实每个专业楼都会提供可以学习的地方，比较安静，我通常会去那里学习。

为什么说"辛苦"呢？因为我的专业真的挺忙的。lab（实验室）的时间是每周一到周四下午 1 点到 5 点，周末就得写 lab report（实验室报告），然后下一个周一又是一个新的 lab，整个三年学习生涯一直这样持续。我觉得 IC 比较注重实践，所以有这么多 lab 的时间。

IC 整体的学习压力其实挺大的，我这几年一直都在学习，没时间放松。我们 tutorial（导师辅导课）当时是按姓氏分的，我姓氏字母是 T，中国学生比较少，所以跟我一起上 tutorial 的都是外国人，我被迫跟他们多交流，语言进步也非常大。

从大四开始我跟着一名导师做实验。为什么我还有大四呢？因为我当初申请的就是本硕连读，共四年。如果你申请的是本科，后来想读硕士，那么在大二可以跟老师申请说要继续读 master（研究生），这样就能转到本硕连读了，不能等到大三再说，因为课程内容不一样，到大三就来不及了。所以如果要考虑转本硕连读的同学一定要提前跟老师沟通，确认最终日期。

我们学校有个挺有特色的项目就是每次考试前都可以蹦极。学校里会有一辆吊车，大概三四层楼高，学生可以爬上去再跳下来。我虽然不敢尝试，但是看过很多人去跳，应该是挺解压的。我们还有 farmer's market（农贸市场），每周一或周二会在学校的某块空地上，有各种商户来摆摊，平时如果不去食堂吃饭也可以去逛逛那里，整体体验还是很好的。

孟圆老师，帝国理工学院学士，荣获一等荣誉学位，同时也是牛津大学数学系硕士，致力于辅导各年龄阶段的学生，培养其对 STEM 学科的兴趣，并为将来更深入的学习打好基础。现任唯寻资深数学老师。

我是数学专业的，当时是在英国读的 A-Level，然后申请的 IC。我当时拿到了 5 个 offer，但是只能保留两个，一个是 firm choice（首选），一个是 insurance choice（备选）。IC 是我的 firm choice。

我们学校虽然说是在伦敦，但地理位置其实跟其他伦敦的学校还有点儿不同。我们在的那个区 South Kensington

（南肯辛顿）算是贵族区，也比较偏离市中心，北面是海德公园，南边是贵族住宅区。相比那些在市中心的学校来说我们学校会比较安静，也相对比较安全。海德公园里面有很多小公园，包括肯辛顿宫也在里面，就是戴安娜王妃以前住的地方，也是现在威廉王子夫妇住的地方。

我们学费属于比较贵的，数学算是相对便宜的专业，因为不需要使用实验器材，但相比其他学校的数学专业来说还是贵。住宿方面，因为宿舍紧张，学生又多，所有伦敦的大学只提供一年的住宿。我当时的宿舍房间挺好的，虽然楼房很旧，但房间挺大，而且离学校很近，就在它的后面。提供宿舍之前，学校会先给我们一个申请表格，上面会有第一志愿、第二志愿、第三志愿等，学校会根据学生的选择情况，也会考虑学生个人情况（如信仰、生活习惯等）来分配宿舍。学校提供的住宿会分布在伦敦各个地方，有在帕丁顿车站附近的，也有很多在特别

远的地方,所以说选宿舍的时候地理位置很重要。

我当时住的是双人间,舍友是个韩国女孩,虽然关系没有特别亲密,一年也不会有几次深度聊天,但平时也会一起吃饭,一起找舍管。

我认为IC与别的学校最大的不同点在于,校园相对封闭。其他的学校校园比较分散,我们学校基本都是在一个block(街区),跟国内有点像,但跟国内又有点儿不同。国内的学校会围起来,IC没有,外部人员随时可以进来。我们的每栋楼离得都挺近的,不会分散在各地。

关于课程设置和学业压力,我觉得自己也没怎么放松过,一直都是处于学习的状态。高中同学在国内玩的时候我在学习,他们来欧洲玩的时候我在赶due,他们又去其他地方玩时我还在准备考试。但是,IC对于大一的学生还是比较仁慈的,现在回想第一年时我其实不怎么认真,但成绩也还不错。当时我们有个制度,如果大一你有一半的课(或以内)不及格,可以重考,但重考只算pass(及格分)。如果重考还没过,就gap一年,下一年参加考试,相当于留了一级。如果一半以上的课程不及格就直接退学。大一那一年必交的作业不多,主要是适应大学环境,之后的两年会慢慢提高难度,课程设置会越来越紧。感觉学校在慢慢引导我们去适应大学的课程。

如果说作为学生IC必打卡的地方那肯定是lib(图书馆)

了。我们数学系有一个 Math learning center（数学学习区），是个很吵的地方，因为那边没有限定学生必须安静学习，所以学生通常会去那里做 group discussion（小组讨论）。但图书馆有区域限制，学生必须安静，所以我通常去图书馆学习。而且图书馆有举报电话，我们可以发短信给 security（安保人员）"举报"某人太吵。学校还有个地标性建筑，在校区中间，叫 Queen's Tower（女王塔），有时会开放供人参观。

我们数学系有个挺有意思的事是每年3月14日系里会发 pie（派）吃，因为3月14日是3.14，就是π（圆周率）开头的三个数字。

三、伦敦大学学院

学校介绍

伦敦大学学院（University College London, UCL）始建于1826年，鉴于当时英格兰仅有的两所大学——牛津大学和剑桥大学都是严格意义上的教会学校，伦敦大学学院立志成为带有宗教性质的大学之外的世俗选择。伦敦大学学院从一开始就是作为一所综合性大学来创办和发展的，而不是单纯的学院或研究机构。其创办人之一边沁本人是"高等教育应广泛普及"理论的强烈拥护者，其思想与学院的早期宗旨即"教育人人平等"相呼应，即漠视一切性别、宗教信仰及政治主张上的差异。

伦敦大学学院地处伦敦，地理位置优越，是一所文理兼备、典型的综合类大学。学校综合排名较高（2020~2021 年 URAP 世界排名第 4，2021 年 ARWU 软科世界大学学术排名第 17，US News 世界大学排名 19，2022 年 QS 世界大学排名第 8，THE 世界大学排名第 18），建筑学院与心理专业常年全球排名第一。USL 申请门槛相对其他 G5 学校来说较低，但是相对而言录取的不确定性较高，同学之间成绩的跨度也比较大。

特色专业解析

UCL 巴特莱特建筑学院——2019 年录取率为 11%：2 200/247

UCL 最久负盛名的学院之一，也是世界公认的最顶尖和最具影响力的建筑学院之一。20 世纪 90 年代初，在彼得·库克（Peter Cook）和彼得·霍尔（Peter Hall）两位教授的引领下，巴特莱特的建筑学和规划学研究开始逐步在世界范围内积攒声誉。巴院以提出空间句法理论（Space Syntax Theory）而享誉全球。

UCL 教育学院（IOE）——2019 年录取率为 57%：508/291

欧洲师范教育的研究航母，拥有众多世界级的教育领域研究学者。该院成立于1902年，曾是伦敦大学下属的一所研究生院，于 2014 年正式并入 UCL 并更名为伦敦大学学院教育学院，成为 UCL 的第 11 个大学院，在 2014~2021 年连续 8 年雄踞 QS 世界大学教育学专业排名榜首。

UCL 生命科学学院——2019 年录取率为 74%：719/529

UCL 生命科学暨临床医学研究院拥有英国规模最大、最久负盛名的医学和生命科学研究聚合体，以其尖端的教学及学术研究享誉全球。与此同时，英国国家医学研究所（NIMR）也位于 UCL，它是世界上最领先的生物医学科研中心之一，有着六度获得诺贝尔奖的殊荣。

其他专业

经济系——2019 年录取率为 38%：2 925/1 123

心理学——2019 年录取率为 42%：1 578/665

申请要求

伦敦大学学院有一个相对 general 的申请要求，同时不同专业也会有具体要求，如下所示：

标化考试	成绩要求
A-Level	A*A*A~ABB
IB	minimum 34 points overall, with a combined score of 16 achieved in three higher level subjects with no grade lower than five
AP	Five AP subjects, taken in the final three years of high school
IELTS Academic Version	Standard level: Overall grade of 6.5 with a minimum of 6.0 in each of the subtests. Good level: Overall grade of 7.0 with a minimum of 6.5 in each of the subtests. Advanced level: Overall grade of 7.5 with a minimum of 6.5 in each of the subtests
TOEFL	Standard level: Score of 92 overall with 24/30 in reading and writing and 20/30 in speaking and listening Good level: Score of 100 overall with 24/30 in reading and writing and 20/30 in speaking and listening Advanced level: Score of 109 overall 24/30 in reading and writing and 20/30 in speaking and listening

专业	A-Level	IB	AP	IELTS/TOEFL iBT
Architecture BSc	AAB	36 A total of 17 points in three higher level subjects, with no score lower than 5	5, 4, 4, 4, 4 in five AP subjects	Standard
Education Studies BA	ABB	34 A total of 16 points in three higher level subjects, with no score lower than 5	5, 4, 4, 4, 4 in five AP subjects	Good
Biological Sciences BSc	AAA Biology required plus one from Chemistry, Life and Health Sciences, Mathematics or Physics.	38 A total of 18 points in three higher level subjects including Biology at grade 6 and one from Chemistry, Mathematics or Physics, with no score below 5	5, 5, 5, 4, 4 in five AP subjects	Good
Economics BSc (Econ)	A*AA Mathematics grade A* required, plus grade A in Economics if offered.	39 A total of 19 points in three higher level subjects including grade 7 in Mathematics and grade 6 in Economics if offered with no score lower than 5	5, 5, 5, 5, 4 in five AP subjects	Good

(续)

专业	A-Level	IB	AP	IELTS/TOEFL iBT
Psychology BSc	A*AA To include at least one, preferably two subjects from: Biology, Chemistry, Mathematics, Physics and Psychology	39 A total of 19 points in three higher level subjects to include grade 6 in one subject, but preferably two, from Biology, Chemistry, Mathematics, Physics and Psychology, with no score lower than 5	5, 5, 5, 5, 4 in five AP subjects	Good

来源：University College London

就读体验

　　虞佳老师，本科就读于伦敦大学学院统计系，曾在中国银行投资管理部任职，是位看似文静实则热情的老师，总是能用自己对数学的热情感染学生，让学生真正爱上学习。现任唯寻资深数学老师。

　　UCL 是我的 first choice（第一选择），它对我也非常好。记得我刚入学时，觉得不喜欢数学专业，想换专业。跟院里沟通的时候，本来以为会很麻烦，没想到他们直接问我"哪个专业是我的第一选择？"然后就给我换到了想上的专业，非常感动。当然，我是同系里面转专业，不是跨系，跨系的话可能会难一点儿。

UCL 跟其他学校相比，校区更大，交通更方便，因为我们离 King's Cross（国王十字车站）和 Euston Station（尤斯顿站）这两个超大火车站很近。

学校必打卡的地方应该是 main library（主图书馆），是几栋白色的楼，很美。但学校比较"坑"的地方是校区太分散。

在 UCL 的三年里，我去食堂的次数几乎不超过十次。我选的宿舍也没有食堂，所以中午我基本上都是去买三明治和咖啡；如果时间比较充裕，就会去外面吃晚饭。虽然英国菜真的不好吃，但是伦敦什么都有，所以在吃饭方面不是什么大问题。

很多人关心英国留学的生活费，就我个人来说，如果不算房租，一周需要五六百英镑，花钱的多少最终取决于个人。房租是生活费的消耗大头，一般单间（共享厨房）大概 320 英镑一周，如果是 studio（单人公寓）就得 400 英镑一周。

我不是一个很 social 的人，所以在英国的时候也没有玩过很多地方。父母偶尔过来游玩，我会陪着他们去一些知名的景点逛逛。

如果说学校有什么让我印象深刻的事，那肯定是计算机系一位学生的故事了。当时，他把校长邮箱给黑了，还给所有学生发了邮件（只有校长才能同时给所有学生发邮件）。这位大神的操作在我们学生间也是流传了好久，也侧面证明了我们学校计算机系真的厉害，哈哈！

沈可畅老师，伦敦大学学院化学系学士，熟悉 A-Level 国际课程体系，曾参与 CIE 考试局化学网课视频录制项目，通过结合考纲以及十年真题，定制化学课程笔记、考纲、教学方案和网课教学视频。

我刚到 UCL 的时候，学校给了我们很多选项让我们选择自己的宿舍，比如价钱范围，单人间还是双人间，带不带洗手间等这些问题。我当时的选择是单人间带洗手间，因为我怕如果遇到了不好相处的舍友会比较麻烦。宿舍条件不错，每周会有人打扫三次并帮我们倒垃圾。我当时住的地方离学校有 20 分钟的路程，一周 205 英镑。其他宿舍套间，如果离学校很近的话，一周将近 400 英镑。

后来，大二大三住学生公寓，我住的学生公寓环境也还可以，两周会有人来打扫一次，但有些学生公寓可能一年都不会打扫一次。如果你自己不打扫，那就非常可怕了。

学校图书馆可能很多人都知道，《盗梦空间》有几个场景是在那里拍的，包括有些英剧，如《神探夏洛克》也有些场景是在学校旁边那条街的咖啡馆里拍的，有兴趣的同学可以去打卡。还有学校大门挺好看的，也可以去拍照留念。学校挺"坑"的一个点是它给的地图实在不好用，有些 tutor 的课，教室很小，得找很久，经常迷路。

UCL 在神经医学方面和人工智能方面都很优秀。学校有一个盖茨比实验室，像 AlphaGo（阿尔法狗，谷歌人机大战机器人）的创始人，其中有两位就是我们 UCL 的老师。另外，也会有外面公司的人来学校给计算机系的学生上课，因此课程很有实操性。

要说学校有哪些不为人知的故事，应该就是老校长的遗体标本了吧。学校某一位去世的校长的遗体被做成标本（坐在可移动的椅子上），保存在了图书馆大厅。大厅的门周一至周五门都敞开着，人来人往，大家都可以看到。而且如果学校领导要开什么重要会议，还会把老校长的遗体标本请出来，放在一旁，由此可见这位老校长对学校的贡献很大，大家以此表示尊敬。

四、爱丁堡大学

学校介绍

爱丁堡大学（The University of Edinburgh）1583 年建立于苏格兰首府爱丁堡，它的建立甚至早于 Union of Crowns（联合王国），是当之无愧的苏格兰大学，属于 Ancient University（古典大学）之一。最早的 Old College（老学院）建于 1789 年，今为法学院；New College（新学院）建于 1846 年，今为神学院。

《2022 年 QS 世界大学排名》第 16，《2021 年 U.S. NEWS 世界大学排名》第 30。

2020~2021 年一共有学生 45 615 名，全职学生 34 855 名，其中本科 24 505 名，研究生 10 350 名；女生 27 895 名，男生 17 560 名；国际生 16 550 名（约 36.3%）。

爱丁堡大学是四年制本科，有些文科毕业之后取得 MA 学位并不是研究生，而是苏格兰特有的四年制 undergraduate masters（本科硕士），还是本科学制。

爱丁堡大学对国际生是很友好的，学费上来说苏格兰的学生免费，但是英格兰威尔士和北爱尔兰的学生是要按照政府规定付学费的，最贵的是国际生学费，所以对本地学生录取反而严格（因为挣钱少），录取率上来说对国际生最友好（除了教育、医学等专业）。

特色专业解析

经济

在《2021 年 QS 世界大学学科排名》中，爱丁堡大学的经济专业位列英国大学前 10 名。经济学可以单独修，也可以与商业、汉语和社会政策等学科作为双学位一起修。这会让你在找工作时更有优势——你的双重专业、跨学科知识和适应能力。这个专业即使没有学过经济学也可以报考。

会计与金融

会计与金融专业是爱丁堡大学商学院的王牌专业，也是最受中国留学生欢迎的专业。爱丁堡大学商学院隶属于爱丁堡大学人文社科学院，有近百年的历史，同时该院也是 CIMA（特许管理会计师公会）的正式合作伙伴，会计和金融硕士毕业生可通过绿色通道进入 CIMA。会计是商业活动中增长最快的领域。同样，金融也是当代商业的一个重要方面，这个专业提供了对这两个学科的全面解析。

生物

在《2021 年 QS 世界大学学科排名》中，爱丁堡大学生物专业位列英国大学前 5 名和世界大学前 20 名。爱丁堡大学的生物课程将为你打牢坚实的基础知识，让学生在大三时就可以在生物领域很专业，并在大四时能够完成一个独立的研究项目。该专业设施完备，学生可以在最先进的实验室和交互式计算机工作室中学习。

计算机

计算机专业所在的信息学学院是欧洲最大的信息学研究中心，在《2021 年 QS 世界大学学科排名》中，爱丁堡大学的计算机科学排名英国第 5 位，全球第 26 位。在排名最高的几个学校中是相对好录取的。该专业设置的课程很广泛，从理论到强大的应用导向，使每个学生都能根据自己的兴趣制订学习计划。

数学与统计

在《2021 年 QS 世界大学学科排名》中，爱丁堡大学在英国大学数学专业排名前五。统计知识应用广泛，学生毕业之后会有很多的职业选择。该专业的学生将从大二开始修读统计学课程。在大一大二时，除了学习数学，你还会学习其他领域的课程，如物理、信息学、哲学、经济或语言等。

建筑学

在《2021 年 QS 世界大学学科排名》中，爱丁堡大学在英国建筑 / 建筑环境专业排名前十。爱丁堡大学的建筑课程由建筑师注册委员会 (ARB) 规定，并有完整的英国皇家建筑师协会 (RIBA) 认证。想学建筑专业，爱丁堡大学可以说是最佳选择之一了。它不仅课程设置严谨，建筑风格也能给学生们极大的灵感。

英国文学

在《2021 年 QS 世界大学学科排名》中，爱丁堡大学的英语语言和文学位列世界大学前 10 名。爱丁堡大学有英国最古老的英国文学系，是世界上设立该专业时间最长的学校之一。该专业可以培养学生的分析能力、语言能力和创作能力，提高学生的文学和批判能力。学校里有很多社团供文学和戏剧爱好者参与。

申请要求

爱丁堡大学有一个相对 general 的申请要求，同时不同专业也会有具体要求，如下所示：

标化考试	成绩要求
A-Level	AAA~ABB
IB	30~37 and achieve specific grades in three HL subjects
AP	3 AP scores at 4+
IELTS/ TOEFL	language requirements vary between degrees

	A Levels	IB	GCSE	IELTS	TOEFL-iBT
经济	AAA~ABB Mathematics at B, or AS Mathematics at A (if A Level not taken)	37 points with 666 at HL–34 points with 655 at HL HL: Mathematics at 5. SL: English at 5 and Mathematics at 6 (if not at HL). Mathematical Studies is not accepted for any of our Economics degrees	English at C or 4	overall 6.5 with 5.5 in each component	92 or above with 20 in each section
会计与金融	AAA~ABB	37 points with 666 at HL–34 points with 655 at HL SL: English at 5 and either Mathematics at 5 or Mathematical Studies at 6	Mathematics at B or 6 and English at C or 4	overall 7.0 with 6.0 in each component	100 or above with 20 in each section
生物	AAA~ABB Biology and Chemistry at B. Grade A is required in one of Biology, Chemistry, Mathematics or Physics	37 points with 666 at HL–32 points with 555 at HL HL: Biology and Chemistry at 5. SL: Mathematics (from 2021, Mathematics: Analysis and Approaches only) or Physics at 6 and English at 5	Mathematics or Physics at B or 6 and English at C or 4	overall 6.5 with 5.5 in each component	92 or above with 20 in each section
计算机	A*A*A*~AAB Mathematics at A	43 points with 666 at HL–34 points with 655 at HL HL: Mathematics (from 2021, Mathematics: Analysis and Approaches only) at 6. SL: English at 5	English at C or 4	overall 6.5 with 5.5 in each component	92 or above with 20 in each section
数学与统计	A*AA~A*AB Mathematics at A*	37 points with 666 at HL –34 points with 655 at HL HL: Mathematics (from 2021, Mathematics: Analysis and approaches only) at 6. SL: English at 5	English at C or 4	overall 6.5 with 5.5 in each component	92 or above with 20 in each section
建筑学	AAA~ABB	37 points with 666 at HL –34 points with 655 at HL HL: no specific subjects required. SL: English at 5 and either Mathematics at 6 or Mathematical Studies at 7. Evidence of artistic ability is normally required at either HL or SL, e.g. Visual Arts or Design Technology	English at C or 4 and Mathematics at A or 7, or Mathematics and Physics both at B or 6, or Mathematics, Science plus Additional Science (or science double award) at B or 6. Evidence of artistic ability is normally required at either A Level or GCSE	overall 6.5 with 5.5 in each component	92 or above with 20 in each section
英国文学	A*AA~ABB English Literature or combined English at B	43 points with 776 at HL–34 points with 655 at HL HL: English at 5	English at C or 4	overall 6.5 with 5.5 in each component	92 or above with 20 in each section

来源：The University of Edinburgh

就读体验

苏钰婧老师，爱丁堡大学语言学研究型硕士Distinction（优秀）学位，美国知名芯片科技公司 Cirrus Logic 语音分析师，助力于声纹技术的开发和拓展。雅思总分 8.0，口语 7.5，拥有丰富的写作、口语教学经验以及文书指导经验，指导过的学员托福口语最高 29 分，雅思写作 7 分，现任唯寻资深文学老师。

我当初选择爱大的首要原因是爱大拥有光鲜亮丽的招牌和学位设计。因为我的专业是语言学，而爱丁堡大学的语言学 QS 排名是世界第三。整个语言学系的科系分支非常全面，而且老师都是极优秀的语言学毕业的学者，很多老师都是自己学科里的领头羊。而且爱大一年制的研究型硕士的设计非常符合我的要求。这个学位设计要求在一年里，以研究自己提出的课题为主，上一些课辅助研究。既学到一些硬知识，也满足我对学术研究初体验的要求，相当于一个 mini PhD（迷你博士学位）。

其次就是我的导师。"教育的本质就是和更优秀的人在一起"，这一点我深有感触。因为我申请之前曾在爱大做过交换生，所以选择导师的时候，我非常坚定地选择了现在的导师。她是斯坦福社会语言学第三波理论发起人的学生，想象一下每天读着经典文献，自己的导师就可以给你讲解这篇文章背后轶事的感觉！而且因为导师的牵线，我成功地和仰慕的知名学者一起吃了午餐，他还亲自对我的论文做了些指导。我的导师给了我很大的帮助，在读期间不仅指导我的论文，还帮我们建立了一个 community（社交群体），让我在苏格兰拥有归属感，研究之路也没有那么孤单。最后，我不仅拿到了硕士学位，还结识了很多优秀学者和好朋友，真的是非常幸运的一件事。

来了爱丁堡大学之后，我觉得这所学校和我的风格是很契合的。学校的整个氛围都很自由宽松，除学术发展要求比较严格以外，其他方面没有太多条条框框的限制。整个学校也不是限制在某个区域，学校的建筑很分散，散落在城市的各个角落，走在街上突然发现一栋别致的建筑，很有可能是爱丁堡大学的一栋教学楼。图书馆也有很多，在一个地方读书累了，还可以换个地方继续学习，给自己一点儿新鲜感。

在爱大，毕业时不一定要穿毕业服，有些学生会穿苏格兰传统的礼服 kilt，很有特色。学校还有个解剖博物馆叫 Summerhall，我胆子小从来没进去过，不过据同学和宣传册的介绍，感觉值得一看。爱大优秀的医学专业历史悠久，但也带着那么一点点的不人道的血腥，了解这段解剖学历史可能会让你对科学和道德的矛盾认识更为深刻。

说到爱大就不得不说爱丁堡这座城市,我本身不太喜欢 cosmopolitan 大都市,爱丁堡这样中小型的城市非常对我的胃口。它有着很多独具一格的风景和建筑,整个城市小而精致,把城市景观和自然景观融为一体。我经常跟人这么说爱丁堡:这是一座想看海就能看海,想爬山就能爬山,想购物就能购物的城市。并且,苏格兰人真的非常热情,大概是因为压力比较小,人和人的距离感很小。走在路上心情很愉悦,时不时就会有人和你打招呼,城市安全指数很高。

我读硕士时有幸被分到了景区 Royal Mile(皇家英里大道)上的房子,每天探出窗外,就能听到风笛的声音。尤其是爱丁堡艺术节的时候,更是足不出户就能听到街头艺人的高质量演出。每天上学路上,我都会经过一系列的经典景点,比如 J.K. 罗琳写下《哈利·波特》的地方:大象咖啡馆、苏格兰博物馆、忠犬 bobby 的雕塑。每次看到路上如织的游人,我都会非常有 ownership(主人的感觉),觉得自己生活在这样浪漫的城市里很不真实,每天像是在生活,更像是在旅居。

爱丁堡的艺术节算是夏天最盛大的庆典。每年夏天就是苏格兰人的节日,虽然温度并不高,但是一天 18 个小时的日照,晚上 11 点还亮着天,足以让全世界的人站在广场上,拿一杯啤酒,开心畅谈。爱丁堡一年四季还有很多戏剧演出和展览,有很多还是免费的。总而言之,在这座城市里,你永远可以找到自己喜欢的活动,不会孤单。

五、伦敦国王学院

学校介绍

伦敦国王学院（King's College London，KCL）于1829年由英王乔治四世和首相惠灵顿公爵在伦敦泰晤士河畔创立，属罗素大学集团成员，被誉为"英国金三角名校"，培养出许多诺贝尔奖得主与世界政商名流。截至2020年，学院校友共诞生14位诺贝尔奖得主、1位图灵奖得主、3位奥斯卡金像奖得主、3位格莱美奖得主与1位艾美奖得主。校友遍布各个领域，横跨医疗界、科学界、数学界、艺术界与建筑界，亦培育出五大洲许多政界人士，包含国家元首或政府首脑，其中英国19位现任下议院国会议员与17位现任上议院国会议员皆为伦敦国王学院校友。

学院位列《2021年软科世界大学学术排名》第47位，《2022年QS世界大学排名》第35位，《2022年THE世界大学排名》第35位，《2021年U.S. News世界大学排名》第34位，《2021年THE世界大学影响力排名》第11位，现有学生29 238名（国际生15 075名）。

特色专业解析

国王学院在法律、医学（包括精神病学、护理和牙科等广泛的健康领域）以及哲学领域享有卓越的声誉。它为现代生活的进步起了重要作用，比如DNA结构的发现，无线电、电视、手机和雷达的研究等。

Dentistry QS#5（牙科）

牙科BDS课程结合了牙科教育的最新思想和早期临床经验。学生将由国际知名的工作人员授课，并在不同的临床环境中接触到丰富的技能和知识。

Philosophy QS#9（哲学）

KCL 提供了非常广泛的哲学模块供学生选择，从苏格拉底覆盖至今。学生也有机会学习印度哲学或中世纪哲学，这种机会只有少数英国大学才有。学院位于伦敦市中心，在思想哲学、科学哲学、政治哲学和古代哲学方面具有独特的优势。

Pharmacology QS#19（药理学）

药理学将让学生对药物和化学药品的生物作用，它们在分子、细胞和系统层面的工作方式以及它们在药物治疗疾病中的应用有一个良好的理解。本课程为职业生涯在制药行业、生物医学研究或研究生进入医学领域提供了理论的基础。

History QS#14（历史）

该专业的目的是培养学生的批判性思维和独立思考能力，鼓励学生采用比较的方法来进行研究，看看全球不同历史时期之间的联系和对比。学生将探索学校里涵盖的研究主题以及许多其他未涵盖的主题，比如当代非洲的历史或中世纪欧洲的友谊。课程的一系列模块确保学生可以在伦敦的中心选择与自己的兴趣相匹配的学习项目。

Law LLB QS#16（法学）

KCL 的法学因其卓越的教学质量在全球受到高度重视和认可，为学生提供了访问该领域学术工作人员的机会。KCL 与世界各地著名法学院、机构和律师事务所的合作和联系意味着在 Dickson Poon 法学院学习期间，学生将获得大量不同的机会，包括在第二年申请以下有竞争力的学习机会：

- 美国法律研究法学学士
- 跨国法律研究法学学士
- 欧洲法律研究法学学士
- 英国法律与澳大利亚法律 LLB
- 英国法与美国法法学学士和法学博士
- 英国法律，中国香港法律 LLB 和 LLM

Politics QS#17（政治学）

该课程涵盖了国际政治、比较政治和政治理论，强调发展学生的分析和研究技能。

Psychology QS#20（心理学）

根据《2021 年 U.S. News 世界大学排名》，伦敦国王学院在心理学和精神病学领域排名世界第二。

在 KCL 学习心理学就意味着加入了欧洲最大的心理学研究和教育中心。该课程将向学生介绍一些应用心理学的方法，并帮助学生探索它们在当代各种挑战中的应用。这门课程是由英国心理学会 (BPS) 认证的，它强调了该课程的五个特别优势，包括强调以研究为主导的教学，以及学生从我们世界领先的精神病学、心理学和神经科学研究所 (IoPPN) 的研究专长中获益的潜力。

申请要求

伦敦国王学院有一个相对 general 的申请要求，同时不同专业也会有具体要求，如下所示：

标化考试	成绩要求
A-Level	A*AA~BBB
IB	32~35 and achieve specific grades in three HL subjects
GCSE	English and Maths at a minimum of C/5
AP	4, 4, 4, 4, 4~ 5, 5, 5, 5, 4 in five AP subjects
IELTS (Academic)	6.5 overall with a minimum of 6.0 in each skill
TOEFL iBT	92 overall with 23 in writing and 20 in the other skills

Courses	A-Level	IB	AP	IELTS (Academic)	TOEFL iBT
Dentistry BDS	A*AA Must contain Biology or Chemistry, in addition to studying one of Biology, Chemistry, Physics, Maths or Psychology	35 points including 7, 6, 6 at Higher Level, with HL Chemistry or HL Biology, and an additional one of Chemistry, Biology, Physics, Maths (either Analysis & Approaches or Applications & Interpretation) or Psychology at Higher Level at grade 6. Note the total point score of 35 includes TOK/EE	Obtain 5, 5, 5, 5, 4 in five AP subjects excluding AP Capstone Research and Seminar	7.5 overall with a minimum of 7.0 in each skill	109 overall with a minimum of 27 in writing and 25 in each of the other skills
Philosophy	AAA	35 points including 6, 6, 6 in three Higher Level subjects. Note the total point score of 35 includes TOK/EE	Obtain 5, 5, 5, 4, 4 in five AP subjects excluding AP Capstone Research and Seminar	7.0 overall with a minimum of 6.5 in each skill	100 overall with a minimum of 25 in writing and 23 in each of the other skills
Pharmacology	AAB Subjects must include Biology and Chemistry	35 points including 6, 6, 5 at Higher Level with HL Chemistry and HL Biology. Note the total point score of 35 includes TOK/EE	Obtain 5, 5, 4, 4, 4 in five AP subjects excluding AP Capstone Research and Seminar	6.5 overall with a minimum of 6.0 in each skill	92 overall with 23 in writing and 20 in the other skills
History	AAA	35 points including 6, 6, 6 at Higher Level. Note the total point score of 35 includes TOK/EE	Obtain 5, 5, 5, 4, 4 in five AP subjects excluding AP Capstone Research and Seminar	7.0 overall with a minimum of 6.5 in each skill	100 overall with a minimum of 25 in writing and 23 in each of the other skills
Law LLB	A*AA	35 points including 7, 6, 6 in three Higher Level subjects. Note the total point score of 35 includes TOK/EE	Obtain 5, 5, 5, 5, 4 in five AP subjects excluding AP Capstone Research and Seminar	7.0 overall with a minimum of 6.5 in each skill	100 overall with a minimum of 25 in writing and 23 in each of the other skills
Politics	A*AA	35 points including 7, 6, 6 at Higher Level. Note the total point score of 35 includes TOK/EE	Obtain 5, 5, 5, 5, 4 in five AP subjects excluding AP Capstone Research and Seminar	7.0 overall with a minimum of 6.5 in each skill	100 overall with a minimum of 25 in writing and 23 in each of the other skills
Psychology	A*AA Subjects must include grade A in one of Biology, Chemistry, Mathematics, Physics or Psychology.	35 points including 7, 6, 6 at Higher Level, and including grade 6 at Higher Level in one of Biology, Chemistry, Mathematics (either Analysis and Approaches, or Applications and Interpretation), Physics or Psychology. Note the total point score of 35 includes TOK/EE	Obtain 5, 5, 5, 5, 4 in five AP subjects excluding AP Capstone Research and Seminar	7.0 overall with a minimum of 6.5 in each skill	100 overall with a minimum of 25 in writing and 23 in each of the other skills

来源：King's College London

就读体验

胡芳蕾老师，获得伦敦国王学院地理专业荣誉学位，其专业在英国排名前十。曾任职于支付宝和微信支付的海外发展部。雅思总分 7.5，其中口语 8 分。现任唯寻资深地理与历史老师。

我是在英国读的高中，申请的时候拿到了 5 个 offer，最终选择的是伦敦国王学院的地理专业。申请过程中，personal statement（个人陈述）非常重要。以我自己为例，其实我横向申请的 5 个专业都是不重叠的，比如 UCL 的 anthropology（人类学），跟地理就有很大区别。但是因为我在个人陈述当中写了我对于不同国家的背景文化以及历史背景和知识体系感兴趣，所以使得我的 5 个申请都拿到了 offer。在申请的过程当中，可能学生考虑更多的不在于科目的名称，而是在于这个科目提供了什么学习内容。

KCL 在泰晤士河旁边，无论是从地理位置还是学校历史来看，它都非常的 royal（皇家），就连我们现在的校监也是皇室中人。从学校背景来说，KCL 跟 UCL 是同根同源的。虽然大多数人可能更关注 UCL 这所综合性大学，但其实在英国本地人看来，KCL 的地位跟 UCL 差不多。它作为一个规模较小的学校，在个别学科上的成就还是非常厉害的，我们在读生对于 KCL 的热爱度还是很高的。KCL 校徽的颜色是红色，学院的吉祥物是一个小狮子，我们对于 KCL 的评价就是 pride and courage（骄傲与勇气），非常像《哈利·波特》里的格兰芬多。

KCL 有 5 个校区：Strand、Waterloo、Guy's、St Thomas' 和 Denmark Hill，我的校区是 Strand，它的特点是很小很不起眼，你可能走过去，没有发觉这是一个大学，还以为仅仅是一栋楼。但实际上，这栋楼通过很多地道、天梯与其他楼相连，从而形成我们的校区。所以这也导致了我们上课经常需要绕来绕去，跑上跑下。我曾经在八楼上课，然后下一节课在地下二层，所以需要在 5 分钟内跑 10 层，还不是电梯！因为电梯永远满载。教室的供暖也值得吐槽一下，楼上很热，地下室很冷，一会儿穿毛衣，一会儿穿短袖，可能是跟建筑比较老有关系。

如果你去了 KCL，一定要打卡的地方必然是我们的图书馆，它可是周杰伦 MV 的拍摄地哦。当然，你还可以选择与孔子像合影，这是中国香港商会捐赠的。

KCL 是一个在社科类以及医科类都非常好的学校，大学生活也非常充实。我们地理

专业在第二年有一个 field work（田野调查），需要在美国旧金山、中国香港、摩洛哥和意大利4个国家或地区当中选择1个目的地。本科生可以选旧金山和香港。当时我选择的是香港，做的是一个关于香港的住宅条件变化的调查。我个人认为学习社科，就要去融入到特殊的社会背景当中去做一定的研究，而且社科的意义就在于你要去了解和去做一些自己的 observations（观察），所以这是当时我选择 KCL 最主要的原因。

大学的时候，我们的 tutor group 大概是1对6，field work 也很频繁。第一年有一些强制性的 field trips，后面几年有一些考查学生可以自己决定去或不去，选择比较多。到了大学第二年，由于地理作为一个综合性的文科，与经济、社会学甚至历史和政治都有联系，所以学生需要选择自己的精修方向。我当时选择了 Urban and Society（城市与社会），还挺喜欢的。

关于课程压力，我个人觉得压力大与不大完全看选课。最极端的情况下，可能一个月有5篇2 000字到2 500字的 essay（论文）要交。所以进入大学首先要学会的就是时间管理，因为你需要掌控自己所有的进度，不要让课业压倒你。比如我们的课经常集中在一周的某两三天里，其他天都是没有任何课程的。如果你不太会规划时间，可能会经常错过交作业。因为学校和老师并不会通知你什么时候该交什么作业，你需要在网上自己查 deadline，时间到了你就得交。有些学校可能大一不算成绩，但是我们学校是算的，就是直接算到你的毕业成绩里，占比约10%，挺严格的。KCL 的退学率还挺高的，进去时170多个，最后毕业出来大概只有90多个。

至于吃住方面，第一年我是住学生宿舍，但那边不是很安全，有挺多飞车党抢东西，出门在外还是要注意保护好自己。学校提供的学生宿舍会比较便宜，但我挺讲究住宿条件，所以后来就选择出来住了，住宿费用大概是每周 300 英镑，有一个小厨房。每个人对生活状态的追求不同，也有一些同学是两三个朋友一起合租。吃饭方面还是很方便的，因为中国城离学校很近，几乎都成了我们的食堂。学校自己的食堂也不错，不过人很多，大家中午都会在那吃饭，就算不在那里吃饭也会在那里学习。

骆玉老师，伦敦国王学院博雅文科专业学士，雅思总分 7.5，所授科目为历史、地理和政治等大文科。她的课堂丰富有趣，她十分有耐心，善于引导学生思考，现任唯寻资深历史老师。

我是高中毕业以后去 KCL 读了 foundation（预科），然后再申请的 KCL。最开始申请的是历史学，后来觉得不太感兴趣，想换一个专业，最后选择了 BA Liberal Arts。这个专业比较少见，翻译成中文叫博雅专业，更通俗来说就是文科专业，基本上我们所熟知的文科都有机会去接触学习。

我在读预科的时候，需要先选择一个专业进行粗略地学习和了解。我当时选的一个方向是 International Relations（国际关系），但是当我真正学习之后，发现自己并没有那么感兴趣，所以我在申请 KCL 的时候选的是 History，最后调整到 Liberal Arts 专业。其实现在很多学生也存在这样的问题，不清楚自己喜欢的到底是什么，所以不妨在高中阶段多尝试，多询问学长学姐，最终选择自己理想的专业。

对于想要换专业的学生，大一的前两周是可以换专业的。如果在同一个 department 当中并且录取的要求没有差太多，跟 head department（总院）沟通过后，填写一个相关的表格，比如换专业的原因、录取的成绩、换专业后的规划等，申请通过后就可以换了。跨专业的话需要跟 department（院系）的 head department（总院）商量，可能会有一些考试等，会相对麻烦些。

因为预科，我在 KCL 待了四年。第一年住的是学校宿舍，第三年开始出去跟人合租。当时住的宿舍是 Champion Hill，它是一个比较远的宿舍。如果我坐公交车到 Strand 校区上课，需要 45~50 分钟，而且它是在二区，也是在南岸，相对来说可能没有一区或者是北边的伦敦安全。但因为是学校宿舍，所以它的安保是非常严格的，我们进出

reception（前台）都需要刷卡，而且我的卡只能进入我所在的那层楼和我的房间，所以相对比较安全。而且因为是新宿舍，整个设施规划得比较人性化，有很多能放东西的地方。女留学生的东西和衣服都比较多，比起一般KCL的宿舍，champion hill的衣柜、卫生间都比较大，唯一的缺点就是离学校远。

Strand校区真的像个迷宫，而且教室标识有些会贴，有些不会贴。比如Philosophy（哲学系）那栋楼就特别难找，但是有很多老师在那边。当你需要去见tutor（导师），或者有些seminar（讨论课）在那栋楼里上的时候，每次都要提前去找一找教室。而且有些时候教室的编号是一样的，但它前面的字母不一样，有些难以分辨。

关于课程压力，我们的课程量相对来说是比较少的，一周一门课，只有一个lecture（讲座）和一个seminar（讨论课），有些时候会有15分钟老师的office hour（答疑时间）。但其实这种课程安排，对于国际学生或者不是native speaker（母语者）来说，是挺有挑战性的。这也是国际生很少学文科的原因吧。

所以在我看来，上课的压力不大，但是放假压力很大，因为我的课程deadline一般都是假期结束前要交，或者是假期结束前要考试，就不能放心地玩。我还记得考试期间的一次乌龙事件，就是学校发错了考卷。考试的时候发了去年的paper（考卷），所以大家做题的时候表情都很奇怪，觉得很熟悉，但是因为不确定也还是坚持考完了。结果到了第二天，department 的负责人才来告诉我们昨天那科考错了，所以得重新再考一次。当时真的很崩溃，因为一场考试可是三个小时！

很多人拿我们学校和 UCL 比，其实我们学校在英国本土来讲名气跟 UCL 是一样的，因为办学初期，两个学校拿的是一个办学的 certificate（证件）。我大三的时候就可以跨选 UCL 的课程，KCL 一些老师也在 LSE 上课。像我们的一些人文学科的课程，还有很多美国的客座教授给我们上课。

作为 KCL 的毕业生，我很以我们学校为荣，它是一所很有人情味的学校。在今年的疫情中，KCL 一直在抗疫一线。学校的下属医院是专门研究热带传染病的，一直都在为抵抗疫情做贡献。之前我还有收到邮件问愿不愿意为 KCL 捐一点儿钱，他们会很明确地告诉我这笔钱是用来做什么的，我也很愿意去为我的母校做这样的努力。疫情期间我给我的导师发邮件问他的状况，他跟我说他很好，还说我是第一个给他发邮件的中国学生。

六、华威大学

学校介绍

华威大学（The University of Warwick）1965 年创立于英国沃里克郡和考文垂市的交界处，是誉满全球的综合研究型大学，为罗素大学集团和 M5 大学联盟成员。华威大学是一所具有最高学术和研究水平的世界一流大学，且是一个充满很多可能的地方。无论你是一名敬业的学生，一位创新的讲师，还是一个雄心勃勃的公司，华威都能提供一个支持环境，你可以在其中产生影响。所有这些都促成了一个引人注目的故事，一个只有 50 多年历史的故事。但谁说年轻就无法改变世界？华威大学在工、商、政、学各界均拥有卓越的口碑，在业界与牛津、剑桥、LSE、帝国理工、UCL 被并列视为世界九大投资银行在英的 6 所目标院校。华威商学院（WBS）在主要排行榜中稳居英国前 5 名，世界前 30 名，并处于持续上升的势头。在 2017 年《金融时报》全球排名中，华威商学院的金融硕士项目超越牛津大学，位列全英第 1，世界第 9。2020 High Fliers Research 调查显示 WBS 毕业生是英国企业招聘关注对象的前三名。华威数学系和经济系常年居英国前三乃至第一。此外，其传媒、戏剧、计算机科学等专业也名列前茅。传媒和戏剧专业更是多次荣膺英国专业排名第一。

特色专业解析

华威主要有四大学院，分别是艺术学院(Faculty of Arts)、科学学院(Faculty of Science)、社会科学学院(Faculty of Social Sciences)、华威医学院(Warwick Medical School)，以及一个跨学科研究中心(Cross-faculty Center)。在本科申请中，电影学、历史和戏剧是人文类申请专业的三大热门；语言文化沟通(LCC)、经济学、PPE、社会学和管理为社科类申请专业的前五名；化学、数学、工程和MORSE（Mathematics, Operations, Statistics and Economics）为理科类申请前四的专业。其中，PPE专业给文化背景不同的学生提供了一起学习交流的机会，分享三门学科交叉点所涉及主题的不同见解和观点。此外，学生还有机会去华威的海外合作院校学习一年。数学专业则为学生提供了学习空间，包括突破区域和公共空间。纯数学模块结合了一些世界上最伟大的思想家的工作，而应用数学则解决生物学、计算、气候科学和金融领域的现实问题。

申请要求

华威大学有一个相对general的申请要求，同时不同专业也会有具体要求，如下所示：

标化考试	成绩要求
A-Level	ABB~A*A*A*
IB	34~39
AP	3 AP Tests (5, 4, 4–5, 5, 5)
IELTS (Academic Options)	Band A 6.5 including minimum 6.0 in each component Band B 6.0 including minimum 5.5 in each component Band C 7.0 including minimum 6.5 in each component
TOEFL	Band A 250 (Computer) 92 (iBT or iBT Special Home Edition) with minimum of 21 in Listening, 21 in Writing, 22 in Reading and 23 in Speaking Band B 213 (Computer) 87 (iBT or iBT Special Home Edition) with minimum of 21 in Listening, 21 in Writing, 22 in Reading and 23 in Speaking Band C 260 (Computer) 100 (iBT or iBT Special Home Edition) with minimum of 21 in Listening, 21 in Writing, 22 in Reading and 23 in Speaking

学科	A-Level	IB	QS 专业排名
历史	AAA to include History	38 with at least a 6 in Higher Level History	42
经济学	A*A*A to include A in Mathematics	39 to include 6, 6, 6 in three Higher Level subjects including Higher Level Mathematics (either 'Analysis and Approaches' or 'Applications and Interpretation')	25
社会学	ABB	34	58
哲学、政治学、经济学 PPE	A*AA plus at least grade 7/ grade A in GCSE Mathematics	38 to include 5 in Higher or Standard Level Mathematics/Mathematical Studies	43
化学	AAB to include Chemistry and one of the following: Mathematics, Further Mathematics, Physics, Biology, Geology, Statistics or Computer Science	36 or to include 6 in Higher Level Chemistry and 5 in Maths ('Analysis and Approaches' or 'Applications and Interpretation'), Physics, Biology or Computer science at Higher Level	112
数学	A*A*A including A* in both Mathematics and Further Mathematics, plus grade 2 in any STEP Or A*A*A* including Mathematics and Further Mathematics Or A*A*AA including A* in both Mathematics and Further Mathematics	39 + STEP (grade 2) with 6 in three Higher Level subjects to include Mathematics ('Analysis and Approaches' only) Or 39 with 7, 6, 6 in three Higher Level subjects to include Mathematics ('Analysis and Approaches' only)	21
数学、经济学、运筹学和统计学综合学科	A*AA to include A* in Mathematics and A in Further Mathematics Or AAA to include Mathematics + STEP (grade 2)/Maths AEA (Merit)/ TMUA (score 6) Or A*A*A to include A* in Mathematics, plus A in AS level Further Maths Or A*A*A* to include Mathematics	37 overall to include 7 in Higher Level Mathematics 'Analysis and Approaches' Or 36 overall to include 6 in Higher Level Mathematics 'Analysis and Approaches' + STEP (grade 2)/ TMUA (score 6) Or 36 overall to include 7 in Higher Level Mathematics 'Applications and Interpretations' + STEP (grade 2)/TMUA (score 6)	21

来源：The University of Warwick

除此之外，还有一些需要注意的事项：Media and Creative Industries（媒体和创业产业）专业需要有作品集；Film Studies（电影研究）专业需要 written work（书面作品）和面试；华威商学院（WBS）没有语言班，需要自己考出语言成绩；经济专业不属于 WBS，而是属于华威经济学院。

就读体验

刘芸奇老师，英国华威大学经济学荣誉硕士，也是英国利物浦大学及西交利物浦大学经济学荣誉学士。大学期间在中国工商银行、中国人民保险公司等世界五百强企业实习，大学任职tutor期间帮助多名学生考前迅速提分，擅长总结得分技巧。现任唯寻资深数学老师。

我在华威读的研究生，选择华威的主要原因就是专业，它的经济在全英可以排到第三。

因为华威经济系特别注重数学背景，所以我们比其他专业提前两周入学，那两周每天都是8小时的数学集中营，从早上9点到下午5点。需要学习微积分、线性代数、统计之类的课程，两周之后还要考试，压力很大。我因为本科就学了数学，所以还能跟上节奏，有些同学本科可能没那么注重数学，学得就比较痛苦。

我当时住在考文垂，是华威的校外宿舍。每天需要乘公交去上学，如果不堵车，需要15~20分钟，如果堵车，可能得40~50分钟。因为住在市里面，生活比较方便，离伯明翰也挺近，20分钟火车就到了，所以周末会坐火车去吃吃喝喝玩玩。

蔡璐璐老师，英国华威大学数学与统计系荣誉学士，大学期间代表华威大学华语辩论队参加多场比赛，具有丰富的教学经验，是名副其实的数学名师，擅长把握学生弱点，逐个击破，现任唯寻数学学科组长。

华威大学是一所远离伦敦的学校，由于个人性格比较喜欢安静，所以当时选择了它。当然，也是因为它的数学在全英名列前茅。真的来了学校之后，更是感叹于华威舒适的生活环境和浓郁的学习氛围。学习方面大家可能听得多了，所以我主要分享下生活上的吧。

我当时申请到的宿舍是一个新的 rootes（单人间），没有独立卫浴，一周 96 英镑。我记得是 10~12 个人共用四个厕所和三个浴室，也有厨房、四台冰箱、三个电磁炉灶台。总体来说还是很方便的。我也有同学被分到了 old rootes，那里比较老旧，洗手池特别小，而且分冷热水两个出水口，特别不方便。如果新生来住学校宿舍，不用带很多东西，因为学校里就有两个大超市，各类生活必需品一应俱全，购买方便且价格也不贵。不过，如果你是米饭爱好者，可以带一个电饭煲，因为英国的电饭煲又丑又不好用。

华威是没有食堂的，而且我不会做饭，所以大多数情况都是几个同学约着一起去学校附近的餐厅吃饭。这里你还可以叫到很多的中国外卖，连奶茶都有，非常方便，除了贵点儿也没什么其他缺点。

学校组织的活动也挺多的，比如 zombie run（僵尸跑）之类的，找一批学生当僵尸，找一批学生当人类，还挺有趣的。我们学院里面还有 bar（酒吧），每到周五周六就非常热闹。因为我住的离 bar 很近，一到周末晚上，就经常看到 bar 门口有一排人拿着酒邀请你加入他们。当然，你可以拒绝。

华威以前的 logo 都是蓝色的，后来学校觉得不太好看，于是花了 8 万多英镑重新设计，这个大款故事当时还挺轰动的。后来换的 logo 色彩丰富了很多，而且每个学院每个专业都有属于自己的颜色。

袁心莹老师，华威大学数学与统计系荣誉学士，香港中文大学数学系理学硕士，本科硕士期间主攻数据挖掘和机器学习，擅长数学方法建模等数学工具应用化课题，现任唯寻数学教学主管。

我刚去华威的时候其实挺紧张的，进了宿舍，周围都是外国人，感觉没有可以说话的对象。但是因为在入学之前就加入了学生会组织的新生群，而且跟学长学姐也聊得挺好，所以虽然说一开始有点儿无措，但适应得也很快。

本科大一时是提供宿舍的，大二时学校要求我们必须搬出宿舍，大三时可以选择住或者不住，但是住的话需要提交申请。能否申请得上需要看人品，不一定都能申请上。我大一的时候申请到的是带独立卫浴的宿舍，环境还不错，一周130英镑左右。

学校里面活动挺多的。我大一的时候加入了学生会，当了一个coordinator，大二的时候就是officer，组织过挺多活动，比如running man、篮球、足球比赛等。平时会和学长学姐一起玩桌游、玩狼人杀，每周一次，还挺欢乐的。

课程压力方面，我们本科作业分基本不算，占10%，最主要的还是期末，占比100%或90%。所以压力主要还是在期末的时候，平时还好。

学校比较有趣的应该就是大鹅了。一种是加拿大鹅，非常凶，远近闻名。还有一种是白天鹅，它们就在我上课的必经之路上。我记得有一段时间白天鹅要生小宝宝，脾气特别差，还会攻击人，所以那段时间我就绕着走，以免被伤到。

七、曼彻斯特大学

学校介绍

曼彻斯特大学（The University of Manchester）坐落于世界上第一座工业化城市——英国曼彻斯特市，始建于1824年，世界著名综合研究型大学，英国著名六所红砖大学之首，英国罗素大学集团创始成员之一。曼彻斯特大学在《2022年QS世界大学排名》中位居世界第27位，是世界30强顶级名校，也是英国最大的单一校址公立大学（南北校区）。在曼彻斯特大学现任及过往教职员和学生中共有25位诺贝尔奖得主。世界上很多重大成就都出自这里，如原子的分裂、世界上第一台可存储程序计算机的发明以及石墨烯的发现等。

特色专业解析

BSc Management (Accounting and Finance)

该专业隶属于曼彻斯特商学院（Alliance Manchester Business School）。曼彻斯特商学院是英国最早建立的两所商学院之一，经过50多年的发展，曼彻斯特商学院已成为一所享誉世界的商学院，是英国最优秀的商学院之一。根据2021年英国《金融时报》全球商学院MBA排名，曼彻斯特商学院位列英国第4名，欧洲第10名，世界第30名。其学历获"三连冠"——世界三大顶级学术认证机构（AMBA、EQUIS、AACSB）认证。曼彻斯特商学院的会计金融课程得到特许公认会计师公会（ACCA）、特许管理会计师公会（CIMA）、英格兰及威尔士特许会计师协会（ICAEW）等权威机构的认证。同时，曼彻斯特商学院也是特许金融分析师（CFA）协会的认证合作伙伴。

BSc Physics

该专业隶属于曼彻斯特大学物理与天文系，是世界上排名最高的物理系之一，在卓越教学和杰出研究方面享有国际声誉。曼大物理系现拥有超过130名学术和研究人员，教职员及学生中诞生了13位诺贝尔奖得主。同时，曼大物理系下属有英国国家石墨烯研究院、卓瑞尔河岸天文台、道尔顿核研究所等机构。此专业课程由物理研究所（IOP）官方认证，以充分满足特许物理学家的教育要求。

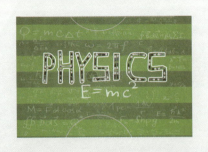

BSocSc Sociology

该专业隶属于曼彻斯特大学社会科学学院,该学院是国际公认的卓越研究和教学中心,围绕经济学、政治学、哲学、社会人类学、社会统计学和社会学展开。2014 年英国研究卓越框架(REF)结果显示,曼大的社会科学研究位居全英第 3 位。社会学(含社会统计学)被评为最高等级 4* 的研究活动比例位居全英第一,社会人类学的研究质量在社会人类学系中位居全英第一。

BSc Materials Science and Engineering

该专业隶属于曼彻斯特大学材料系,是欧洲最大的材料工程系,也是欧洲最大的材料科学、时装与纺织研究和教学中心,在材料学领域的科研力量位居全英第一。学院的所有材料科学课程均获得英国材料、矿物和采矿学会(IOM3)的认证,纺织和时装设计商业课程获得英国纺织学会(The Textile Institute)的认证。

BSc Computer Science

该专业隶属于曼彻斯特大学计算机科学学院,是英国最早的计算机系之一。在这里诞生了第一台可存储程序计算机、第一台浮点机、第一台晶体管计算机和第一台使用虚拟存储器的计算机。计算机科学之父阿兰·图灵(Alan Turing)于 1948~1954 年在曼大工作,领导了曼彻斯特马克一号(Manchester Mark 1)电脑系统的开发工作。曼大计算机科学学院拥有唯一由英国工程和物理科学研究理事会(EPSRC)资助的计算机科学博士培养中心(CDT)。此外,计算机系与 IBM、谷歌、微软、艺电等行业巨头都有密切的合作伙伴关系。

阿兰·图灵

申请要求

曼彻斯特大学有一个相对 general 的申请要求,同时不同专业也会有具体要求,如下所示:

标化考试	成绩要求
A-Level	AAA~ABB
IB	32~37 with three higher-level subjects
GCSE	English Language and Maths at a minimum of Grade C or 4
AP	4, 4, 4 in three AP test scores
IELTS	6.0~7.0 (or 5.5 for foundation courses)
TOEFL	80~100

Courses	A-Level	IB	GCSE	IELTS	TOEFL iBT
BSc Management (Accounting and Finance)	AAB Native language A-levels accepted	35 points overall 6, 6, 5 in Higher Level subjects	at least Grade B or 6 in English Language and Mathematics	6.5 overall, with no less than 6 in any individual Component	90
BSc Physics	A*A*A including Physics and Mathematics	38-37 points overall with 7, 7, 6 at Higher Level (to include Physics and Maths)	at least Grade C or 4 in English Language and Mathematics	6.0 (with no less than 5.5 in each subtest)	80
BSocSc Sociology	ABB	6, 5, 5 at Higher level, 34 points overall	at least Grade C or 4 in English Language and Mathematics	6.5 overall with no lower than 6 in any component	92 overall with minimum of 21 in listening and speaking, 22 in reading and 23 in speaking
BSc Materials Science and Engineering	AAB including two subjects from Mathematics, Physics and Chemistry	35 points overall, including 6, 6, 5 from three subjects at Higher Level. Must include two from Mathematics, Physics or Chemistry	at least Grade C or 4 in English Language, Mathematics and Science	6 with no subtest less than 5.5	80
BSc Computer Science	A*A*A with an A* in Mathematics, and a minimum of one Science subject in the remaining A-Levels, at A* or A	38 points overall, with 7, 7, 6 in Higher Level subjects, including 7 in Mathematics: Analysis and Approaches	5 GCSEs at Grade A/7 or B/6 (both numeric and letter grade) including: mathematics, two science subjects from computer science, physics, chemistry, biology or science and additional science a minimum Grade of C / 4 in English Language and Mathematics	Overall 6.5 (minimum of 6.0 in each component)	90 overall including 22 in each component

来源：University of Manchester

就读体验

郑璐瑶老师，曼彻斯特大学哲学政治与经济学学士，牛津大学国际关系硕士，新加坡SM1全额奖学金得主，曾在伦敦AudienceNet咨询中心实习，曾任曼彻斯特首届中英商业论坛主席。

我当时被曼大哲学政治与经济学（PPE）这个专业所吸引，曼大应该是继牛津之后，第二个开创这个科目的学校，历史很悠久。我来了曼大之后也觉得这个专业真的很好，觉得自己非常幸运。申请的时候，推荐信蛮重要的。所以你需要平时跟老师搞好关系，然后也上网查一下该学校的价值观、世界观之类的，在推荐信上尽量往这方面靠。

曼大必须打卡的景点就是John Rylands Library了，很安静很美，可能大家都知道吧。里面的学习氛围很好，顶楼学习室里有个玩具投币之后，里面的人物会转起来跳舞，最后还会有个小惊喜，推荐大家去看看。但这个建筑比较老，里面比较冷，所以建议天气暖和的时候去。学校其他图书馆也挺好看的，比如main library。学校旁边还有一个艺术馆，装修风格都是超现代的，展品也包含了世界各地的艺术品，对于人文艺术感兴趣的同学可以去逛逛，说不定可以看到很多其他地方看不到的展品。曼城还有工业革命博物馆，里面的东西很多在课本里都介绍过，现场观摩可能会有种书中的内容走出来的感觉。

曼大有很多图书馆，里面的资源丰富，就算一些不是很学术的图书馆也会有很有用的影音资料。这些资源如果能保存下来，善加利用，就算毕业了也可能还会帮助到你。而且，每个新生入学的时候，学校都会给学生一个账号，登录这个账号可以免费阅读很多业内有名的文献杂志，这是个很好的资源。读文科的同学需要看很多专业文献，有些文献需要订阅，价格不菲，但用学校的账户就可以免费下载，所以可以多多利用起来。

在住宿方面，有的同学大学都住在同一个地方，我的一个同学住在商学院对面，那个不算是学校提供的宿舍，但是和曼大有合作。shared house（多人合住）和ensuit（单人间）环境都挺好的，而且还有luxury level（豪华等级）的。这个住宿安保和生活环境都挺好的。还有同学住在Victoria Hall，现在好像改成了Liberty Park，这边的住宿在学生中间很火，因为设施非常新，厨房和会客的地方很大，光线也很好。住在那里会比较有校园归属感。每逢节日，学校会派一些住在这个宿舍的学生来分发一些小零食，或者唱歌，会把人带入节日的氛围。这个宿舍性价比较高。还有同学住在Vita，是我们那边的一个

网红宿舍,虽然费用比较高,但是服务很好,这次疫情更突显了他们的服务。他们会不定期到门口发送小零食,疫情期间的包裹也会放在门口,而不是放在前台,这里的宿舍就像酒店公寓。

我大一和大二住在和学校有合作的私营企业的宿舍,他们服务挺好的,所以我住了两年。主要原因还有性价比高,距离也不远。大三的时候我开始到外面自己租房,租房就涉及和房屋中介、房主直接交流,还会涉及水电费,还有要交给曼城市政府的税,这些可能会比较复杂。但是我还是挺享受大三这一年的生活,因为有自己的住房,平时可以邀请同学、朋友来家里玩,有种家的感觉。因为有些宿舍离学校会比较远,或者比较小,所以在申请宿舍的时候可以先上网仔细看看每个宿舍的条件。最近曼城市中心还建了一些高端的公寓,应该就是给我们这些学生住的,如果预算充足,这种公寓也可以考虑。学校提供的宿舍只能住一年,如果不喜欢搬家,可以租跟学校有合作的私营企业运营的公寓。但不管是合作的还是学校提供的,都得提前申请才能找到好住处。

可能很多人会说曼大是个很大的学校,学生很多,所以老师不会照顾到每个学生。我觉得其实并不是这样,关键取决于你如何跟老师相处。我已经研究生毕业两年了,还和本科的 supervisor(导师)保持着很好的关系,他还给我的硕士论文提出了很多建议。我觉得下课的时候多问些问题,或者没有问题,也可以跟老师说一声"今天的课我都听懂了,预习的时候没懂,真的感谢你。"简单的话也会让老师很开心,他也会记住你。还有逢年过节打个招呼,写封邮件。还有一点国内的学生可能比较不习惯,就是 office hour。在

office hour 的时候可以随时找老师问问题，哪怕是很蠢的问题老师也会很耐心地解答，就像个天使。跟老师搞好关系对未来申请研究生写推荐信也会很有帮助。像我当时就是找老师写推荐信，还附上了一份清单，写着我课外做的一些活动和成就给老师看，老师可能就觉得这个学生除了学习成绩不错，课外还有很多成绩，也很细心列了清单。跟老师相处的过程中，要注意不要抱有给老师送礼物的想法，有些老师特别反感这种做法，这样做反而会给老师留下不好的印象。但如果是价格无法衡量的礼物，如自己做的礼物，老师还是会很愿意接受的。

在学术方面，因为我刚进学校的时候从来没有接触过哲学，哲学的文章我只考了53分，所以我去问了我的 supervisor（导师）和 professor（教授）。我担心是不是语言的问题，教授建议我去预约语言中心（Language Center）的指导。那里面的老师可能是雅思出题人或是写作领域的专业人士，他把我的文章打印出来，逐字逐句地帮我看，给了我很详细的反馈，还给了一些文献资源，我觉得这对于我整个大一的学习有很大的帮助。还有一个就是，因为我本身是文科专业，所以需要读的文献很多，有个读文献的小方法就是先看标题和摘要，如果看了以后发现跟我研究的东西相关，但还不是很清晰，就跳到 conclusion 结语，忽略中间的推理过程。这样可以省下许多时间，而且有时候可能我需要的不是整篇文章的推理，而是某个小结论，所以就没有太大必要从头读到尾了。

我个人觉得曼大的交换生资源挺不错的。我在大一的时候申请了曼大的暑期交换生，选择了首尔国立大学的暑期学校。当时学了很多欧洲学校不会教的东西，比如东亚国际研究。但是英国的学分系统是不太承认其他国家学校的课程，所以不能抵学分。我觉得这点不是特别重要，个人经历比较重要。大二时我申请了去美国，去了美国韦尔斯利学院。我非常喜欢这个学校，它是个女校，是希拉里·克林顿毕业的学校。这次经历拓展了我对于学习的认知，使我了解到了学霸是怎么学习的。当时我还在麻省理工选了一门课，也去那边上了课，认识了一些理科学霸。在美国的时候，选课我都会和老师沟通，确保我选的课是曼大认可的，后来回去的时候会把美国课程的成绩转换为英国成绩，过程比较复杂，但全程老师会一直跟我沟通，所以也不算太麻烦。但其他专业可能要求会有不同。那次经历也挺拓展视野的，这种资源我觉得挺好的，如果有兴趣，可以从大一就开始准备。

我们学校很鼓励来自不同地方的学生之间多多交流。像 International Society（国际社会）这个专业，他们每个月都会有聚餐活动。还有某个乡村社团，每年都会搞个美食节，会有各个国家各个地方的美食，同学们都能吃到。曼城还会有彩虹游行等各种宣传自由的活动，会从牛津街开始走。还会有环保自行车骑行，也很有特色，因为他们要求穿得越少越好，所以挺有意思的，胆大的学生可以参加，胆小的也可以在附近看。我当时因为朋友的关系，报名参与了彩虹游行，作为志愿者跟着游行的人一起走，可以跟路边的人击掌，还可以在脸上画一些图案。当我真的参与进去的时候，发现这些活动可以增强我们在曼城的身份认知，也可以真切地感受到别人的热情。我鼓励所有即将进入曼大的学生多参与活动，在一旁观看和真正参与的感受会很不一样。

我当时还参加了一个活动，就是我们每个人会拿着自己国家的国旗去跟别人分享我们的成长故事，可以自己准备道具，也可以用组织方准备的道具。我们会在去曼城的路上跟路人分享，其实虽然曼大是个很国际化的大学，但曼城里还是有很多小孩或大人从来没有接触过除了英国以外的文化，我觉得这种活动可以提高他们的国际意识，而且在活动过程中我还锻炼了英文。有很多活动或者志愿者工作都可以在 career service 网站上查找，上面有 part-time（兼职），也有志愿者类的工作。

曼大被很多人称为"最受雇主认可的大学"，所以我们要利用起这些资源，在

首尔国立大学

韦尔斯利学院

career service 上可以多看看，而且要多参加 career service 举办的 workshop，思考一下自己想做的是什么。我的第一份咨询的实习工作就是通过曼大的资源找到的，不过不是通过 career service，是通过 School Social Science（社科学院）找到的。当时他们为了让学生多熟悉 data science（数据科学），提供了一系列实习机会，我当时就申请了。通过这次实习，我对咨询行业有了极大的兴趣，所以才有了之后想找这方面工作的热情。除此之外，career service 还是很支持各个国家的学生的，比如如果有一个中国企业想去曼大招生，跟 career service 联系，他们会特别愿意对接，甚至组织针对中国毕业生的招聘会。但有一点，有一些企业可能不会在 career service 上放招聘信息，学生可以多关注各个大学的中国学联公众号，上面会有多种信息来源。强烈建议学生在大一时就去关注这些信息，可以学学如何做 CV，如何找工作，还可以跟 career service 的工作人员预约谈话，可以问他们问题，请他们帮你修改 CV。career service 里面的工作人员都是专业做这方面工作的，经过他们修改的 CV 都很专业。而且他们还提供 mock interview（模拟面试），但去咨询的次数有限。还建议大家先注册一个领英（LinkedIn）帐号，扩展自己对很多行业的理解，还可以连接很多校友。连接校友还可以通过学校的 Alumni 群体，整个学校有一个，各个学院也都有，这也是一个资源。

最后，如果你即将来曼大，一定要注意，新生入学的那段时间，曼大可能会有一些抢学生手机的团伙，所以走在路上不要看手机，要多注意四周。大三的时候有一次我放松了警惕，手机就被抢了。自己的东西还是要多注意，在各个方面多提高警惕，这也是对所有留学生的建议吧。

八、伦敦艺术大学

学校介绍

伦敦艺术大学（University of the Arts London，UAL）成立于 1986 年，是全世界最优秀的艺术学院之一，将世界上最著名的致力于艺术、设计及其他相关活动的六所学院联合了起来。《2021 年 QS 世界大学艺术类排行榜》第二名，艺术本科排名第一。

特色专业解析

学院	强势专业
中央圣马丁艺术与设计学院（Central Saint Martins College of Art and Design, CSM）	服装设计、戏剧表演、珠宝设计、艺术史
坎伯韦尔艺术学院（Camberwell College of Arts, CAM）	插画、文物保存、3D 设计、平面设计
切尔西艺术与设计学院（Chelsea College of Art and Design）	纯艺、纺织、刺绣、室内设计
温布尔登艺术学院（Wimbledon College of Arts）	戏剧表演、舞台设计
伦敦传媒学院（London College of Communication, LCC）	传媒、电影、动画、音效设计、交互设计
伦敦时装学院（London College of Fashion, LCF）	服装设计、时尚营销、时装摄影

申请要求

如果想要申请，可以选择以下申请方法中的一种：

（1）直接向 CSM 申请：如果只申请 CSM 或伦敦艺术大学的本科专业，那么就可以选择此方法。要求申请人填完申请表格并与作品集及其他材料一同寄送给学校。由于没有明确的申请截止日期，建议尽早申请。如果想九月份入学，最好不要晚于四月底申请，尤其那些热门专业，很快就会被报满。（个人申请，高考学生）

（2）通过 UCAS 申请。（英高学校/不带作品集要求的）

（3）通过中央圣马丁在中国的代理（北京/上海）来申请。（中国学生，设计类专业）

申请本科预科课程	申请本科课程	申请硕士课程
* 高中及以上学历，年满 18 周岁 * 提交基本的作品集 * 国际学校提交标化成绩（A-Level 要求 CCC 以上） * 雅思 5.0/4.5	* 艺术设计类专科或本科学历 * 提交相应专业的作品集 * 国际学校提交标化成绩（A-Level 要求 ABC 以上） * 雅思 6.0/5.5	* 相关专业本科学历 * 相关的实践经验 * 有丰富的富有创意的作品集 * 雅思 6.5/6.0

来源：University of the Arts London

录取情况：中国学生只要有标化 + 语言成绩 + 作品集，录取率还是非常高的，但是绝大部分的中国学生还是要先去读一年预科。预科到本科的录取率也高达 90%。

就读体验

陈渝 Caroline 老师,英国诺丁汉特伦特大学硕士毕业生,曾参加伦敦艺术大学服装设计课程且获得毕业证书,从事4年国际教育行业,擅长挖掘学生优势且为学生制订合理的升学方案,现任唯寻资深升学规划师。

我在英国读本科的时候申请了伦艺的研究生。因为当时我也在做模特的工作,所以认识了一些伦艺的学生和欧洲小众品牌的设计师。我会帮一些设计师去伦敦时装周走秀,让他们帮我写了推荐信,自己也准备了作品集,后来成功拿到了 offer。

伦艺是一个很广泛的艺术学校,它有服装设计学院、传媒学院、戏剧表演学院等,基本各类艺术专业都有涉及。我申请的是服装设计专业,它的这个专业是全球闻名的,这也是它吸引我的一大原因。

在伦艺读书的这几年,我最大的感受就是"自由"。做 project(项目)的时候,老师不会有很严格的要求,经常说:"你们自己去做吧,我只说我想讲的。"有时候我会困惑到底是做小众的设计还是做普罗大众能接受的,老师都会跟我说"It's your project.(这

Caroline 老师研究生时期的作品

是你自己的项目。)"老师会告诉我们,他们不会定义任何东西,让我们做自己喜欢的就行了。包括在穿着上也是,学校里很多人都会穿自己设计的衣服,或许你会觉得有很多奇装异服,甚至女装大佬,但在学校不会有人一直盯着他们,我们都觉得这很正常。

进了伦艺之后我发现它有很多与艺术相关的资源,学校会跟当地的 museum(博物馆)、art museum(艺术馆)合作,他们有时候会给伦艺的学生提供一些 job opportunity(工作机会)。比如你想要开一个展览,或者帮别人策展,就可以写邮件,发 CV(简历)、作品,去争取工作机会。因为这些资源并不是完全公开的,这就是学校带给你的红利。

有些时候我们还会受邀去一些设计师的展,那些展也是不对外开放的。我当时还被邀请参加了 Victoria's Secret(维多利亚的秘密)的 fashion show(时尚展),看到了很多维密的模特明星和助场嘉宾,当年那场的嘉宾是 Taylor Swift 和 Mars 火星哥,而且还是免费的,非常开心。

关于预科项目,我建议学艺术类的同学都可以考虑去读。预科阶段可以帮助你了解每个学院的特色和专业,会让你更明确自己的专业目标。

最重要的是,艺术类预科跟其他专业的预科非常不同,艺术类的一年预科时间里,你可以学习到各种艺术表现的形式,而这些内容你可能很难在国内见到。比如,我刚开始上课的时候,老师带我们去看夕阳,看一些伦敦建筑,拍照片,来找灵感。我一开始一脸懵,

不知道怎么找灵感。看了其他的同学，发现他们有些人会把照片剪裁下来重新拼贴，一边是夕阳，一边是建筑，颜色的灵感来源于夕阳，线条来源于建筑。经过不断训练之后，我才从一开始的疑惑状态到后来慢慢知道了如何去找这些灵感。所以，在读预科的时候，就是学习和积累的最佳时刻。

鄂倩芸 Elaine 老师，英国伦敦艺术大学时尚传媒专业毕业，曾参与伦敦时装周的策划与统筹。Elaine 老师擅长本科及硕士的申请规划，熟知雅思、GRE、GMAT 等升学相关考试信息。

我当初是在国内读的高中，去英国读预科，然后带着自己的作品去申请伦艺。在高中的时候，我就有做服装设计师的梦想，伦艺对我来说就是 dream school（梦想院校），它是艺术生的天堂。

可能很多人觉得预科就是学英语而已，但其实我的预科课业压力非常大。我们要学摄影、艺术史，还要学如何给模特搭配、找场地、买衣服、网页设计等。所以，预科阶段就是一个打基础的过程，给学生一个适应、调整的时间。

我在伦艺读书的时候，最大的感受就是我的接受度变高了，思想也更开阔了。伦艺有很多学院，我读的是传媒学院，所以我的服装风格可能不会像圣马丁学院的学生那样五颜六色，通常就是黑白配。但是走在路上的学生穿什么风格的都有，我们也都能接受。

吃饭方面，我基本不在学校吃，除非课上得比较晚或课程时间紧，就吃些沙拉之类的。住宿方面，预科的时候我是住在学校指定的宿舍区域，选了一个可以直达学校的附近区域。宿舍挺小的，是个带厕所的单人间，厨房是大家共用的。有些外国学生可能会半夜开party，就会很吵，有时还会敲我的门喊我一起去玩，有时候会打扰我休息。虽然本科提供宿舍，但真的太小了，没地方放东西，后来我就搬了出来，到市中心 Baker Street 和别人一起合租，一周大约 300 英镑，算是比较贵的。

在本科的最后一年我们可以实习，可以选择在英国实习或是回国实习。当时我选择在英国实习。我有个日本的同学，人特别好，她每周都会带我出门，介绍她的朋友给我认识，有做摄影的，有做视频编辑的。所以我觉得同学之间的相互支持、相互帮助很温暖。

来伦艺之后我发现身边有很多厉害的人。比如我的一个同学是做行为艺术的，他曾经参加过伦敦一个规模较大的行为艺术展，我的一个老师是摄影界的大牛，学校举办的活动也会有很多知名设计师来参加。同学和老师都非常热情，会不遗余力地帮助你找灵感，所以我在读书期间交了很多朋友。

第四章　大学生活和求职就业

2019年"福布斯30岁以下精英榜（30 Under 30）"颁奖礼

　　出国求学是为了摆脱高考定终身也好，寻求学术领域科研突破也好，接触更多的国际资源、培养国际视野也好，实现较高的职业目标也好，申请名校成功只是出国求学的重要一环，但不是仅有的一环。当你真正走出国门，即将面对的还有孤身求学的焦虑、大学学习生活的不适应、毕业后求职的茫然等问题。所以，我们在本书的最后一章分享的是我们在大学的生活经历，介绍了适应大学生活所要具备的能力，分析了留英就业前景。同时这也是我们第一次讲述创办唯寻的事情，并邀请了10位行业精英朋友分享他们的求职建议，让大家提前了解这些申请之后一定会面对的问题和部分解决方案，进而帮助大家更加客观地做出留学选择。

第一节
适应大学生活

一、宽进严出的英国大学

辍学率分析

英国大学是出了名的宽进严出。英国高等教育统计中心 HESA（the Higher Education Statistics Agency）出具了一份报告，根据学生的中学背景、是否为第一次读本科、就读专业和学生是常规入学 / 成人入学，统计了 2014~2017 年入学的大学生最后未能毕业的辍学率。

从所有专业的综合数据我们不难发现，高中毕业后入学的本科生辍学率大概在 6.6%，但是成人就读本科的辍学率会激增到 13% 左右，约是高中入读生的两倍。

如果我们针对常规高中入读本科的学生分专业方向来做四年平均辍学率分析：

Subject area	四年平均辍学率
All subjects	11.3%
(J) Combined subjects	7.6%
(I) Education	7.9%
(H) Creative arts & design	10.1%
(G) Historical & philosophical studies	9.0%
(F) Languages	9.2%
(E) Mass communications & documentation	10.5%
(D) Business & administrative studies	15.0%

(续)

Subject area	四年平均辍学率
(C) Law	11.1%
(B) Social studies	9.0%
(A) Architecture, building & planning	12.3%
(9) Engineering & technology	3.1%
(8) Computer sciences	15.7%
(7) Mathematical sciences	10.6%
(6) Physical sciences	5.2%
(5) Agriculture & related subjects	10.8%
(3) Biological sciences	12.8%
(2) Subjects allied to medicine	8.0%
(1) Medicine & dentistry and veterinary science	3.0%

来源：英国高等教育统计中心

所有专业的平均辍学率是11.3%，理工科中辍学率较高的是计算机科学（15.7%）和生物科学（12.8%），人文类社科包括历史、哲学、语言学和社会学等大约在9%，大商科的辍学率较高可以达到15%，设计类的辍学率是10.1%，而严进严出的法律系和医学专业分别为11.1%和3%，出现了较大分歧。

总的来说，进入英国大学之后必然会面临的是大约10%的学生无法毕业。

学术强度和对学生的要求

英国的本科是三年制，从进入大学开始就会进行专业课的学习，再加上英国对学术基础和学术严谨的高标准和高要求，英国专业课的学习年限、内容和难度其实是高于中国和美国的同等本科学位的。一般本科第一年会进行专业基础的训练，重视理论基础，课程基本全部是必修。本科第二年会延续基础课，一半是必修课程，另一半会开放选修课程供学生选择未来可能想要钻研的方向，通过学习的方式来缩小自己未来选择的范围。本科第三年必修课比例会大幅下降，基本所有课程都是选修，并会在选择的专业方向上做实践类和科研类的项目制学习，为进入研究生和博士学习做准备。

以牛津大学数学系为例：

大一课程（如下表）的重点是在数学的三大分支（纯数、力学和概率统计）上做全面的基础教学，既有高中时期学习过的部分，也有更多补充的内容；既强调了严谨的数学体系、术语和证明，也开始涉猎数学在应用领域的理论和方法。内容主要包含了线性代数、数学分析、群论、几何、多元微积分、傅里叶级数和偏微分方程、动力学、概率和统计等。

Michaelmas Term
Introduction to University Mathematics	8 lectures
Introduction to Complex Numbers	2 lectures
Linear Algebra I	14 lectures
Analysis I	15 lectures
Introductory Calculus	16 lectures
Probability	16 lectures
Geometry	15 lectures

Hilary Term
Linear Algebra II	8 lectures
Groups and Group Actions	8 lectures
Analysis II	16 lectures
Dynamics	16 lectures
Fourier Series and Partial Differential Equations	16 lectures
Multivariable Calculus	16 lectures

Michaelmas Term
Groups and Group Actions	8 lectures
Analysis III	8 lectures
Statistics and Data Analysis	16 lectures
Constructive Mathematics	8 lectures

来源：University of Oxford

大二年级的三个学期中只有第一学期有一部分必修课，其他课程全部是选修。在选修列表里我们可以看到像包括拓扑学、流体学、数论、相对论和生物模型等往各个方向延展的课题。

The second year course consists of three compulsory subjects (core material):
Linear Algebra (16 lectures),
Differential Equations 1 (16 lectures),
Metric Spaces and Complex Analysis (32 lectures),

followed by a number of *long options* (16 lectures each):
Rings and Modules,
Integration,
Topology,
Differential Equations 2,
Numerical Analysis.
Probability,
Statistics,
Fluids and Waves,
Quantum Theory,

and *short options* (8 lectures each):
Number Theory,
Group Theory,
Projective Geometry,
Introduction to Manifolds,
Integral Transforms,
Calculus of Variations,
Graph Theory,
Special Relativity,
Mathematical Modelling in Biology.

来源：University of Oxford

大三的课题因为太多此处就不做列举，但这一年作为全选修，本科生可以开始接触一线的科研方向和课题。同时作为数学系的学生，编程的能力非常重要，我们从大一开始就会学习数学语言，大三的许多课题是需要某种语言来完成的。

二、牛津大学学习经历分享

牛津大学对我影响最大的是它独特的通才教育方法，融入导师制授课中，继而带给我受用一辈子的能力提升。

所谓导师制授课，就是学生们在各自的院系（department）上大课，学习基本的专业知识，然后会得到一份练习（problem sheet）。这份练习与其

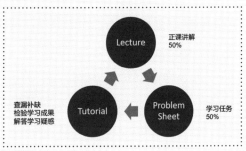

牛津剑桥的导师制授课循环

说是作业，不如说是一个自学的引导，学生在练习的引导下去查阅相关的书籍和资料，通过自学完成知识积累。完成学习之后，会有定期的导师课，由各个学院里专业的导师以 1V1~1V6 的小班形式解答学习中的疑惑，讲解教授未讲完的内容，帮助学生查漏补缺。这就构成了一个以自主学习为核心的三步学习方法，如上图所示。

这种教学方法使得学生一年中只有 360 个小时是在上课（包括讲座和导师课），如果按照一天 8 小时的工作时间来折算，一年仅仅有 45 天在上课。大量的时间是在图书馆里查阅资料、和同学研讨学习、自主地进行学习积累。

而这种通才教育的优点是显而易见的，学生的学习能力会变得极强，时间管理要求很高，做事会更为积极主动，独立能力和判断能力更强，且更善于归纳总结。当然这种方法也可能会导致一部分学生因接受不了学习强度而退学，这也再一次印证了我们常说的海外名校"宽进严出"。

值得注意的是牛津和剑桥的学术难度和他们的学术声誉一样，站在了世界的巅峰。因此，毫不夸张地说，优秀的牛津、剑桥毕业生，他们的学习能力也同样站在了世界的巅峰。

三、给大学生的建议

大学生活必备的能力

时间管理能力

进入大学生活后，没有老师督促你，没有家长监督你，但是学习任务却依然繁重，这时候你必须学会自我管理。我曾经教过一个非常极端的学生，习惯了父母和老师帮助他安排好一切，于是去海外读高中之后就彻底混乱了。他不会合理分配学习的时间，导致一周时间都没有完成学习任务，然后在某一天突然意识到自己要学习而通宵一整晚，第二天却因为熬夜影响了正常学习。我也见过非常多因为大学成绩不好而被开除的学生，他们大多是因为习惯了"临时抱佛脚"的学习方式，平时把大量时间用在娱乐、社交和社团活动上，导致最终考核失利。

正确的时间管理需要两个步骤：一、罗列和分类自己要做的事情；二、每周调整自己的任务时间表。我们有一个非常实用的小工具叫"四象限时间管理法"。

时间管理的四象限法则：一、重要且紧急；二、重要但不紧急；三、不重要但紧急；四、不重要且不紧急。我们首先要做的就是把需要处理的事情归类到各个象限中。但更重要的是我们应该不断去调整自己的时间表。

- 重要而且紧急的事情需要第一时间处理，任务数量一旦堆积到这个象限中将会大幅增加完成的风险和精神压力。

- 重要但不紧急的事情应该包含大部分的任务，定好日程，让这些事情从准备到预计完成都井井有条。

- 不重要但紧急的事情需要减少，或是尽可能让别人去做，因为这些事情会挤压重要且紧急的事情的时间，但又缺少有效的产出。
- 不重要也不紧急的事情，我们尽可能不要去做。

独立思考和工作的能力

在大学，意味着学生需要自主学习、独立思考，不仅要有发现问题和解决问题的能力，更要学着享受孤独和承担责任。我在大学的时候经常会碰到一些难以解决的数学问题需要在图书馆钻研一周甚至一个月，毕业后也经常碰到不得不硬着头皮去完成的工作，比如建立假设去完成一个项目的财务模型。创业之后更是需要去创造全新的商业模式引领着整个行业的发展。所有的这一切都需要通过自己不懈的努力和坚持，去一遍遍尝试，寻求突破。

这里能够给的建议其实很简单：从中学阶段开始就不要依赖于别人给予的帮助，学着把自己逼迫到一个不得不独立去完成一项任务的境地，渐渐习惯挣扎着完成任务的感觉，享受那种独立工作获得的成就感。

社交和沟通技巧

从一份社交媒体针对大学生做的问卷调查我们发现，很多大学生都存在社交能力缺乏的问题。学生更倾向于待在自己的宿舍，即使是周六晚上，也不愿出现在公共场所。

虽然我们在第二点中强调独立思考和工作的能力，但并不是说我们要完全独立。我们在未来的学习和工作中会经常碰到需要和小组一同完成的任务，你是否能做到有效沟通和配合其他成员的工作？你是否具有领导力去带领团队完成艰巨的任务？你是否能在团队合作中学习到其他人的优点让自己更优秀？

读书之余很重要的一点是实习和实践，我也分享一下我在学生时代做的一个商业实践项目。我当时加入了一支5人的小团队，我的任务是为组员们收集第一手数据，包括企业内部参访和调研，以及竞争对手的调查分析。我不仅要和行业里各个职位、各种资历的人深度沟通挖掘信息，还要不断与组员沟通我的数据结果以供他们完成诸如模型搭建、战略建议和落地方案等工作。这个过程中我获得了非常多的宝贵经验，譬如我的德国组员花了两晚帮我打磨我的报告，纠正我的每一个习惯性错误并提升了我的演讲技巧。

进入大学后的建议

一、勇于尝试。进入大学以后要多接触社会，多做实习或科研，去探索自己喜欢的、擅长的，同时又认同价值的领域，然后在这个行业或这个岗位深耕下去。

二、和优秀的人在一起。去和那些出色的前辈、学长学姐、实习的同事多交流，学习他们的思想精华，不断丰富自己，让自己变成更优秀的人。

三、始终保持谦逊。就像吴军教授在《大学之路》中说的："我这辈子读了24年的书，比我总共工作的时间还要长，回过头来看，一些过去比我们读书更优秀、在起跑线上抢到更好位置的人早已放弃了人生的马拉松，我们能够跑得更远仅仅是因为我们还在跑，仅此而已。"

吴昊老师在本科期间参加英国学校教师训练发展机构组织的教学培训和师训项目

四、给高中生的建议

深究知识，多问一句"为什么？"

古人言：知其然，知其所以然。这其实是优秀学霸的一个共同点，他们往往不满足于知道结果和现象，而是注重演绎推导，追求本质以及理解这个知识点的作用。知道原理不容易遗忘，因为印象深刻，而且知道原理方便知识的再创造。我们经常听到很多学霸都会分享说，"我从来不死记硬背，现场推一推就出来了"，其实就是这个道理。比如三角函数的诱导公式，如果知道诱导公式是怎么推导的，就绝对不会忘记。这种方法比枯燥学习知识点更加容易学出兴趣，有了兴趣学习起来会更加主动，事半功倍。

形成知识体系很重要

知识都是非常有趣的，一门学科经过几百年乃至上千年的沉淀都会形成自己的脉络体系。我们要做的就是在一张张虚拟地图上填补一个个空白，每一个填补的知识之间又有逻辑关联，它们层层递进，最终形成交叉体系。

我认为，形成自己的知识网络是让知识融会贯通的关键。许多综合题、难题、压轴题往往就是考核多个知识点的综合理解和运用。比如我在国外读高中的时候，最困难的就是学经济学。一开始总在 B 上下徘徊，但是后来我自己整理笔记，制作知识点地图，半年后成绩就突飞猛进，在第一次统考中就取得了 96% 以上的成绩。

做旧题往往比做新题效果更好

很多学生觉得做题很有成就感，这其实是一种补偿心态，觉得自己付出了就会有回报。这个没错，但是不要陷入追求数量的道路上去，不要变成"我今天刷了 4 套题"就特别有

吴昊老师在"2020年唯寻牛剑精英营"开营仪式上

成就感,而是要看我这次做题的正确率提高了多少。尤其是重复练习,可能会导致机械犯错,之前错的不理解为什么错,回头继续做错。所以,我们不必追求一直在做新题,不妨去整理旧题中的难题和错题。在归类的过程中系统思考一类错题的原因,或是一类难题的关键解法,并且不断探索自己的认知边界和错误习惯,这才是自我提升的有效方法。

"勤能补拙"能解决一半的问题

客观来说,人的智商是有差异的,而且学习能力在初中阶段就已经大致定型,但是人脑的潜力都是未被完全开发的。尽早养成良好的思考习惯,及时纠正错误的学习方法,然后努力学习,就能成为更好的自己。

读前面"吴昊的牛津之路"部分大家也了解了,我在英国读语言班的时候,分班考试因为优秀的语法基础和笔试技巧被分到了雅思7分班,那是我们语言班里的最高分班,同班其他学生全部是欧洲人。因为老外的词汇量、口语和听力都比我强太多,快节奏的学习氛围让我一开始苦不堪言。为了跟上班级进度,我每天课后都会找老师要下一次课的听力材料和阅读材料,然后提前听好听力材料,查好生僻单词。一个月后,我便适应了班级节奏,可以参与到小组活动中去。半年后,我的雅思首考就达到了单个小分7分,顺利达到了牛津大学的语言要求。

第二节
求职与就业

一、英美就业大环境分析

英美哪些行业毕业生需求量大？

英国

High Fliers Research 新发布的《2021 年英国毕业生就业市场报告》（*The Graduate Market in 2021*）中显示：2020 年在新冠疫情的影响下，英国顶级雇主减少了 15.1% 的毕业生招聘，招聘的毕业生数量比 2019 年减少了 12.3%，是 11 年来英国顶级雇主毕业生招聘数量降幅最大的一年。虽然疫情对就业带来了不小的冲击，但是 2021 年的毕业生空缺岗位数量将有所回升，预计上涨 2.5%。在 15 个重点行业和商业部门中，有 7 个行业的毕业生招聘人数有所增加，预计招聘人数最多的行业为公共服务、会计及专业服务、投资银行、科技、工程与工业等。其中慈善志愿行业、咨询行业和零售行业需求增幅最为明显。

Analysis of Graduate Vacancies in 2021, by Industry or Business Sector				
Industry or Business Sector	Recruitment target for 2021, as published in Sept 2020	Recruitment target for 2021, as revised in Jan 2021	% change from recruitment in 2020	Vacancies added (cut), compared with 2020
Accounting & Professional Services	3,925	4,281	↓ 1.1%	(48)
Armed Forces	1,600	1,620	NO CHANGE	0
Banking & Finance	1,223	1,235	↓ 10.9%	(134)

(续)

Analysis of Graduate Vacancies in 2021, by Industry or Business Sector				
Industry or Business Sector	Recruitment target for 2021, as published in Sept 2020	Recruitment target for 2021, as revised in Jan 2021	% change from recruitment in 2020	Vacancies added (cut), compared with 2020
Charity & Voluntary Sector	112	112	↑ 24.1%	27
Chemicals & Pharmaceuticals	130	80	NO CHANGE	0
Consulting	215	255	↑ 10.6%	27
Consumer Goods	163	164	↑ 8.5%	14
Engineering & Industrial	1,290	1,554	↓ 0.5%	(7)
Investment Banking	1,640	1,851	↑ 3.8%	70
Law	842	836	↑ 0.4%	3
Media	775	576	↓ 4.0%	(23)
Oil & Energy	170	120	↓ 39.2%	(47)
Public Sector	5,257	5,425	↑ 7.0%	382
Retailing	615	733	↑ 9.8%	72
Technology	1,665	1,651	↓ 0.6%	(10)
All Sectors	20,122	21,093	↑ 2.5%	520

来源：*The Graduate Market in 2021*, High Fliers Research

毕业生职位需求增加，意味着留学生在英国也有更多的机会找到好工作，再加上英国恢复 PSW 签证，现在去英国留学可谓是重大利好。

美国

2020 年 12 月 15 日，世界最大薪酬统计网站 PayScale 发布了《2020 年终报告：最热门的工作和高薪技能》，其中统计了 2020 年全年就业数据，在新冠疫情的背景下，最热门的 10 大工作分别是：健康筛查员、私人采购员、房车维修技术员、无损检测技术员、

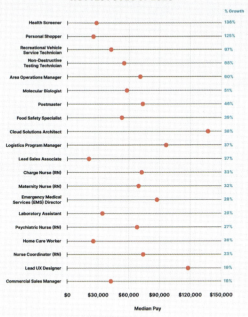

来源：*END OF YEAR REPORT: THE HOTTEST JOBS AND TOP PAID SKILLS OF 2020*，Payscale

区域运营经理、分子生物学家、邮政局局长、食品安全专家、云解决方案架构师、物流项目经理。

2020 年的热门趋势很有可能会延续到 2021 年。此外，一整年被迫保持社交距离的影响可能会在疫情结束之后改变人们的消费行为和预期，虽然实体经济的某些方面将会反弹，但远程工作在未来可能会变得更加普遍。企业也在发展数字化服务，因此，与网购、物流和改善数字体验技术相关的技能可能会受到高度重视。鉴于疫情对大众造成的压力和焦虑影响，除了身体健康，心理健康和工作与生活之间的平衡也会越来越受关注，企业为了应对这些变化，人力资源岗位的需求可能会增加。

英美哪些行业和学校毕业薪资高？

英国

根据 High Fliers Research 的数据，2021 年英国毕业生起薪最高的是投资银行，达到了 50 000 英镑。Glassdoor 的薪资统计也显示，一名高盛的前台分析师薪资可以达到 7 万英镑。法律行业起薪增加到了 46 000 英镑，咨询行业起薪也在 45 000 英镑。

零售业起薪与去年相比有较大程度的提升，石油和能源、传媒、科技行业的起薪也有所上升。除了专业服务领域以外，武装类行业起薪也有提升，但是对于中国留学生来说，武装类的专业是我们所不能申请的，所以对零售、能源等行业感兴趣的学生，倒是可以抓住机会。另外，银行和金融、消费品和会计行业的毕业生平均工资也都超过了 3 万英镑，薪资水平具备非常强的竞争力，所以这些专业的学生就业前景还是很不错的。

美国

薪资调查网站 PayScale 收集了美国 4 000 多所大学近 350 万校友的薪资数据，发布了《2021 年度大学生薪酬报告》（2021-22 College Salary Report）。

报告表明，薪酬最高的本科专业仍集中于 STEM（科学、技术、工程或数学）专业，但是商科和人文社科专业也有非常亮眼的表现，其中前 10 名的专业和年薪水平如下：

- TOP 1 Petroleum Engineering（石油工程），薪资 187 300 美元
- TOP 2 Operations Research & Industrial Engineering（运筹学和工业工程），薪资 170 400 美元
- TOP 3 EECS（电气工程与计算机科学），薪资 159 300 美元
- TOP 4 Interaction Design（交互设计），薪资 155 800 美元
- TOP 5 Public Accounting（公共会计），薪资 147 700 美元
- TOP 6 Operations Research（运筹学），万金油专业，薪资 147 400 美元
- TOP 7 Applied Economics and Management（应用经济学和管理），薪资 146 400 美元
- TOP 8 Business Computing (BC)（商业计算），薪资 143 600 美元
- TOP 9 Actuarial Mathematics（精算数学），薪资 143 400 美元
- TOP 10 Electrical Power Engineering（电力工程），薪资 142 600 美元

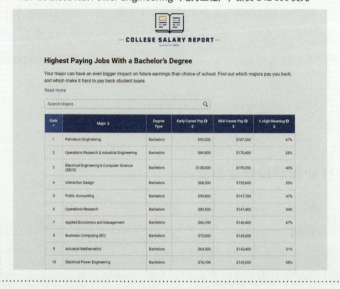

来源：《2021 年度大学生薪酬报告》，PayScale

不过，正如 PayScale 研究主管苏达山·萨姆帕斯 (Sudarshan Sampath) 所说，在选择专业上我们还是需要综合考虑自己的兴趣和发展方向，而不是仅仅因为可能会有不错的收入就决定攻读某个专业。

中国留学生都选择了哪些行业？

Lockin 联合全球高校职业发展联盟 GUCCU 以及国内领先的人力资源媒体 HRoot 共同发布的《2020 年中国海外人才职业发展报告》显示，近年来全球经济整体下行压力增加，很多企业的新增岗位数量明显减少，甚至不少企业进行了裁员，但依然可以发现很多行业和领域呈现出了较大的人才缺口。

这类人才缺口主要体现在对具有高学历背景人才的需求上，特别是拥有海外学习背景的人才。近年来，对于海归人才的需求量较大的行业依旧是互联网、咨询、制造业等。其中互联网行业的需求量仍旧稳居第一位，生产制造行业对海归的需求量有了显著增长，表明近期招聘市场对专业技术型人才的需求依旧明显。

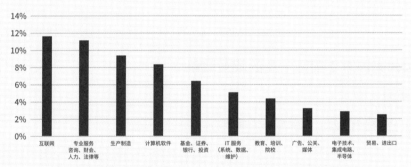

需求海外人才的十大行业

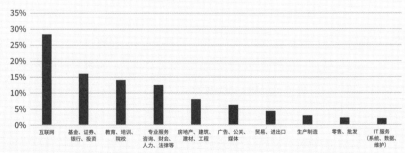

来源：《2020 年中国海外人才职业发展报告》，Lockin & GUCCU & HRoot

归国海外毕业生应聘最多的行业

在报告中可以看到，互联网行业的影响力近几年持续上升，除了研发岗位，大量的非技术岗位例如营销、运营、金融等职位的扩招，吸引了海外留学生的注意，因此互联网行业再次打败金融行业成为海归人才的首选行业。

领英也发布了《2019年人才流动与薪酬趋势报告》，从就业状态看，72%的海归已就业，16%的海归正在找工作，5%的海归正在创业，其他为待业。而在就业方面，海归就业主要集中在民营企业和外资企业。其中36.1%的海归在本土民营企业就职，26.7%的海归在外资企业就职，13.5%的海归选择国有企业，剩下为其他情况。

受资本退潮和监管趋严影响，2019年国内人才对寒冬重灾区互联网金融行业的求职积极性显著下降。而海归求职者却呈现相反走势，选择互联网、金融行业的留学生的占比相对于2018年同期上升了0.8个百分点。由于语言优势和相对开阔的视野，留学生更偏好于进入各行业中有国际元素的优质企业。2019年国内最受应届留学生欢迎的职业是市场营销、外语教师和会计。

同时，2019年数据分析师成为留学生选择最多的技术类职位，大数据在各领域的深度渗透和应用场景不断拓宽，大幅激发了留学生的求职热情。2019年从事数据分析岗位的留学生占到总量的2.3%，占比连续三年保持增长。

英国和美国对于国际学生的就业政策

英国

PSW 政策恢复，留英就业更便捷

为了应对英国脱欧带来的劳动力减少的问题，2019年9月12日，英国官方宣布推出一项针对国际生的工作签政策，允许在英留学生毕业后留在英国两年寻找工作机会，引导有才华的国际学生在英国寻求职业发展。

PSW 政策确认：2021年7月1日，被停长达9年的 PSW 毕业生工作签（现称 Graduate Route）正式开放申请。这意味着，留学生毕业后，本科生和硕士生可以获得2年有效期的就业签证，而博士毕业生的签证有效期可达3年。

疫情期间在英国境外上网课的学生，也算作完成学业课程，同样可以申请，但是需要在2021年9月27日前持有效学生签证入境英国，才有资格申请。2021年秋季或2022年年初入学的学生需要在2022年4月6日前到校且完成学业，即可申请。另外，目前持有 Exceptional Assurance 延期居留的前学生签证持有者也有资格申请。

移民政策更公平

在欧盟时，英国只能无条件全盘接受欧盟移民，而脱欧，显然可以有效摆脱这一弊端。

英国首相鲍里斯·约翰逊在脱欧过渡期结束后的第二天宣布，取消移民工签最低年薪3万英镑的收入限制，实行澳大利亚式的移民打分制度（但这不意味着完全不考虑移民申请人的个人收入，只不过会作为英国移民申请的一部分）。

在尚未脱欧前，欧盟每个国家的人都能无差别自由地进出英国，占据每年的净移民配额，英国政府无奈地只能把高技能人才和一部分留学生挡在门外。据英国内政部预测，如果对欧盟人员使用积分制移民制度，英国的欧盟移民人数将减少80%~90%。新积分制度已于2021年1月1日起正式生效。

英国对欧盟和非欧盟人员的一视同仁对中国留英学生而言确实是好消息。

精英人才专属签证利好

在和留学生密切相关的科研领域，欧盟研究人员约占英国21.1万科研人员总数的一半，英国政府担心2020年12月31日的脱欧过渡期结束后，可能会出现科学家短缺、研究人员流失等问题。

因此，英国首相鲍里斯·约翰逊宣布推出"全球精英签证"（Global Talent Visa），以吸引世界上最顶尖的科学家、数学家、研究人员、技术人才来英定居。

美国

根据美国国际教育协会（Institute of International Education）所披露的数据，在2019~2020年，中国大陆留学生（包括本科生、研究生、博士生等）在美国高校总人数为372 532人，毕业后在美使用OPT（Optional Practical Training）人数为7万余人，但是成功申请到H-1B工作签证的中国大陆留学生只有约1.5万人。（注：美国OPT政策是美国F1学生签证毕业后的实习期。H-1B是国际留学生在美国工作所使用的签证，即国际留学生在毕业后留美工作的合法身份。）

在读书期间国际学生使用的是F1签证，可毕业后就不能再使用F1的身份了，而H-1B就是可让留学生在美合法工作的工作签证。持有这个签证的外国籍公民可以在美国工作3年，3年后可再续签3年，即H-1B签证总共可以让国际留学生在美国工作6年。

但美国对H-1B的名额有数量限制，即使公司和岗位都可以提交H-1B申请，也并不确保一定能申请成功，因为总共有65 000个配额，其中5 000个是专门留给新加坡公民的。

此外还有 20 000 个名额提供给美国学校硕士 / 博士学生，也就是共有 85 000 个名额。

美国的政策是如果申请者数量少于这个名额则全部通过，超过的话则需要抽签。而往年的申请情况表明，每年平均都会有 20 万人参与 H-1B 抽签，目前的外国籍员工本科生中签比例在 34% 左右，研究生中签率在 45% 左右。

也就是说中国留学生不但要和来自印度或其他国家的留学生 / 外籍员工争夺支持 H1B 签证的工作岗位，还得在争夺到工作岗位后与他们争夺每年 80 000 的 H-1B 名额。

对于本身在美国就业市场就处于弱势地位的中国留学生来说，疫情无疑使本就摇摇欲坠的工作机会雪上加霜。

综合分析，中国留学生留美就业呈现以下趋势：

（1）H-1B 签证签发量的缩减将导致中国留学生留美工作难度增加，越来越多的留学生毕业后会选择申请 OPT 作为过渡期进行实习或工作，在国际职场积累工作经验，之后回国就业或申请 H-1B 签证留美工作。但由于 OPT 和 H-1B 签证政策的收紧，不仅限制了留美长期工作的中国留学生的数量，而且也使留美工作市场竞争更加激烈。

（2）留学专业比重倾斜将导致中国留学生扎堆出现在特定行业。相比商科，STEM 专业对于留美工作，申请 H1B 签证更加有利。

《中国学生研究生留学白皮书》的数据显示，不同行业对国际雇员有不同的招收计划，其中科技（37%）和咨询类（34%）行业计划招收国际雇员占比最大，由于全球企业合作增多，为服务不同区域的客户，咨询类公司更倾向于招聘不同文化背景的员工。至于科技公司乐于招聘海外员工也是由于印度、中国等国的 STEM 专业水平高于本土水平。由于中国留学生数量居高不下，选择商科专业的学生比重大（IIE, 2018），所以即使咨询类企业招收国际员工比重很高，工作机会依然是僧多粥少，对应聘学生的要求也水涨船高。而 STEM 专业由于 OPT 政策优势和专业人才市场需求量大，在美国求职就业机会比商科更多。

（3）硕士以上高学历留美就业优势不如本科和硕士突出，留美就业更看重专业实操性。一方面，美国没有对学历盲目崇拜，除了研究或开发需要，大部分工作的高技术含量不大，硕士和本科的专业知识即可胜任；另一方面，硕士生和博士生都有固定的薪资标准：硕士平均年薪 70 000 美元，而博士则高达 96 000 美元。由此可见雇佣博士的成本相对较高，实际上大部分公司对博士类高级技术型人才需求也相对较少。以商科为例，81% 的美国雇主表示需求量最大的是 MBA，其次是商务管理硕士。

疫情下英美就业趋势

英国

受新冠肺炎疫情的影响,一些英国的大企业纷纷取消或推迟了 2020 年的招聘和实习项目。包括 Lloyds Banking Group, HSBC, PwC 在内的几家大公司已经被迫更改了他们的人才招聘计划。一方面,远程工作使实习生培训变得十分困难;另一方面,封锁令下经济受创,有些企业经历了岗位数量的骤减,其中减少新人的招聘被排在第一位。据统计,相比于 2019 年,2020 年英国 100 家顶级企业中有 57 家减少了毕业生招聘数量,或者根本不雇佣毕业生。

根据英国国家统计局发布的英国 2021 年第二季度经济数据,英国经济在解封后强势反弹,2021 年二季度 GDP 增长 4.8%,在所有西方大国里排名第一。Capital Economics 预计,到 2021 年下半年至年底,英国经济将恢复到疫情前的水平。《2021 年英国毕业生就业市场报告》显示,虽然疫情还在持续,公司发布的招聘目标比较谨慎,但 2021 年提供的毕业生职位数量略有上升。有 1/3 的英国顶级企业预计在 2021 年招收比去年更多的毕业生,但也有 1/3 的公司预计将会减少毕业生招聘。超过一半的顶级企业希望能够正常进行今年的暑假本科生实习计划,而 1/4 的公司选择将实习培训转到线上。

美国

根据《2020 美国门户开放报告》,2019~2020 学年在美国的中国大陆留学生有 372 532 人。其中本科生约 15 万人,研究生约 14 万人,OPT 保有量约 7 万人。应届毕业的中国留学生有将近 20 万人,但根据 LCA 美国劳工部的数据显示,只有 18 000 位的中国留学生是有工作的。

中国留学生在美国找工作难的一个非常大的原因是"资源不对称",美国大学的就业指导中心无法对中国留学生提供有效帮助。

根据各大院校的就业指导中心历史数据可知:学生对就业指导中心的满意度是不及格,校园招聘只有不足 4% 的企业愿意提供工作签,就业指导中心员工与学生比不足 1:1 000。

美国在 2020 年 4 月经历了自 1929 年大萧条以来的最高失业率。但是根据劳动部发布的美国失业率统计,全美失业率已从 2020 年 4 月的 14.7% 下降到 2021 年 1 月的 6.7%,预计 2021 年底控制到疫情前水平。此外,拜登政府上台后,针对中国留学生的不利政策陆续撤销、废除,引进更多高端人才的呼声在进一步提升。总体来看,中国留学生在美就业的趋势将有所改善。

二、留英国工作，不同行业的就业前景如何？

由于篇幅有限，我们以投行、精算/审计/会计、咨询三个行业为例简单介绍一下就业情况，关于科技、工程、医药、教育、医生/律师的就业情况欢迎扫描二维码了解详情。

投行

在各行业中，投行的收入可以说居于金字塔的顶端。调查显示，高盛、摩根士丹利等投行每年的净收入大约有一半都用在了员工薪酬上。在世界金融中心伦敦，新进员工的年薪在5万英镑左右（约人民币45万元），工作5~6年后有望达到22万英镑以上（约人民币196万元）。

其中最知名的当属九大投行了。九大投行包括：

欧系投行：巴克莱（Barclays）、瑞士联合银行（UBS）、德意志银行（Deutsche Bank）、瑞士信贷（Credit Suisse）。

美系投行：花旗（Citi）、高盛（Goldman Sachs）、摩根士丹利（Morgan Stanley）、摩根大通（J.P.Morgan）、美银美林（Bank of America）。

在英国，欧系投行会比美系投行相对更好求职，这是因为欧系投行的总部，以及主营业务都在欧洲，因此欧洲的岗位就更多。投行招聘向来有"就近原则"，更愿意招聘在本地有学习、工作、生活经历的求职者。而兼具这两个优势的英国留学生自然求职机会更多，成功概率更高。

分类	公司	员工数量			
		英国	美国	瑞士	德国
欧系	Barclays	31 366	5 662		
欧系	Deutsche Bank	10 393	10 303		10 265
欧系	UBS	8 726	24 633	17 300	
欧系	Credit Suisse	6 063	11 066	13 835	
美系	Citi	11 001	76 104		
美系	J.P. Morgan	9 287	23 167		
美系	Bank of America	8 973	182 461		
美系	Goldman Sachs	7 807	26 375		
美系	Morgan Stanley	7 595	50 843		

来源：LinkedIn

在英国，欧系投行中 Barclays 和 Deutsche Bank 数量较多，美系投行中 Citi 招聘量最大；欧系投行中，UBS 和 Credit Suisse 在瑞士招聘量大。总体来看，九大投行美国招聘量远大于英国。

考虑到美国国土远比英国国土大很多，而投行的大部分岗位只集中在伦敦。之所以伦敦投行能有这么多岗位，还是得益于它全球金融中心的地位。总体来看，总部在哪里，哪个地区的岗位就多（参考 Barclays）。

总而言之，大家不管是留英求职，还是去欧洲其他国家求职，进欧系投行的机会都比美系相对多一些。并且，每个欧系投行还有自己更加心仪的学校的学生。选择你的学校列入 target school 名单的公司，会更具优势！

The top universities for front-office investment banking jobs

Rank	University
1	London School of Economics
2	Columbia University
3	University of Pennsylvania
4	New York University
5	University College London
6	University of Chicago
7	University of Oxford
8	University of California, Berkeley
9	Harvard University
10	Yale University
11	University of Cambridge
12	Cornell University
13	Imperial College London
14	Stanford University
15	Princeton University
16	MIT
17	University of Bristol
18	Northwestern University
19	Carnegie Mellon University
20	University of Michigan
21	University of Warwick
22	University of Virginia
23	Duke University
24	University of Illinois at Urbana-Champaign
25	Brown University

来源：eFinancialcareers

投行机构也会有很多部门,每一个精品投行的部门都会有自己的一个 target school。全球金融相关岗位服务网站 eFinancialcareers 基于自己拥有的数据库,根据 6 万多份简历确定了每所大学担任前台职位的校友比例,整理出来一份榜单,公布了 2019 年投资银行招聘前台最喜爱的目标大学,可以看到位于榜单前三位的分别是 LSE, Columbia University 和 University of Pennsylvania。

精算、审计、会计

英国作为当今世界的经济中心之一,除了是最主要的金融服务和交易市场外,更是最早出现职业会计师的国家。因此,长久以来,英国都是向往从事会计和金融行业的莘莘学子留学的上乘之选。TIMES 对该领域内本科毕业生的薪资调查显示,在会计与金融领域任职的本科毕业生平均年薪为 2 万~3 万英镑,两年内的平均年薪普遍会升至 4 万英镑左右。而金融与会计专业的毕业生作为掌握多门学科的复合型人才,大部分金融与会计领域的职位都能胜任。由此可见,由英国会计与金融专业毕业的留学生基本能够有十分可观的就业前景及发展机会。

金融类专业的学生毕业后,主要可以选择投资银行、证券公司、基金公司、金融工具系列公司、银行、保险公司等公司入职,担当金融相关职务。会计类专业的毕业生则可以在跨国企业的财务部门和会计师事务所发展,担任财务总监、理财规划人员、商务咨询师、分析师、审计人员、税务人员、风险与安全/信息技术顾问等职位。可就职的公司有四大会计事务所以及一些中型的会计事务所。

四大会计事务所指普华永道(Pricewaterhouse Coopers—PwC)、德勤(Deloitte Touche Tohmatsu—Deloitte)、毕马威(KPMG)、安永(Ernst & Young—EY)。除了 KPMG 总部位于荷兰,其余都是英国的公司。它们主要提供的服务包括审计、税务、咨询三大块业务线,在世界各地以类似加盟的形式设立据点,各地据点在经营上拥有一定的自主权。

四大为绝大多数的国际知名上市公司与私人公司处理财务审计,在全球专业服务业界形成寡占。据报道,99% 的 *Financial Times 100* 指数企业,以及 96% 的 *Financial*

Times 250 指数企业的审计业务均由四大负责。

在美国，四大各个部门中我们可以看到管理咨询仍是薪资较高的类别。而在英国，审计／税务约为 3 万英镑，咨询 3 万 ~3.3 万英镑，管理咨询 3.5 万 ~4 万英镑。中国香港起步年薪为 12 万 ~18 万港币。

咨询

英国咨询行业近年来发展速度迅猛，目前有超过 187 000 家管理咨询公司正处于其生命周期的增长阶段，到 2020 年，年增长率达到 5.3%。欧洲咨询业平台 Consultancy.eu 数据显示，英国的管理咨询业务仅在 2018 年就已经增长了 8%。

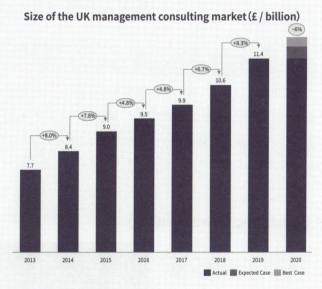

来源：*MCA Annual report 2020*, Consultancy.eu estimates

形势如此大好的咨询行业，每年必然有一众留英学生心生向往。业内有这样一句话：想学得多去 McKinsey，薪水高去 Bain，福利好去 BCG，三家公司被合称 MBB。

McKinsey & Company

McKinsey（麦肯锡）是世界领先的全球管理咨询公司，由芝加哥大学商学院教授 James O'McKinsey 于 1926 年在美国

创建，在伦敦也有 60 多年的历史。2019 年，麦肯锡迁入了伦敦新办公地址，进一步扩大了英国的业务版图。在 Vault 最新发布的 2021 年咨询行业排名上，连续 18 年蝉联第一名的麦肯锡排名下降到第三位。

Bain & Company

1973 年创立的 Bain 是一家全球性咨询公司，在全球 37 个国家或地区拥有 58 个分公司。伦敦是其最古老的办事处之一，成立于 1979 年，也是 Bain 在美国以外的第一家办事处。

Bain 公司在 Glassdoor "2021 年全球最佳工作场所"榜单中位列第一，为本科生、MBA、高级学位持有者和经验丰富的专业人士提供了广泛的职业选择。其公司文化鼓励团队合作和包容，还专门为女性创建 True North 奖学金，鼓励更多女性从事咨询行业。伦敦办事处是 Bain 内部最重要的战略办公室之一，业务涉及非常广泛，并且遍及所有行业。私募股权业务是 Bain 在过去 20 年里最成功的业务之一，在欧洲大型交易中，有 50% 以上是 Bain 参与并提供建议的。在 Vault 发布的 2021 年咨询行业排名中，Bain 取代麦肯锡，夺得榜首。

Boston Consulting Group（BCG）

BCG 成立于 1963 年，是战略咨询的先驱，早在 1970 年 BCG 就在伦敦设立了办事处，位于时尚的马里波恩，著名的贝克街波特曼广场对面。在为客户提供创新性解决方案上，伦敦办事处可以说是 BCG 最优秀的部门，也是该公司在欧洲的重要办事处。

在文化方面，伦敦办事处设有一个专门的社交委员会，组织各种社交活动，比如当地露天酒吧活动以及意大利的两天旅行。同时，BCG 伦敦办事处在回馈社会方面也做出了巨大的贡献，员工们经常参与伦敦公共卫生、儿童教育等一系列社会公益活动。

除了 MBB 外，伦敦还有很多深藏不露的顶级咨询公司，在全球都有非常大的影响力。

英国咨询行业起薪中位数也在 45 000 英镑以上。因为咨询公司的类型繁多，所以薪资差异也比较大。Consultancy.uk 的数据显示，在英国咨询人的平均总薪资范围从初级顾问约 44 000 英镑到合伙人近 170 000 英镑不等。

来源：Consultancy.uk

咨询公司的薪资增长率同样引人瞩目。在顶级咨询公司中，每一年基本工资或绩效奖金将增加 10%~20%。当晋升到下一级别时（通常每 2~3 年晋升一次），收入增长幅度更大，以全球最大的咨询公司之一埃森哲 Accenture 为例，当从 consultant 晋升到 manager 时，平均年薪从 5 万英镑升至 8 万英镑，涨幅达到 3 万英镑！

来源：Glassdoor

咨询公司经常被称为社会大学，这是因为入门前两年的咨询顾问是不受行业限制的，所以你要在极短的时间内把握行业和企业方方面面的内容。咨询公司的晋升发展也是相当透明的，80% 看表现，表现好晋升快。一般本科/硕士毕业生，3 年后就能成为资深咨询顾问，再过了 2 年成为 manager，再往上就是 senior manager，最后成为 partner，走向职业生涯巅峰。

第三节
求学、求职、创业的成长与抉择——潘潘

考入剑桥只是一段新征程的开始

很多人有一个错误的认知,认为考进一所顶尖大学就可以高枕无忧,迎接未来的美好前程,做好了成为人生赢家的准备。刚考入剑桥的我也不例外,历经千辛万苦考入梦想中的大学,我怀着一颗"天下我有"的姿态开启了剑桥大学的大一学习。

但是,首先迎来的却是对学习信心的打击,当全世界最聪明的人聚到一起学习的时候,如果你还预想着像高中一样作为整个学校的佼佼者的话,那么你的心态一定会失衡。在高中阶段,我已经习惯了同学有作业问题来请教我,而我总是毫无压力地解答,被同学们尊称为"大神"。而到了剑桥以后却截然不同,一方面是大家学习都相对独立,遇到问题首先会自己探索尝试解决,更重要的是我也会遇到许多解决不了的问题需要求助他人。而剑桥的确有一些"大神中的大神",他们的反应理解能力是远高于常人的,而且他们还特别努力,不是在学习就是在学习的路上。于是一直教别人做题的我也体验了一把被人指导的感觉,后来我总结成一句话:"越优秀的人往往越努力。"优秀的人学习一件事情往往更快,那么他们就会更快获得更多成就感,这份成就感又会驱使他们继续学习。举个例子,在大学学习相对论的时候,我曾经花了一整天的时间都无法透彻理解一个理论和推导原理,而当我和一位同学院的大神

潘潘大一入学晚宴

交流了几分钟就恍然大悟，他的一些假设和理解角度让问题简化了很多。我问他是如何想到的，他只是耸耸肩说："我就是这么思考的。"这恐怕就是大神之所以能成为大神的原因吧。也正是因为在剑桥接触了很多这样突出、优秀的人才，让我有了自知之明，也让我更努力学习，有了可以看齐的目标。

潘潘在剑桥 punting

许多优秀的人习惯了优秀，在一些挫折面前自尊心受到打击后会陷入自我否定，比如我有个同学以五科 A-Level 全球最高分的成绩进入剑桥，但大学课程难度的加大让她失去了对自己学习能力的自信心，于是自我否定、拒绝社交，学习节奏变得很糟糕，成绩也越来越差。我大一也有过这样类似的反差体验，但高中转学到国际学校的受挫经历提升了我的逆商，让我能正面地看待这个反差，当我遇到学术上被大神碾压的时候也会安慰自己说："也许他的动手实验能力没我强，再不济，他滑雪肯定没我滑得好呢！"所有优秀的人都是自尊心很强的人，争强好胜，在意结果驱使我们更加努力，变得更加优秀。但就是会有些人可能在每个方面都超越你，这时你需要调整好心态，在向他们学习的过程中提升自我认知，凡事只要做到最好的自己便是胜利。

所以，对于刚考入名校的学生来说，大学是一段新征程的开始，要持续怀着一颗好学的心重新出发，在应对新的挑战时做到有自知之明，切勿妄自菲薄，否则一不小心优秀的你就会被"捧杀"。

不断探索刺激点，用排除法找到就业方向

我本科专业是化学工程，这个专业的对口工作有很多，比如石油行业的工程师、日化品行业的供应链管理、生物制药的技术开发等。剑桥大学的课程设置有不少和就业相关的课程和项目研究，在我本科最后一年的时候，有一个工程类的设计项目（相当于国内本科的毕业论文），一组六个成员，项目内容是咖啡工厂的设计和搭建，对于咖啡的工艺包括咖啡豆的选择、研磨、烘焙、蒸馏、萃取、冷凝、干燥，每个人负责一部分，每个阶

段都环环相扣。比如我是负责萃取的，我的同学负责冷凝，那么我做出的数据、选择、设计的方案对他就会有直接的影响，期间涉及很多沟通、协调以及妥协，这个项目没有任何导师的监管，没有固定的答案，也没有任何标准，项目的目的就是设计出一个效率和工艺最佳的速溶咖啡工厂。世界上最大的快消食品集团（卡夫集团）旗下的研发

潘潘在石油公司实习

团队来为我们评奖，会看谁设计出来的工厂是最好的。我在剑桥的那几年的成绩都是前10%~15%，因此平时的学习中我觉得自己比英国大部分同学都优秀，但是在做这个项目的一个多月里，是我大学三年来第一次发现很多英国同学的过人之处。

我们组有一个同学研究咖啡的萃取工艺，在图书馆里整整住了七天，第八天揣着厚厚的手写的草图兴奋地冲出图书馆，边跑边说："设计好了，我终于可以回家睡觉了！"还有一个同学因为这个项目不远千里跑到咖啡工厂实地调研，和现场的资深工程师们交流来优化自己的设计。这个项目是在业余时间完成的，平时还有繁重的学业压力，可以说他们牺牲了自己课余和休息的时间去做这些事情，最重要的是他们还乐在其中。这种钻研精神和在团队当中体现出来的拼搏精神、领导能力、社交能力、表达能力以及社会责任感都是非常值得我学习和借鉴的。回过头来看自己，我在攻克这个项目上也非常刻苦，曾经也有数十个夜晚住在实验室和机房里埋头整理数据和修改方案，但我始终是怀着想要完成这个项目、拿到高分的心态在做这件事情，虽然我也收获到了知识并取得了优异的项目成绩，但却缺少了像我刚刚提到的那两位同学的钻研和热爱的精神。就在项目完成的那一刻我意识到我未来的就业方向不会是化学工程的技术和科研领域，因为我清晰地意识到，虽然我能同样掌握优秀的专业知识和技能，但我缺少的是成为化学工程师的那份执着与热爱。

在这个项目的报告里我最出彩的部分是针对我们组设计的咖啡萃取工艺的市场可行性报告和财务预测，搭建了一个漂亮的财务模型，并对产品做了详细的市场 SWOT 分析，而这些都是我通过自学完成的，这让我欣喜地发现自己的刺激点是商业管理，再加上我大一暑假曾在上海一家液压机床的工厂里做售前实习生，那段经历让我发现自己与人打交道的能力要好于和机器打交道的能力，这样我的就业选项里就排除了走化学工程技术之路。

潘潘毕业论文答辩合影

一波三折的跨行业求职经历

在排除走化学工程师这条路之后,我把求职方向锁定在了受名校毕业生热捧的投行和咨询行业。这两个行业会被追捧的原因也很简单,起薪高、学习曲线陡峭,未来职业发展道路宽广,比如投行出来可以转行做私募投资,咨询可以转行进入大公司做运营或是创业。可这两个行业的缺点也很明显:入行门槛高、竞争难度大。当我大一还沉迷在图书馆刷题的时候,我的很多同学就已经游走在各大公司举办的 Career Event(职业活动),积极地 Networking(交流),尝试认识这些公司的在职员工,了解他们想要招什么样的人。但我从大三才开始做别人大一做的事:完善简历、了解行业情况、拓展人际关系、申请实习机会、准备笔试和面试。机会一定是留给有准备的人的,如果你想要跨行业求职必须要付出双倍努力。我拿出了准备考试的那份执着和投入,制订好每天的 To-Do List,最终一共投出了 153 封 CV 和 Cover Letter(求职信),收获了不到 10 个面试,大三求职季我几乎每天都要为了面试往返于伦敦和剑桥,现在回想起来也许那就是从一个学生到一个社会人的转变过程吧。

经历了长达 4 个月的求职面试后,我有幸获得了一家跨境并购投资银行的暑期实习机

潘潘在伦敦求职面试途中　　　　　　　　潘潘在伦敦投资银行实习

会。这是我第一份跨行业的实习工作，我特别珍惜，每天工作 12 小时，连轴转了两个月，跟着团队完成了一个跨境并购案子的落地。这让我对投资银行这个行业有了初体验，飞快的工作节奏、陡峭的学习曲线是我喜欢的。但我发现投资银行分析师需要大量的财务、法律知识，这些是我从来没有涉足过的领域。虽然我相信我可以从 0 开始学习，但在自学备考 CFA 考试以及学习法律法规时，我的内心并没有那份热情，而仅仅是为了考试而学习，这与我当初放弃化学工程行业时的感觉是一样的，于是我又做了排除法，将投资银行分析师排除在我的求职领域之外。

很多时候我们面临选择，之所以徘徊不定，是因为不够了解。当我亲身体验过投行和化工两个行业后，我选择放弃，那么在我眼前的只有管理咨询了。我开始准备找咨询工作的时候已经临近研究生毕业了，因为我之前做的都是与投行相关的求职内容，所以这次咨询求职相当于又从头再来。更难的是，这次我需要找一份全职工作而非实习。于是我一边准备毕业论文，一边熟读各类 casebook（案例记录），找同学一起练 case（案例）分析。咨询和投行不同之处在于咨询更看重你对商业逻辑的理解和推理，比如我在伦敦面试的一家知名咨询公司的面试题曾让我一脸懵："Estimate the market size of horse racing in the UK.（估算一下全英国赛马市场的大小。）"在被问到这个问题前我连一场赛马比赛都没看过，更不用说去估算这个市场的大小了。眼看着快要到毕业典礼的时间了，我还是没有锁定任何一家公司的 offer。这时我不得不开始执行 plan B——回国求职。由于国内的求职季相比于英国更早，所以当我开始往国内公司投简历的时候，应届生招聘季已经

潘潘在法国战略咨询公司工作时

基本结束。况且我既没有国内的实习经历，也没有校友的内部推荐，我的这些"冷投递"的简历必然石沉大海。

两个月后的毕业典礼上，我捧着剑桥大学本硕的毕业证书和家人们满怀笑容地合影，但我的内心却丝毫无法平静，有个声音一直在呐喊："剑桥高材生，你可是连工作都还没有找到啊！"当你拥有烫金的学位证书，令人羡慕的朋友圈子，但却无法找到合适工作的时候，那份自我怀疑和忐忑我至今还记忆犹新，有那么一段时间我会质疑我一直努力学习的目的是什么，也质疑我是否做了正确的选择。

"屡战屡败，越战越勇。"这八个字可以来形容我回国后的求职状态，大学时期磨炼出来的对困境的坦然淡定让我穿梭在各大咨询公司的面试间里。我快速地熟悉了中国的求职套路，从与英国人竞争变成了与清北复交刷满实习经历的学霸们竞争，也许是我对咨询的热情，也许是我对面试准备的努力，最终我拿到了一家法国战略咨询公司的 offer。这家公司的总部在巴黎，在上海设立了分公司，我入职成为了这家公司最年轻的员工。在找到工作的那一瞬间，我才觉得我真的毕业了，结束了学生生涯，我一波三折的求职之路也画上了一个句号。

创业——不要让机会等你

说到这里，我至今也没有提过的是我从大一开始就坚持在做的一件事——教育。大一暑假，我受高中校长的邀请到我的母校给学弟学妹分享申请到剑桥就读的经验，自那以后就不断有学生来咨询我如何准备笔试面试,于是我就尝试为他们做一些简单的面试辅导,辅导的内容就是基于我自身的面试经历以及我认为我能成功通过面试的一些关键点。没想到效果非常好,第一年就成功帮助了3名学生拿到了剑桥大学的录取书。于是在大二的暑假我设计开发了一套针对工程专业的牛津剑桥的面试培训课程,招收了10名学员完成了半个月的课程,这就是"牛剑精英营"的前身。

创业初期:2015年牛剑精英营

　　小试牛刀成功后,越来越多的学生来咨询我关于升学的问题,但我只能回答与工程相关的问题,其他专业我只能遗憾拒绝。我静下心来一想,我在剑桥有这么多来自不同专业的同学,如果把我这套课程设计的逻辑教给他们,是否可以开发出各类专业的定制面试课程呢?于是我找了几个同学一起完善了数学、物理、化学、经济的课程内容。由于当时我们都是剑桥在读学生,除了暑假外无法给国内学生面授,我们就采用QQ视频或是Skype的方式线上授课,现在看来我们应该也算是第一批探索在线教育的人了。光是这一年,我的团队成功带领10名学生进入了牛津大学和剑桥大学。

　　在我即将进入大三的那年,一次偶然的机会认识了吴昊,在得知他在牛津做和我一样的事后,我俩一拍即合决定合作,将团队取名为"牛剑视野"——我们希望除了传授知识以外,还把牛津剑桥学子的视野带给高中生。为了吸引更多导师加入,我们分别在牛津和剑桥成立了学生社团,举办学生社交活动,同时招募有兴趣有能力的授课导师。这一下解决了老师供给的问题,我们进行严格的面试、培训,筛选出拥有教学天赋和学术实力的牛剑导师团。

创业初期在为每一位员工写节日贺卡　　　　　　　　　　　创业初期的学校宣讲

到了2015年，这是我做面试培训的第五年，我们已经成功帮助64位学员圆梦牛剑。也就是在这一年我进入了咨询公司就职，开启了我的职业生涯，与此同时我利用平时的碎片时间"线上"维持着这个工作室的运转。

在咨询公司的这一年，我疯狂地学习着各行各业的商业逻辑、财务模型、市场战略、公司管理模式，对公司的商业化运作在宏观层面有了全方位的认识。咨询公司要面对各行各业的客户，我也因此掌握了一套成熟的市场分析理论和模型搭建方法。有人会问两份工作我是如何坚持下来的，咨询的工作忙到我透不过气来，我反而是通过与学生沟通和上课来缓解我的压力，因为上课能让我享受到知识传递时那份纯粹的感觉，看到学生成长的那份喜悦会让我把工作烦恼抛在脑后。与其说是两份工作，不如说这更像是一份工作加上一份爱好。凭借这份热爱和执着，2016年申请季我们完成了漂亮的升学成绩单——15位牛剑录取，36位英国G5大学录取。公司在没有一个全职员工的情况下营收突破了百万。这也让我陷入了沉思，当初我选择进入咨询行业，就是为了积累经验有朝一日可以创业，而现在眼前就有一个不错的机会。"这个业务市场够大吗？这是一个小生意还是一个值得all-in创业的机会呢？我才工作了一年，创业会不会时机不够成熟？"这些都是当时环绕我耳边的问题，毕竟我从事的咨询行业拥有稳定的职业发展前景，而且转战教育如果创业失败就很难再回到咨询"正轨"了，但有一件事让我坚定了创业的决心。

有一天晚上我在公司加班到凌晨2点，精疲力竭的我第二天还要参加一个客户的路演会议，就在这时有一位学生找我问一个关于文书的问题，他的主体段素材写的是一个太阳能汽车的实验，他请教我如何把这个经历写得更学术并能突出他对机械工程的热情。我不知不觉地就和他聊了近一个小时，挂了电话一看已经凌晨3点多了。我惊讶的是如果这是咨询公司老板凌晨2点给我派的工作，我肯定会拖到第二天了，但一个学生简单的问题，我本可以10分钟敷衍了事，我却饶有兴趣地和他聊了一个小时，这不是发自内心的热爱是什么？回家路上我理清了思绪，一件自己热爱、擅长，能获得成就感，并且还能养活自己、成就他人的事，不管有多大的不确定性都值得我坚持，工作不仅是养活自己的一个方式，更应该是实现人生价值的一个媒介。当我看到我帮助的学生一个个跨入了他们梦想的大学校门的时候，我心底有一种巨大的感动，我认为帮助他们实现人生梦想和人生价值的同时，我自身的人生价值也得到了实现，我相信这双份价值的实现没有任何一个其他行业可以相提并论。雷军曾说过："站在风口上，猪都可以飞起来。"但我认为不应该为了风口而创业。我创业之初做的业务是鲜为人知的非主流市场，但我也毫不犹豫地抓住了机会，因为唯寻对我来说是做老师的那颗初心，是对教育情怀的诠释，更是我实现个人价值的方式。

创业初期：潘潘在开业现场留影——上海徐家汇汇银校区开业

潘潘在2019年"福布斯中国30岁以下精英榜（30 Under 30）"颁奖礼上

第四节
创业是基因——吴昊

创业是基因

许多人问我为什么选择创业，包括我们的投资人也很好奇我的创业动机。其实这一切和我的家庭以及求学路上遇到的贵人都有关系，在我尚未进入大学之前就埋下了种子。

我的父亲是一位学者，恢复高考后最早一批毕业生之一，他选择了前往嘉兴当地的一所大学从事科研和教学的工作。父亲认真踏实，是一位典型的技术男，在校期间发表了许多论文并获得副教授的资格。20世纪90年代末中国迎来又一波商业红利，父亲和许多人一样选择了下海经商，从此开启了20多年创业的经历。期间父亲经历了非典和金融危机，经历过工厂倒闭后东山再起，也遇到过合作方违约陷入巨额债务危机，但无论是怎样艰难的困境，父亲都凭着扎实的专业技能和踏实的奋斗精神熬了过来。最近这些年，制造业经历了大量迁移到中国内陆和东南亚的过程，但父亲的公司凭借扎实的技术和细致的服务反而迎来了业绩的增长。父亲的教育情怀也促使他和曾经任教的大学保持着密切的联系，不仅成立了校外实践基地，还时不时回学校给大学生们讲讲课。从小父亲的创业精神给我带来的商业熏陶，以及他的教育情怀，总是在潜移默化地影响着我的人生决策。

我的母亲是一位多才多艺的幼儿园老师，在校工作期间就承包了学校的小卖部且经营得有声有色。20世纪90年代末她离开幼儿园进入了一家当时欣欣向荣的平台企业，从事现货和期货的管理工作。父亲第一次创业失败后，她毅然决然选择离开公司，加入父亲的企业和他一起从负债开始重新创业。我的母亲勇敢而勤奋，她遇到任何问题都不会畏惧，在我的童年印象中就没有什么她做不到的事情。她的勇敢和勤勉一直在影响着我，因此我也从来不惧怕劳累和辛苦，勇于挑战未知的事物。

我在大学实习的时候还遇到了一位人生中的贵人——梁先生。他是中国最早期的私募人之一，创办了夏商投资，帮助许多中国公司上市。近些年他又创办了稻禾国际餐饮

吴昊老师和父亲母亲在毕业典礼上

吴昊老师与福布斯中国主编Russel先生合影

集团，在创业中带领年轻人寻找人生的意义。当年在梁先生的引导下，我们这些年轻人第一次深入地探究商业社会，我们既研究巴菲特是如何成功的，也学习稻盛和夫的经营哲学；既研究乔布斯的生平，也学习海底捞如何为员工创造幸福。不仅仅有这些成功前辈们的指引，我还在梁先生组织的创业分享会上见到了更多真实感人的故事：有连续创业者打造的气味图书馆和他善待艾滋病员工的感人故事，也有爆红的足记APP创始人谈指数增长背后的挑战和思考，还有夜宵大佬独自在东北一晚上卖出了几百份粉还和顾客打成一片的故事。正是因为这些前辈们的分享和梁先生的感召，我开始思考自己人生的意义，希望自己能够活得有价值，希望能做一些事情让自己对别人也有意义，而我相信创业就是最好的办法。

唯寻的前身

2010年入学后，我在牛津受雇于一家留学平台公司做兼职老师。2011年我因为优秀的表现成为这家平台在牛津校区的负责人，主管教师招募、培训和业务管理。后来这家公司渐渐销声匿迹了，而我在一次夏令营的合作中认识了潘潘，发现他在剑桥做着和我一样的事情。那一年我们其实有三位合伙人，我们一拍即合成立了我们最初的品牌"牛剑视野"，为就读国际高中的学生提供高品质的升学指导和高端课程服务。我的性格比较沉稳，是个标准的流程控和细节控，擅长挑战未知和解决全新的问题，可以把团队带得井井有条。潘潘性格外向，善于交际，对未来充满了希望，在我压力很大的时候也总能给我最及时的支持和信心。而另一位合伙人是个商业奇才，聪明的主意一个接一个，帮助我们的品牌迅速打开市场、建立口碑。再后来，我和潘潘选择了全职创业，而另一位合伙人选择了接受长辈的安排参与实战的历练，用短短三年的时间帮助一家企业扭亏为盈并促成了一桩震惊行业的并购后成功退出，而后开始操刀战略投资，在多个知名项目中崭露锋芒。

为什么选择教育？

选择教育行业，有偶然，我从大一开始兼职当老师，大二开始做教学主管，然后开始自己创业，一直都在做国际教育；也有必然，教育是一件很有爱的事情，只要用心做，真心对待别人，无论是学生还是家长给予的正向反馈是非常即时又持久的。我与很多我早年的学生和家长都一直保持着非常好的关系，甚至头几届的毕业生已经加入了我的创业团队，成为各个岗位上独当一面的能手。

吴昊老师在唯寻创立9周年庆典讲座上

时机也是一个很重要的原因，作为第一批集中出国学成归来的留学生，在我这一代之前留学生太少，在我之后的留学生又入行太晚，所以我的团队就有了得天独厚的时间优势。今天，唯寻已经采用自己的方式打造了系统化的拓新手段、成熟的培训和晋升体系，学生体量实现了马太效应，业务流程通过系统研发实现了闭环，教学端口也通过体系化的师训、教研和教学管理树立了行业最高标准。这一路，将充满爱的教育用积极的商业模式实现规模化和快速增长，是一件很有挑战也很有意义的事情。

最后一个原因和我们团队的座右铭有关："教育的本质是和更优秀的人在一起"，当孩子们和世界上最顶尖的教授、学者在一起，当我们的学生身边都是既聪明又努力的同学的时候，我们会发现，仅仅是和他们在一起，孩子们就成长了。回想自己在牛津读书的时光，给我们上辅导课的老师都是一线顶尖的研究人员，是全世界最好的学者。而我们身边的同学一半去深造，一半从事商业经营或走上了从政道路，这些人身上的好学上进、团队协作、

创业初期：吴昊老师在做年度总结

吴昊老师参加西安校区开业剪彩

上海唯寻旗舰校区开业合影

时间管理、解决问题等能力，会让整个圈子都充满了正能量。此外，我还认为最优秀的人就应该在某个时间点成为老师，帮助学生去打开视野、树立目标、构建价值观，不仅仅是帮他们去往世界名校，更是为他们的未来创造无限的可能，这是一个更大的长期功德。

教育是一辈子的事情，笑到最后的是一辈子接受教育的人。我们一生中要怀着时刻学习的心态和冲劲，最重要的习惯要从高中、大学开始培养，在大学所要走的路不只是读书拿学位这么窄，咱们说的通才教育就是为了拓宽每一位年轻人的人生之路。

第五节
十位行业精英的求职建议

薛佳琛（创业）

我本科和硕士都毕业于牛津大学化学系，之后也拿到了中欧 EMBA 学位。吴昊和潘潘都是我人生中的挚友，他们俩的创业经历我持续关注着。我觉得创始人的素质基本可以决定一次创业的成功与失败，而他们俩在年轻的创业者中无论是人品、能力还是努力程度都是相当出众的，所以他们无论做什么，成功都会是一个必然。

我个人也是连续创业者，大学开始小打小闹，毕业后接手了一家曾经辉煌但已走下坡路的企业开始历练管理能力。经过一系列的内部改革和外部拓展，我用了三年的时间将企业扭亏为盈并促成了行业龙头企业的收购，成了行业并购退出的经典案例。之后我进入了投资领域，希望换个角度学习——从投资人的视角看待企业，两年后我又开始了新一轮的创业。本次荣幸受邀分享，在职业发展上我个人暂时也还说得过去，在这里也就厚着脸皮写一下这些年的体会。

第一，年轻时做什么都不会浪费，但是早点儿找准大方向会更好。学生阶段以及刚进入社会时，任何一份工作对自己都会是一种历练，因为每个人在这个阶段都有太多可以学习的东西。我认为这个阶段对每个人来说都是边际收益最高的人生阶段。但是在这个阶段有明确的大方向的人，往往收益会比其他人更多。公司战略往往讲究站在未来，着眼现在，也就是说公司现在做什么不是因为现在应该做什么，而是因为未来需要什么结果。人生规划也是这样，你决定创业就应该去提升自己的沟通能力、对大环境的判断能力、团队凝聚力、人脉资源等；你决定去做职业经理人，那就应该提高自己的专业素养，尽可能地找到大公司的实习机会，努力超额完成上级布置的任务等。很多人会问："我不知道以后想做什么，怎么办？"我的建议是在大学期间尽可能地去了解，去尝试，并且要有独立思考的能力和习惯，对所有的事情要有自己的判断。做到这些，经过大学四年的试错和学习，一定会有一个清晰的职业规划，那么下一步就是坚定不移地去执行。

第二，做任何事情都尽全力，经常去想想如何能做得更好。这一条说着简单但很难做到，因为每个人都有懒惰的时候，很多重复性的事就会越做越想办法偷懒，这是天性，但是如果能够克服，持之以恒对待每件事情都全力以赴，你就会永远跑得比别人快。做到这一点其实分为两步，第一步是态度问题，需要有很强的毅力。在能力范围内每次都尽全力，那么至少这个结果是当前阶段最好的结果了。第二步其实是反思和复盘，办企业和做一份工作都一样，需要经常复盘，找到过去的不足之处，这样才能持续进步。往往这样的人在职场中也会很快脱颖而出，承担公司越来越重要的岗位。

总结一下，求职前大家想清楚自己未来到底要的是什么，然后在这条路上坚持走下去并且认真对待每份工作，持续性地进步，成功就会离你越来越近。

夏千里（科研）

我本科和研究生都就读于剑桥读的数学系，目前在爱丁堡大学攻读天文物理博士。做科研没点儿情怀肯定是不行的，而我的天文情怀则是源自剑桥数学系大三的宇宙学选修课。在这门课的学习当中我得知人类已知的自然规律无法解释暗物质，也让它成为现代物理必须解决的问题之一。2015年12月17日"悟空号"成功发射，中国人第一次用自己的卫星在全世界首次可能发现了暗物质。我的研究领域就是和暗物质息息相关的宇宙学课题。怀抱着将来某一天自己也许可以理解宇宙的想法，我的研究方向主要专注于宇宙学和宇宙大尺度结构。举个例子，我的一个课题是利用光线经过物质场产生弯曲的事实，借助暗物质来做宇宙学的研究。从2017年至今我有8篇publications，两篇第一作者，其中一篇被 *Astronomy & Astrophysics* 选作 monthly highlight（月度首推文章）。在剑桥大学的本科学习时光很大程度上培养了我的科研能力，第四年的研究生课程让我接触到了很多前沿的研究，为我之后在科研方向上的选择提供了不同的视角。牛津大学和剑桥大学盛产科研人才,牛剑毕业生的研究能力在学术界有明显优势。

有人问我博士毕业后会不会继续从事科研行业,我会认真考虑继续在大学或研究所从事学术研究,成为教授。这是个难得的机会,也需要付出很多。很多行业里的领跑者都曾在科研或技术上领先,这意味着大学或研究所不再是仅有的可以做学术研究的地方,科研经历会让你具备一些观察问题的独特视角,比如你会知道如何一步步地解决未知的难题,如何让科研结果更容易被读者理解等。这些在未来的学术或职业生涯中都是有用的经验。

给考虑走学术路线的学弟学妹一个建议:多问问题。在科研当中,一个好的问题往往比一个已知的答案更有趣。对一个 topic 的理解正是从一个个"stupid questions"里积累起来的。多问问题,这样可以保持对学科的兴趣,在学术道路上,除了导师的催促,对学科的兴趣才能给你最持久的动力。读博士和做学术研究都需要很强大的决心和意志力,当然也需要追逐梦想的执着,或许将来的某一天你就会发现爱因斯坦广义相对论里有遗漏的部分,从而开辟新的物理理论呢?

段刘俊(投资)

17 岁的时候我出了国,去英国念了高中,之后去剑桥大学学习经济学。大学的时候我其实不知道自己毕业后想要做什么,大二的时候创过业,后来还是决定毕业后先到大的平台工作,之后再想做什么。我的第一份工作是在伦敦的一家投资银行——瑞士银行(UBS)。当时选择做投行是因为觉得它是一个职业生涯上升比较快的行业,能够在短时间内接触到很多行业和公司。在英国工作三年多之后,我回到了国内,现在在一家投资机构做投资经理。

在职业规划上,平衡短期和长期目标是我想给大家分享的第一点。我个人认为在职业生涯起步的时候,有一个非常细致的目标和清晰的路径是没有很大意义的,大多数人很难早早明白自己要做什么。最好的方法是把重点放在怎么样让自己后面的路越来越宽,能力越来越强上面。如果看看今天成功的创业公司，它们都是在不断地重新定义和改变中成长，没有一家成功的企业最终的样子是和创业者起步时候的想法完全一致的。再坚定、再清晰的目标，都是要根据现实做出调整的。只有真正尝试了才知道自己适合做什么，喜欢做什么。一开始给自己设置太多限制和框架，在我看来，很容易把自己框死。干一行爱一行，是大部分人能做到的最好的状态。但是随着自己职业生涯的发展，长期的目标会越来越需要清晰、明确。

这就说到我想分享的第二点：关注自己的相对优势。说白了就是自己的长处在哪里，发现它，培养它，去能让相对优势发挥的地方。工作上并不需要做到每一方面都很强，而要做到让公司离不开你，成为这个机器不可或缺的一部分。比如在回不回国的问题上，在英国做欧洲的生意，与欧洲人比，中国人到后期会越来越没有优势，因为大家的基本分析技巧都差不多，而欧洲本地人可以和当地人更加自然地交流合作，所以最终还是需要回国。当时我刚毕业的时候远远低估了回国的难度，所以刚开始回国找工作的时候，曾经一度陷入了很大的焦虑，最后侥幸找到了一份工作，但也是运气使然。所以我们需要持续地关注自己的相对优势，不断调整职业规划。

许文婷（金融）

我在广东三线城市完成九年制义务教育，在英国海滨小城布莱顿国际学校完成 A-Level 课程，本科是伦敦大学经济系，研究生是伦敦商学院管理专业。曾在伦敦苏格兰皇家银行的 Debt Capital Market 部门和北京中信证券宏观研究部做暑期实习。2015 年我研究生毕业后就职于新加坡高盛集团的 Global Investment Research 部门，加入了 China Technology 团队，协助覆盖大中华科技股票，2017 年回国加入瑞银证券研究部，China Consumer Discretionary 团队，覆盖可选消费股，2019 年 10 月加入全球最大的资产管理公司。

毕业求职对我来说并不是一个overnight的决定，而是通过几年的实践积累，总结经验，对自己的能力和喜好有一个综合性评估后的决定。我在大一时就发现自己并不想走科研这条路，反而对金融类工作比较感兴趣，就开始参加投行的recruitment event，跟不同division的前辈交流，然后开始海投简历，面试大小投行。

可惜在RBS做完spring week和summer internship后我发现自己并没有非常向往投资银行的节奏和生活，也没有很希望留在伦敦工作，回国工作的想法与日俱增，因此在本科毕业后的暑假回国并在一个中资投行研究部实习，发现自己虽然喜欢研究部却更适应外企。

刚毕业时，比起交易文化和做不完的PPT，我更偏向于我的工作能包含对不同企业的深度研究，也希望在不同维度打下更扎实的基本功，因此选择了外资行的research作为毕业后的第一份工作。

可能是自己思考得比较细，申请全职工作时写的cover letter也比较容易打动HR，研究生未过半我就拿到新加坡高盛的全职offer。最有趣的事情是虽然拿到的是equity research的fulltime offer，我在上班之前其实没买过一支股票！

之所以选择高盛是因为这是我唯一一个收到面试邀请的单位，好像没得选择。我从大一时开始申请高盛，却一直没有面试的机会，好在我没有放弃。我一直申请高盛的原因也很简单，刚毕业时去一个好的平台，无论是对自身能力的提升还是职业人脉的扩展都是非常有益的。虽然离开高盛已经几年了，我平时最要好的朋友很多还是这个平台出来的，过程可能有波折，回想起来仍然是一段非常美好的经历。

给学弟学妹总结3条建议：

（1）对金融类工作感兴趣的同学，强烈建议积极参加校园内的campus recruitment event，对申请spring week、summer internship和fulltime都非常有帮助。不仅要坐在下面听，还要用心去和不同 division 的前辈交流。我当时不断地问自己一个问题，Do you see yourself be like him in a few years? 我第一份实习之所以在 RBS 也是因为在 event 中遇到他们当时的 strategist，觉得他既平易近人又非常 sharp，自然想与这样的前辈多沟通和学习，拿到他的名片后我也有发邮件感谢他的时间和建议，没想到他就是我暑期实习的面试官之一。积极地参与，真诚地与人沟通，努力争取实习机会，通过实习了解自己喜欢做什么、能够做什么、能把什么做好，对 early career 都会有非常大的帮助。

（2）做人要谦虚，做事要靠谱。很多名校毕业的学生实习或刚开始工作时会有情绪，觉得自己每天的工作重复性内容多又无聊，老板又吹毛求疵。虽然大家在名校可能是自带光环的天之骄子，但在大机构面前都是一张白纸。如果不能通过细节证明自己，又怎么能指望老板给予重任呢？我曾经遇到过非常讲究细节的处女座老板，但不得不承认他也教会我很多做人做事的道理，至今仍受用。

（3）金融圈子比你想象的要小许多，一个与人为善、谦虚做事、认真靠谱的晚辈自然会有许多前辈提携，在换工作时 make a material difference：海投简历可能是毕业生求职必经之路，然而有几年工作经验之后的求职还是主要依靠 internal referral。

曹蕾（法律）

我高中毕业于杭州外国语学校，被保送至北京外国语大学完成国内法律本科，后至剑桥大学完成公司法硕士，毕业后成为中国执业律师，先后在方达律师事务所和君合律师事务所就职，现除了律师业务以外正着手创立自己的品牌。

毕业的时候大家其实都还不知道值得追随一生的事业是什么，所以起始来看比较好的类型和平台选项就那么几类，除非是学精专学科的学生。我的选择思路很简单，在法律实践里面律师是学习曲线最陡的，相应报酬也比其他法律职业要多，也是最务实的，以后的职业道路也比较多元，所以大方向就选择律所。在中国，律所分内所和外所，内所可以拿中国律师执业执照，但外所不可以；内所有好案子做，外所案子的数量和质量都拼不过内所，所以我放弃了较高起薪的外所进入内所，但要做好被虐的准备（996的高压工作节奏要确保自己身体好，否则方达这种律所可能并不适合你）。如果毕业时就确定不做律师，那么可选的路径也非常多，也建议尽早进行转型规划。

在求职过程中，我最坎坷的一段经历应该是投了百份简历却没有反馈的时候吧。这个经历让我发现要努力寻找市场上的需求点，广撒网并不一定有效。这些无反馈的情况都有不同的原因，有的公司并不招人，有的是HR部门其实并不专业，有的是HR服务是整体外包的，有的是学校背景不适合。虽然过程很坎坷，但是这里曹学姐告诉大家千万不要放弃，任何市场经过仔细寻找都有适合的需求点可以切入，每个同学都不要放弃。另外，常规的过程包括做尽职调查，做笔试准备，做面试准备，其中每一个过程也都很坎坷，所以我完全能理解毕业时同学们的心理。任何的坎坷都是人生旅程的一个历练，我觉得求职是对市场情况的观察，本身也是我们做其他事情的一个不可或缺的历练。

我毕业时的职业规划是从大的律所一路做到合伙人，但进入工作以后发现个人路径的规划和外在市场经济的匹配不是这么简单的一条线，在做长期的职业规划时要契合每个人的出发点和个性特点。另外，如果你能碰到倾慕的榜样也非常重要。关于大学选择专业的时候多大程度上要考虑就业因素这个问题，如果你是个专才，比如逻辑思维特别强但是感受力弱，或者感性思维和人际交往能力特别好但是逻辑思维较差，那么选专业很大程度上需要考虑就业因素。如果你是个全才，各科均衡，爱好广泛，那大学的专业性对你而言不是最重要的因素。律师工作与大学学习的专业相关性很强，对于职业规划需要尽早进行。其他我看好的行业有新媒体、互联网、医疗、科技，一些增速较快的或者是涉及生活必需品的领域，这也是我做律师外现在在做的方向。总之，尽早规划清晰路径，寻找你倾慕的榜样交流学习，多实习，多面试，多尝试不同的领域，值得让你长期追随的事情自然会出现。

王鹭（医生）

2001~2004年浙江宁波镇海蛟川书院。

2004~2006年新加坡南洋女子中学 (Nanyang Girls' High School)。

2006~2008年新加坡华中初级学院 (Hwa Chong Institution)。

2009~2012年英国剑桥大学菲兹威廉学院 (Fitzwilliam College, University of

Cambridge)。

2012~2015 年英国剑桥大学医学院 (School of Clinical Medicine, University of Cambridge)。

2015~2017 年英国临床医生轮岗规培 (Junior Doctor Foundation Programme)。

2017~2019 年英国心胸外科培训 (Run-through Cardiothoracic National Training Programme)，获该年英国唯一的心胸外科临床科研培训奖学金 (Cardiothoracic Academic Clinical Fellowship)。

2019 年至今，心胸外科科研，博士在读 (Out of Programme for Research, PhD Student in Cardiothoracic Surgery)，获英国医学研究理事会颁发的临床医学科研培训奖学金 (Medical Research Council Clinical Research Training Fellowship)

不同于别的职业，医生的职业规划从我填报大学志愿之前就开始了。我觉得自己非常幸运，年少时萌发的想做心胸外科的梦想在过去的十年中一步一步变成了现实。算是念念不忘，必有回响吧。

先简单介绍一下英国的医学培训模式。医学院毕业以后是两年的初级医生轮岗规培。在这两年中，初级医生在六个不同的科室分别工作四个月。在医学院的最后一年，学校会组织应届毕业生报名填志愿，选择规培的地区和科室。几乎所有报名的医学毕业生都能分配到一个规培的岗位。两年轮岗之后是专科培训。比较独立的专业，比如全科家庭医生、儿科、眼科、脑外科、心胸外科、妇产科、影像科和精神科，自主招生。入选的医生在完成三到八年不等的专科培训后便有资格成为主任医师（consultants），开始独立行医。想要从事与大内科、大外科和麻醉科相关的专业的医生，则需要先完成两到三年相应的普内、普外和麻醉的轮岗培训，再申请专科培训。所有的专科申请都是医生自己完成的，与其他职业的求职过程相似，包括报名、填表、递简历和面试等环节。医生可以自由选择想要从事的专科以及培训的地区。在两个阶段的培训之间，很多医生也会选择加入一个间隔年，去经历不同的人生。如果对于自己参加的专科培训不满意，医生还可以主动放弃培训的机会，申报不同的专科培训。这种培训的制度很大程度上给了医生自由发展的空间，有助于医生找到自己真正感兴趣并愿意为之奋斗一辈子的专业。

在医学院的六年里，我曾认真思考、体验和比较过中国、新加坡、澳大利亚、美国和英国这些地区不同的医生培训系统。最后选择留在英国出于以下三点原因：第一，英国的专科招生相对更加公平和透明，对于国籍、种族和性别等非专业因素的考量非常少。第二，英国的专科培训系统更大程度上保证了每位医生获得应有的培训机会。每个专科都有培训的章程和考核，确保每位医生每一年都有相应的发展和成长。由于专科培训的医生受雇于国家医学教育机构，而非工作的医院，如果医生觉得自己没有在某个医院得到足够的学习和发展空间，可以向教育机构申请更换带教的主任医生或医院。第三，由于英国实行的全民免费医疗，大众对于年轻医生的培训更加包容，从而有更多的机会让医生学习和成长。

除了救死扶伤的满足感之外，作为一份职业，从医的优势包括稳定并持续增长的收入，在世界上任何角落都能找到工作的自由，以及活到老学到老的乐趣。在完成专科培训后，主任医生也可以根据自己的兴趣从事行政、教育、科研或者医疗产品研发等方面的工作。如果人生重来一遍，我还是会选择同样的一条道路。

吴劼远（工程）

正走在留学路上的同学们你们好！我叫吴劼远，2015年从剑桥大学工程系毕业以后，在英国汽车公司捷豹路虎的发动机研发部门做了四年的工程师，现在在美国读工程和工商管理的双硕士学位。因为成长于一个工程师家庭，我自小就总是想搞清楚任何东西的工作原理，尤其是对飞机、汽车这种会自己动的东西特别感兴趣。后来立志大学读工科也是理所当然的了。虽然一直就确定我想读的是机械，但是剑桥工程系前两年是 General Engineering——从土木到信息各科都学个皮毛，当时觉得挺没必要的，有几门课上得也更吃力些。但这么多年后再往回看，我觉得那些东西其实并没有白学，反而越来越赞同这样的课程设计。比如毕业后的工作我本以为是做发动机硬件设计的，结果被分配到了做控制软件的部门。这个工作要求懂一定的流体力学和热力学，但真正做的是模型和控制——幸亏当年有点儿基础。我和朋友们聊起时发现他们也大都认同工作上需要的具体技能多半是在工作时现学现用的，学校教给我们的东西很少会直接应用到。大学的精华是学习的方法，像我从事技术性的行业如此，有些人转行做别的更是如此。

再讲讲求职经历。我的经历很简单，只关注了三个方向：管理咨询（MBB）、产品设计咨询（如 Cambridge Consultants）和传统工程公司（如 Rolls Royce, Siemens）偏研发的职位。管理咨询方向颗粒无收是因为没有实习经验且准备也不够充分；另外两个方向都各拿了一两个 offer。最终决定去捷豹路虎主要还是因为个人兴趣，为了满足儿时的梦想。也正是因为如此，这四年我其实过得很开心，几乎是一晃眼就过去了。如果我能给还在读大学的自己提个建议，那就是更好地规划和利用本科四年里的 3~4 次实习机会，多做做准备功课，keep an open mind，多投投不同行业的岗位。在实习的时候会不被老板重视，得不到有份量的工作，我现在希望自己当时能更积极地工作，去接触、认识公司里更多的人。

最后讲讲我为什么在 2019 年离开了路虎。有个 mentor 教给了我这个用来决定是否需要跳槽的准则：现在的职位上还有没有成长的空间？能否带得动身边的团队做出大的贡献？如果两个都是否的话那就该走人了。过去的四年，大多时间我都能从身边人那里学到东西，也能得到上升的空间，但这个空间在渐渐缩小，距离能施展出更大的动作却还很远。再有就是我虽然很喜欢汽车，但传统发动机这个行业实在没什么太大的前景了，所以决定出来走走。我现在一点儿都不后悔这个决定。

我为学弟学妹总结出以下三条建议：

（1）本科学杂一点儿比较好，之后的路很长，有的是时间专攻术业。

（2）第一份工作最好是既能够学得到东西又是自己喜欢的行业。

（3）Keep an open mind.

祝你们好运！

孙展（管理咨询）

我本科毕业于复旦大学经济学系，之后赴法国巴黎高等商学院（HEC）攻读战略管理硕士。毕业后在法国加入 Estin&Co，一所法资战略咨询 boutique，并任职至今。如今担任 Estin&Co 上海办公室负责人。毕业时，我可能和大多数小伙伴一样，对未来的职业发展并没有非常完整的规划。加入咨询行业的原因，可以用一句话概括：咨询就是在最好的平台里拥抱无限可能。作为咨询老人，我想从以下五个维度诠释最真实的咨询行业：

（1）无限可能。选择咨询，你几乎可以在未来进入任何行业。除了自主创业，国际五百强、国内互联网巨头、金融行业，每周猎头电话接到手软。尤其国内顶级的甲方，比如阿里、腾讯，每年都会从咨询行业大量招人，输送到与战略相关的核心岗位。

（2）百万年薪。国内战略咨询的起薪普遍在20万~30万元人民币，并且涨幅较为稳定。晋升顺利的话，三五年达到年薪百万不是梦，相较于绝大多数行业，还是有较强的竞争力的。

（3）精英荟萃。从踏入社会开始，工作将占用我们生命中最多的时间。和什么样的人一起工作，在什么样的圈子下交到朋友，一直是我特别看重的事。咨询的小伙伴大多名校出身，思维敏捷，精力旺盛，爱好广泛。这点不让你心动吗？

（4）光环加身。顶尖咨询公司带来的光环不亚于名校。相信我，这个光环不管是在找工作、交朋友，乃至找男女朋友的时候，都一样好用。

（5）经验拉满。选择咨询，你永远猜不到你要做的下一个项目是什么。今天是零售奢侈品，明天是化工工业品。今天在上海写字楼，明天在山里看煤矿。两年工作年限，四年工作经验。就问你：紧不紧张？刺不刺激？

所以，如果你对未来的不确定性充满期许，喜欢刺激和挑战，喜欢高大上的平台，从咨询开始你的职业生涯会是一个不错的选择。咨询、金融这一类 professional service 行业，普遍偏爱名校简历，相比之下，对专业的要求并不严苛。对于感兴趣的小伙伴，我个人建议是，本科阶段选名校比选专业更重要，到硕士阶段，攻读商科或金融方向，成为复合型人才，会在一定程度上巩固你的竞争力。我在赴法之前，已经想好选择咨询作为毕业后的第一份职业。最终我们战略管理的班级里，也有超过60%的同学成功进入了国内外顶尖咨询公司。另外，如果你有海外求学经验，那更是加分项。海外经历意味着你拥有更强的独立自主能力、更广阔的视野、更高的成熟度和更好的外语水平。professional service 大多环境多变，出差密集，拥有海外求学经验的小伙伴，一般能够更好地调整自己，适应新环境。最后，祝愿小伙伴们都能拿到自己心仪的 offer，前程似锦。

赵一帆（信息技术/创业）

从小学开始，我就陆陆续续以年为单位，在国内读书和国外游学间不停切换。一直到15岁时才安定下来，在英国入读中学并直到大学毕业。我本科毕业于剑桥大学圣约翰学院，由于修读的是计算机专业，毕业之后非常自然地选择了在计算机领域开启职场生涯。现在我是英国科技公司 Improbable 创始团队的一员，也是 Improbable 中国区的联合创始人。

剑桥大学计算机系的本科毕业生每年只有几十个人，而针对这批学生举办招聘会的公司少说也有二三十个，就业机会其实很多。和很多英国大学生一样，我原本的职场规划是"大二实习，毕业原地入职"，首先选择了暑期进入谷歌伦敦实习。而真正进入毕业年，认真考虑未来职业发展时，我还是抱着多看多想的态度，投递了不少从行业到体量都差异巨大的公司——有对冲基金也有科技大厂，期间有收到 offer 也有拒信。临下决定前，有猎头找到我，"一间刚刚在自己家里成立的初创公司在招人，创始人是你的学长，有没有兴趣？"

于是我去了这个隐藏在北伦敦居民区的办公室，干脆边面试边和团队工作了一整天，最后决定入伙：一群志同道合的年轻人，在自家的谷仓里做一个有趣的项目，公司虽然不完善，但大家都有着一股闯劲，why not？

在过去的 7 年里，公司扩张迅猛。与公司的步伐一致，我的职责从写代码到带一个技术团队再到创建中国总部——可以说这是我成长最快、受益终生的 7 年。如果重来一次，我依然会做出同样的决定。这也是我个人一些微不足道的小建议：不要给自己的未来设限，跳出原本的思维定式，试试看那些你原本不会去思考的角度，或许有新的发现。

出国留学对我而言有两大收获：一是交到真挚的朋友，如今大家哪怕分散在世界各地，也会给予对方支持；二是获得了不同的思考方式，理解了什么是"参差不齐乃是幸福本源"，也适应了与不同文化背景的人进行无障碍沟通。

至于出国留学应该选择什么专业，这是一个非常难回答的问题。我选择报考计算机专业，仅仅是因为我对数学、物理和工程都非常感兴趣，而剑桥计算机专业的课程设置可以兼顾三者。仅从我不足为道的工作经历而言，我非常看好高新科技领域在未来的发展，例如人工智能、游戏产业等。

当然，我也相信每一个行业的佼佼者都值得敬佩，在经济压力不大的前提下，建议学弟学妹们尽量选择感兴趣且擅长的领域。和专业选择同等重要的还有对行业的切身了解。从我本人的经历来说，我曾在大二期间独立开发过一款安卓 app 并成功上线，小赚一笔。后来与曾经的面试者聊起来，他们坦然表示，这是面试时的大加分项。求职道路千万条，其中重要的一条就是多去关注职场和真实世界正在发生什么，主动接触市场，并不断更新知识储备，这是敲开职场大门的必备钥匙，与学弟学妹们共勉。

易畅（传媒 / 创业）Social Media ID：易烫 YCC

我 14 岁到英国伦敦就读社区公立学校，完成 GCSE 和 A-Level 的学习，2012 年入学剑桥大学 Gonville & Caius College 自然科学系，2013 年转化学工程系，2015 本科毕业，2015~2017 年考取市场营销专业资格证，2016 年开始运营美妆时尚类公众号"易烫"，2017 年作为美妆博主开始运营微博、B 站、小红书等全平台。以下是我近几年一些小小的成绩吧。

- 全网粉丝 500+ 万
- 2018 年美妆 V 赏 10 大人气美妆博主
- 2019 年微博十大影响力美妆大 V
- 2019 年天猫 x 嘉人跨界内容创作者奖
- 2020 年天猫美妆主理人

其实我从大一就开始焦虑未来想做什么，索性就在每一年的暑假尝试不同职业方向的工作或者实习。第一年做雅思口语家教，第二年跟当时的化学导师申请去剑桥卡文迪许实验室做关于 MRI 的课题研究，第三年在韩国首尔做了两个月信贷金融相关的实习。我的宗旨是，不知道自己想做什么，适合做什么，就用排除法一个个去尝试。每一次实习和工作经历都会提升你的硬件和软实力，同时让你更了解自己，从而让未来的路越来越清晰。我在确定自己对教育、科研、金融没有足够的热情之后开始停下来反思：自己到底喜欢什么？到底适合什么？有什么长处和短板？未来追求怎样的生活？根据这几个问题的答案和三年实习的探索，初步分析出我喜欢美妆类市场营销相关的工作，之后就开始从头学习市场营销，运营社交平台，直到成为全职博主。

我选择成为美妆博主有三个原因：一是微信、微博等手机社交平台的崛起，让个人内容创作进入红利期；二是个人主义的流行，让 KOL 越来越有影响力和话语权；三是我真心热爱美妆，而且当时市场缺乏关于中式风格的化妆干货、审美分析的内容，从而我发现了创作的机会。

"剑桥毕业"是我刚开始博主生涯时的一个很明显的标签，起初有所帮助，但我毕竟是个市场营销的新人，一开始的道路并没有一帆风顺。在很长一段时间（将近一年）内我没有收入，每天战战兢兢地埋头写文章、拍视频，为了好的效果费尽心力，也不知道什么时候能做起来。经常面对的是父母、朋友、同学的不解和外界的质疑、不友善的声音。那段时间教会了我如何摒弃外界的声音，调整自己的心态，以及如何坚定自己心中的信念。有建设性的建议虚心接受、反思并改正，恶意的揣测和无端不善的评价自动过滤。任何阻挡我前进、阻挡我变得更好更强的声音最终都变成了我前进的动力和燃料。

最后我给学弟学妹们职业发展的建议：尝试着多了解自己，给自己机会，多多试错。不要害怕跳出舒适圈，去扩大自己的舒适圈才能更好地往外走，看更多的风景。